[개정판]

유치원 교사를 위한

교직실무

권성민 · 김미진 · 김이영 · 이은주 · 이인원 · 최윤정 공저

양 성 원

머리말

대부분의 유치원 교사들은 대학 졸업과 동시에 유아교육 현장에서 교사로서의 직무를 수행하게 된다. 이러한 과정에서 초임교사는 여러 가지 난관에 부딪히게 된다. 예를 들어 교육계획안 작성을 시작으로 출석부 작성, 생활기록부 작성, 유치원 평가 준비 등의 교육과 관련된 수많은 업무를 비롯하여 학부모 상담, 유아생활지도, 행사 등의 여러 가지 업무를 수행해야 한다. 하지만 교원자격이수과정에서 습득된 지식만으로는 이러한 업무를 감당하는데 많은 어려움이 있다. 또한 업무를 수행하는 과정에서 교직에 대한 불안감과 두려움을 느끼기도 하며, 때로는 '과연 이 일을 하는 것이 맞는 것인가'에 대해 자신에게 끊임없이 되묻기도 하면서 좌절감을 경험하기도 한다. 따라서 본 교재는 예비유치원교사들에게 교직실무에 대한 폭넓은 이해를 도모하고 유치원 교사가 수행해야 할 다양한 직무를 구체적으로 안내하고자 교재의 내용을 다음과 같이 구성하였다.

먼저 1장에서는 교직에 대한 기본적인 개념과 유치원 교사가 되기 위한 임용 절차, 유치원에서의 인간관계 등을 다루었으며, 2장에서는 유치원 교사가 되었을 때 수행해야 하는 업무에 대한 구체적인 내용을 10가지로 구분하여 제시하였다. 3장은 신학기 준비를 위한 세부적인 사항으로 학급편성, 신학기 준비, 학급유아의 이해, 1년 운영계획 수립, 학부모 및 원아 오리엔테이션 등의 내용을 제시하였으며, 4장에서는 유치원 실내 공간 구성에 대한 개념, 원리, 실제 등의 내용으로 구성하였다. 5장은 유치원에서의 하루일과에 대한 전반적인 내용을 중심으로 구성하였으며, 6장에서는 사회변화에 따른 유아교육의 방향 설정, 유아 기본생활습관지도, 유아의 문제행동에 대한 실제 등의 내용으로 구성하였다. 7장은 유치원의 실내, 실외 공간에서 발생할 수 있는 안전사고에 대한 예방 및 조치에 대한 내용을 제시하였으며, 8장에서는 효율적 학부모 상담을 위해 상담 이론을 시작으로 다양한 사례를 중심으로 한 해결방안에 대한 내용으로 구성하였다. 9장은 유아들에게 특별한 의미를 제공하는 다양한 행사를 소개하고 효율적 행사 진행을 위해 계획, 실행, 평가의 절차를 제시하였으며, 마지막으로 10장에서는 유치원 학급 운영 및 유치원 운영에 필요한 문서 작성방법에 대한 내용을 구체적으로 제시하였다.

본 교재를 통해 유치원 교사가 되고자 희망하는 모든 예비유아교사들이 유치원 현장에서 교사로써의 역량을 마음껏 발휘할 수 있기를 기대해 본다.

이 책을 집필함에 있어 각자의 바쁜 일정에도 불구하고 서로의 시간을 아낌없이 내어주신 집필진 모두에게 감사의 말씀을 드린다. 또한 집필과정에서도 집필진 모두가 예비유아교사들의 교직실무 역량 증진에 도움이 되고자 교재 내용의 충실성과 완성도를 위해 많은 노력을 기울였다. 특히 이번 개정판에서는 초판에서 나타난 부족한 점을 최대한 보완하였다. 하지만 이와 같은 집필진의 노력에도 불구하고 다소 부족한 면이 있어 많은 아쉬움이 남는다. 따라서 앞으로 시간을 두고 지속적으로 검토하고 보완하여 보다 완성된 교재가 될 수 있도록 집필진 모두가 노력할 것이다.

이 책이 나오기까지 물심양면으로 도와주신 양성원 대표님과 임직원 여러분께 진심으로 감사의 말씀을 드린다.

2022년 7월

저자 일동

차 례

Chapter 01 교직과 유아교사

Chapter 02 유치원 교직실무 개념 및 내용

Chapter 03 신학기 유치원 학급 운영 실제

Chapter 04 실내 공간 구성

Chapter 05 유치원 하루일과 운영

Chapter 06 유아생활지도

Chapter 07 유치원에서의 안전

Chapter 08 학부모 상담 및 연계

Chapter 09 유치원 행사 및 현장학습

Chapter 10 유치원 문서관리

01

CHAPTER

교직과 유아교사

배울내용

1. 교직의 이해
2. 유아 교직의 특성
3. 유치원 교원의 임용
4. 교직사회의 인간관계

학습목표

1. 교직의 개념과 특성을 이해할 수 있다.
2. 교직관의 종류를 알고 자신의 교직관을 점검할 수 있다.
3. 유치원 교사의 교직윤리를 숙지함으로써 윤리적 딜레마 상황에서 옳은 의사결정을 할 수 있다.
4. 유아 교직의 특성을 알아보고 이로 인해 도출되는 유아교사의 자질을 탐구할 수 있다.
5. 유치원 교원의 임용 절차 및 서류작성법과 교원의 복무규정을 이해할 수 있다.
6. 유치원 교사의 인간관계 유형별 특성과 바람직한 인간관계를 형성 · 유지할 수 있는 방안을 알아볼 수 있다.

CHAPTER 01

교직과 유아교사

1. 교직의 이해

1) 교직의 개념 및 특성

'교직'이란 현대사회에서 학교제도가 생겨나면서 만들어진 직업의 하나로, 법령에 따라 국가가 공인한 교육기관에서 학생을 가르치는 직업이나 직무를 지칭한다. 여기에서 직업이란 인간의 욕구를 충족시키는 수단으로서 의미를 갖는다. 직업은 인간의 가장 기본적인 욕구인 생리적인 욕구와 안정의 욕구를 해결할 수 있는 수단이 되며 더불어 자신에게 주어진 과업을 수행함으로써 타인으로부터 사회적 지지와 높은 평가를 받을 수 있는 기회가 되기도 한다. 이처럼 직업은 가족이나 사회를 위해 기여하고 공헌하는 것으로 자기의 존재 이유를 확증하게 되는 계기가 되며, 이를 통하여 자아실현이라는 욕구를 충족하게 된다.

시대의 변천에 따라 직업의 종류도 다양해졌다. 한국표준직업분류에 따르면, 10가지 직업군과 1,206개의 직업으로 분류하고 있는데, 이 중 유치원교사와 보육교사는 모두 대분류의 '전문가 및 관련 종사자'에 속해 있다.

구체적으로 살펴보면 초등교사와 유치원교사는 전문가 중에서도 교육전문가로 동일하게 분류되며, 보육교사는 보건·사회복지 및 종교 관련직으로 분류되어 있다. 그러나 동일 연령의 유아를 돌보고 교육하는 기능이 유사하므로 유아교사로 통칭하는 경향이 있다.

한편 교직은 다른 직업과 공통된 측면도 있으나 교직만이 가지는 직업적 특성이 있다. 교직의 직업적 특성에 대하여 염지숙 등(2014)은 다음과 같이 기술하고 있다.

첫째, 교직은 인간을 대상으로 하는 직업이다. 특히 영유아교사는 그 중에서 가장 어린 영유아와 그 부모를 대상을 하는 직업이다. 기본적으로 공감능력, 의사소통능력, 인간의 전인적 발달특성에 대한 기본적 이해력 등의 역량이 필요하다. 그러므로 인간을 대상으로 하는 교직을 수행하는 교사는 먼저 인간에 대한 올바른 이해와 따뜻한 마음가짐이 우선되어야 할 것이다.

둘째, 교직은 인간의 전인적 측면을 대상으로 하는 직업이다. 예를 들어 의사나 법률가 등의 직업은 인간을 대상으로 병적인 증상이나 법률적인 측면의 특성 한 부분만을 다루는 것에 비해 교직은 인간의 모든 측면을 총체적으로 다룬다는 점이 특징이다.

셋째, 교직은 미성숙자를 대상으로 하는 직업이다. 인간을 대상으로 하는 직업 중에서 교직은 미성숙한 인간을 보다 성숙한 인간으로 성장할 수 있도록 도와주는 직업이다. 따라서 고도의 전문성과 높은 윤리관이 요구되는 직업이다. 여기서 '미성숙'이란 부족하다는 의미보다는 앞으로 성장할 가능성과 유연성이 풍부하다는 의미로 이해된다. 특히 영유아교사가 가르쳐야 할 대상인 영유아는 가소성이 큰 시기이므로, 교사는 영유아를 무한한 가능성을 지닌 하나의 인격체로 인식하고 유아의 호기심과 흥미를 자극할 수 있는 다양한 교육매체의 활용과 질 높은 교육프로그램을 제공할 의무가 있다.

넷째, 교직은 봉사직이다. 교직도 개인의 경제생활을 영위하기 위한 수단으로 갖는 직업의 일종이지만 다른 직업과는 달리 물질적·경제적인 보상을 추구하기보다는 국가와 사회에 대한 소명의식과 헌신적인 자세가 필요한 직업이다. 교사는 수업 이외에도 영유아의 특별한 요구에 대한 배려, 학부모 상담 등의 다양한 역할수행을 필요로 한다.

영유아의 마음과 내적 심리상태를 고려하면서 감정노동을 수행해야 하므로 교직은 특별한 사명감과 소명의식 없이는 수행하기 어려운 직업이다.

다섯째, 교직은 인류공영에 기여하는 공적 직업이다. 교직은 국가나 사회적인 측면에서 볼 때 인류가 쌓아온 문화유산을 보존하고 계승하여 새로운 문화창출을 추구하는 직업이다. 따라서 교사는 한 교실 안에서 제한된 교육활동을 전개하지만, 궁극적으로는 국가와 사회의 발전에 이바지할 인재를 양성하고 인류의 문화발전을 계승할 미래사회의 인재를 양성한다는 점에서 공공성과 인류공영에 기여하는 직업이다.

여섯째, 교직은 전문직이다. 교직은 고도의 정신노동과 창의력을 필요로 하며 교직 수행을 위해서는 지속적인 연구를 필요로 하는 직업이다. 무엇보다도 교사가 되기 위해서는 장기간의 준비교육이 필요하며, 교사가 된 후에도 직무연수, 승급연수 등의 재교육을 통한 자기계발과 성장을 위한 부단한 노력이 수반되어야 한다.

교직이 가지는 긍정적인 측면은 다음과 같다(박은혜, 2016).

첫째, 교직은 자율적이고 창의적이다. 교사들이 학급에서 가르치는 내용과 방법은 전적으로 교사 자신에게 달려 있다. 물론 국가 수준의 교육과정이 존재하고 실제 1년 동안 수업의 범위와 시수가 정해져 있기는 하지만 그것을 운영함에 있어서는 교사는 상당한 자율권을 행사할 수 있다.

둘째, 교직은 다른 직업에 비해 안정적이다. 교원은 특별한 징계 사유가 발생하지 않는 한 정년까지 그 임기를 보장받는다. 이러한 측면에서 교직은 다른 직업과 비교해 볼 때 상대적으로 신분이 안정된 직업 가운데 하나라고 할 수 있다.

셋째, 교직은 다른 직종에 비해 비교적 여가가 많다. 교직이 가지고 있는 매력 가운데 하나는 방학이 있다는 사실이다. 물론 많은 교원들이 방학을 완전한 휴식기로 보내기보다는 다양한 연수에 참여하고 다음 학기를 준비하면서 보내지만 그럼에도 불구하고 일상의 책임에서 벗어나 있을 수 있다는 것은 상당한 매력으로 작용한다.

넷째, 교직은 애타적 동기에서 자기를 희생한다. 사람들은 자기 자신만을 위해서 무엇을 할 때보다 다른 사람을 위하여 봉사할 때 훨씬 더 커다란 만족감을 얻는다. 가르치는 일은 절대적으로 교사가 아닌 상대방, 즉 학습자를 고려하고 그들의 관점에서 생각할 수 있어야 한다. 그 예로 교사들은 자신이 잘 된 것보다 자신의 제자가 잘 되었을 때 훨씬 더 기쁨을 느낀다는 것이다.

다섯째, 교직은 사회적 공헌이 분명하고 그 정도가 높다. 교육은 한 사회의 일꾼을 길러내는 일이며 한 사람의 인생의 초석을 마련해 주는 일이다. 많은 교사들이 자신의 삶에서 가장 보람되고 기뻤던 순간을 졸업한 제자가 성공해서 자신을 다시 찾아 줄 때라고 응답한다. 교사의 인정하는 말 한마디, 격려하는 몸짓 하나에 변화되는 학생들을 보는 것은 교직만이 가지고 있는 커다란 매력이라 할 수 있다.

2) 교직관

교직관이란 교직의 본질과 성격을 어떻게 이해하느냐에 대한 견해이자 관점을 의미한다.

교직에 대한 사회적 지위나 관점은 제2차 세계대전을 중심으로 나누어진다. 제2차 세계대전 이전을 전통적 교직관, 그 이후를 근대적 교직관이라 한다. 전통적 교직관에서는 대체로 교직자를 신성시하였으며 그 사회적 지위도 높았다. 반면 근대 사회로 들어서면서 성직적 성격이 점차 약화되고 교직을 하나의 기능적 직업으로 인식하는 경향이 시작되었다. 이러한 근대적 교직관은 교원옹호, 교원의 신분보장, 사회적 지위의 향상, 전문성 등을 강조하였다(이경화 외, 2015).

교직에 대한 대표적인 관점들과 그 특성을 알아보면 다음과 같다(박은혜, 2016; 이현정, 2018).

(1) 성직관

교직을 성직으로 보는 것은 가장 전통적인 관점이다. 이는 교직을 성직자와 같이 소명의식을 가진 직분으로 보는 관점이다. 교사는 학생들의 영혼과 정신을 다루며 단순한 지식과 기술보다는 참다운 인격을 형성시키는 사람인 것이다. 성직관을 가장 잘 대표하는 말로 "군사부일체"와 같은 말을 들 수 있다. 이 관점에서 보는 교직은 돈, 명예, 권력과 같은 세속적인 가치관과는 거리가 멀다. 따라서 교사들에게 일반인들과 다른 사랑과 헌신, 희생과 봉사 같은 차원 높은 인격을 소유할 것을 기대한다.

(2) 노동직관

노동직관은 교직을 생계유지 수단으로 보는 입장을 말한다. 노동직관에서 보는 교사는 성직에서 보는 교사와는 정반대의 역할과 기능을 한다. 노동직관으로 보는 교직은 본질적으로 노동의 대가로 보수를 받고 자신의 권익을 위하여 일하는 직업으로 간주한다. 이에 따라 교원은 교육 활동이라는 근로를 생활 수단으로 삼고 있고 교육기관에 종속되어 있으므로 근로자로 본다. 즉 노동직관을 주장하는 사람들은 순수한 육체노동만이 아니라 정신노동도 노동의 범주에 포함시킨다.

(3) 전문직관

전문직관은 오늘날 가장 널리 받아들여지고 있는 견해로 교직을 지적·정신적 활동을 주요하게 하는 직업으로 성직관과 노동직관의 장점을 통합하려는 관점이다. 즉 전문직관은 고도의 자율성과 윤리성을 존중하며 바람직한 인격형성을 추구한다는 측면에서는 성직관과 유사하며 교원의 자질향상과 교권확립, 경제적·사회적 지위 향상을 위한 진취적인 측면에서는 노동직관과 흡사하다.

또한 전문직 관점에서 교사는 자신이 하는 일, 즉 가르치는 일에 있어서 다른 직업과는 구분된 자질과 능력을 가진 사람으로 본다. 백명희(1977; 박은혜, 2009 재인용)에 따르면 교사는 다음과 같은 특성으로 인하여 전문성을 지닌 직업인으로 규정지을 수 있다. 첫째, 교사는 명확한 직무 범위 안에서 고도의 지적 능력과 자율적 판단능력을 가져야 한다. 둘째, 교사는 자유롭게 연구할 수 있어야 한다. 셋째, 교사는 장기간의 엄격한 전문 교육을 받아서 일정한 자격 수준에 도달해야 한다. 넷째, 교사는 자발적으로 설립

된 교사단체의 윤리강령을 통해 스스로의 행동을 통제해야 한다. 다섯째, 교사는 기본적으로 사회적 봉사활동을 할 수 있어야 한다.

따라서 전문직 관점에서의 교사는 자신의 전문성을 유지하기 위해 장기간 교육을 받고, 엄격한 기준에 의해 자격을 취득하고, 고도의 자율성과 사회적 책임감을 가지고 끊임없이 연구하고 노력하는 사람이다.

(4) 공직관

공직관이란 교직을 사회적 공헌의 관점으로 보는 입장이다. 즉 교육활동을 사적활동으로 보지 않고 공적활동(공교육, 의무교육)으로 보며 학교교육의 목적과 그 방법적 기초를 공공성에 두는 직업이라는 뜻이다. 우리나라 「헌법」에는 모든 국민이 교육 받을 권리를 가지고 있음을 명시하고 있다. 교직은 「헌법」에 보장된 국민의 권리를 보장해 주고자 하는 공공성을 가진 직업이다. 그러므로 교사는 국가수준의 교육과정을 준수하고 국민의 기초 교육을 위해 공적 책임을 다해야 한다.

(5) 기타 교직관

교직에 대한 관점은 이 외에도 다양하다. 먼저 가르치는 일을 기술(skill)로 여기고 가르치는 사람은 장인(master)으로 간주하는 관점이다. 이는 가르치는 일을 오랜 기간 숙련하여 장인의 경지에 도달하게 하는 것을 말하는데, 가장 대표적인 예로 도제제도를 들 수 있다. 또 다른 관점으로는 가르치는 일을 예술로 보는 관점이다. 이는 교사 개인의 창의성이나 교사의 직관을 통해 학습자들의 질적 변화를 이끌어 내고자 하는 것을 말한다.

표 1-1 교직관

<table>
<tr><th>교직관</th><th>교사 지위 유형</th><th>교직의 본질</th><th>교사 지위 명칭</th><th>교사 지위 기능</th></tr>
<tr><td>성직</td><td>인격자</td><td>인격성(윤리성)</td><td>스승(선생)</td><td rowspan="2">본질적 지위</td></tr>
<tr><td>전문직</td><td>전문가</td><td>전문성(자율성)</td><td>교육자(교사)</td></tr>
<tr><td>노동직</td><td>근로자</td><td>근로성</td><td>교육 근로자(교육노동자)</td><td rowspan="2">수단적 지위</td></tr>
<tr><td>공직</td><td>공직자</td><td>공공성</td><td>교원(교육공무원)</td></tr>
</table>

출처: 박은혜(2016). 유아교사론. 경기: 창지사.

이상과 같이 교직은 다양한 관점이 존재한다. 이러한 교직관은 여러 학자들의 구분이 중요한 것이 아니라 가르치는 일을 수행함에 있어 교사 자신이 어떻게 행동하는가에 따라 그 의미가 달라진다. 가르치는 일에 소명을 가지고 헌신한다면 그 사람에게 교직은 성직이 되지만, 단지 소정의 임금을 받고 받은 만큼만 가르친다고 생각한다면 그 사람에게 교직은 단순한 돈벌이에 불과한 것이다. 자신의 교직관이 어떠한지 점검을 하는 시간을 가져보자.

■ 나의 교직관 점검하기

다음의 각 교직 유형별 문항 내용을 토대로 자신의 교직관을 진단해 보도록 합시다.

〈성직관〉

내 용	전혀 그렇지 않다	그렇지 않다	그렇다	매우 그렇다
전통적 교직관(성직자)이 이상적 교사상이다.	①	②	③	④
교사는 사랑의 실천자다.	①	②	③	④
교사는 영유아뿐만 아니라 모든 사람으로부터 존경받는 존재가 되어야 한다.	①	②	③	④
교직의 임무와 역할은 신성시되어야 한다.	①	②	③	④
교사는 정신적으로 존경받는 존재이므로 자랑스러운 직종이다.	①	②	③	④
교사가 높은 인격과 학문적 지식을 갖추게 되면 그것은 저절로 영유아에게 전수된다.	①	②	③	④
교직을 선택한 이유는 사회적으로 존경받기 때문이다.	①	②	③	④
합계				

〈노동직관〉

내 용	전혀 그렇지 않다	그렇지 않다	그렇다	매우 그렇다
교직은 다른 직업과 특별이 다를 바 없으며 생활 수단의 한 방법이다.	①	②	③	④
교사로서 보수를 받는 것은 당연하고 떳떳한 것이므로 보수가 적으면 그 만큼만 가르치게 된다.	①	②	③	④
은행원이 노동자라면 교사도 그와 같은 노동자이다.	①	②	③	④
학생을 사랑하라, 교육애를 발휘하라고 하는 것은 교육학자들이 교사를 인간 이상으로 바라본 것에서 비롯된 오류이다.	①	②	③	④
교사가 아는 지식으로 수업 시간에 열심히 가르쳤다면 교사의 사명은 다한 것이다.	①	②	③	④

가정방문 또는 기타 생활지도를 했으면 당연히 시간 외 수당 등 특별수당을 받아야 한다.	①	②	③	④
교직을 선택한 동기는 생계유지를 위한 직업이기 때문이다.	①	②	③	④
합계				

〈전문직관〉

내 용	전혀 그렇지 않다	그렇지 않다	그렇다	매우 그렇다
교사도 의사, 변호사와 같은 대열에 들어가는 전문직이다.	①	②	③	④
교사는 지식보다는 가르치는 기술이 더 중요하다.	①	②	③	④
교사는 영유아들에게 어떻게 가르치는 것이 가장 효율적인지를 항상 연구해야 한다.	①	②	③	④
교사는 승진이나 전직보다 자신의 노력으로 영유아들이 날로 새로워지는 모습을 보는 것이 가장 보람된다.	①	②	③	④
교사는 인간 사회를 발전시키는 데 주요한 공헌을 하는 사람이다.	①	②	③	④
교사는 전공분야의 지식뿐만 아니라 가르치는 기술 면에서 높은 수준에 도달해야 한다.	①	②	③	④
교직을 선택한 동기는 개성에 맞고 전문직이며 창의적인 활동을 할 수 있기 때문이다.	①	②	③	④
합계				

위의 3가지 유형의 교직관에 대한 각각의 합계 또는 평균을 통해 자신의 교직관 유형을 점검해 볼 수 있다.

출처: 조부경 외(2018). 영유아교사론. 경기: 양서원. pp. 18-20.

3) 교직 윤리

인간이 사회를 살아가면서 지켜야 하는 규범을 윤리라고 한다면 '교직 윤리'란 교사가 교직 생활에서 지켜야 하는 실천규범이라고 할 수 있다. 즉 유아 교직 윤리는 유아 교사들이 교직을 수행하면서 스스로 실천하기를 기대하는 규범을 의미한다.

교직 윤리를 함양할 필요성을 송기창 등(2009)은 다음과 같이 제기한다.

첫째, 교직 윤리는 교육의 기반을 형성한다. 인간과 인간의 만남인 교육은 교사에 대한 학생의 전면적 신뢰가 절대적으로 필요한데, 이때 신뢰는 교사의 윤리적 실천에서 비롯된다.

둘째, 교직 윤리는 전문직으로서의 인정을 위해 필요하다. 전문직은 일반인이 가지고 있지 않은 지식과 기술을 가지고 자율적이고 창의적으로 사회의 공익을 도모해야 하므로 책임 있는 활동을 위해 전문직 윤리가 반드시 필요하다.

셋째, 교직 윤리는 교사 스스로의 성장을 위해 필요하다. 교사는 교육활동에 생명력을 불어넣기 위해 자신의 행동을 돌아보아야 한다. 교사는 '조금 전 나의 행동은 바람직한 것인가?'를 늘 반추해야 한다. 자신의 행동에 윤리적 질문을 지속적으로 하는 교사만이 교직을 보람 있게 영위할 수 있다.

전문직으로서 유치원 교사는 가르치고 양육하는 일에서 윤리적인 갈등을 일으킬 수 있으며, 특히 유아, 교사, 부모, 동료의 권리가 서로 충돌하는 상황에서 윤리적인 판단을 위한 지침이 필요하다. 이에 박은혜(2009)는 첫째, 유치원 교사의 힘과 지위를 위해, 둘째, 서로 다양한 요구를 가진 유아나 부모에 의해 발생되는 문제들을 해결하기 위해, 셋째, 철학적 기초를 제공해 줌으로써 교사의 결정에 방향을 잡아주는 역할을 하기 위해, 넷째, 달레마 상황에서 교사가 옳은 판단을 내릴 수 있도록 도와주기 위해서 윤리강령이 존재해야함을 제기하고 있다. 가르치는 일은 늘 윤리적인 딜레마가 존재하기 때문에 윤리강령에 근거하여 의사결정을 하는 연습이 필요하기 때문이다.

교사의 윤리적 판단의 기반이 되는 유아 교사들의 교사 헌장과 윤리강령을 살펴보자. 유치원 교사 헌장은 2011년 한국유치원 교원양성 임용제도 개선연구단, 한국 4년

제 유아교사양성 대학교 교수협의회, 한국전문대학유아교육과 교수협의회, 한국국공립유치원교원연합회가 발의하여 제정한 것으로 전문은 다음과 같다.

■ 유치원 교사 헌장

유아교육은 유아의 삶에 초석이 되며, 우리 사회와 국가의 미래를 결정한다. 우리는 국민의 생애초기 교육을 책임지며 사회로부터 존경받는 교사로서 자신을 연마하고 소명의식을 가지고 유아교육자로서 가야 할 길을 밝힌다.

1. 우리는 유아를 사랑하고 개성을 존중하며 전인발달을 지원하고 평화로운 교실문화를 조성한다.
2. 우리는 미래지향적이며 질 높은 교육을 계획하고 실천하여 교육자로서의 책임을 다한다.
3. 우리는 가정에 대한 이해와 연대를 강화하여 교육복지 사회구축에 공헌한다.
4. 우리는 사회의 변화와 요구에 적극 부응하여 유아교육의 혁신과 발전을 위해 노력한다.
5. 우리는 교육자로서의 품위를 유지하고 부단한 자기개발을 통해 유아교육 전문가로서의 위상을 갖춘다.

다음은 유치원 교사 강령으로 유치원 교사 헌장에 대한 구체적 입장과 방침 및 계획을 기초로 하여 유치원 교사와 유아, 유치원 교사와 가정, 유치원 교사와 사회, 유치원 교사와 책무 등의 4개 항목으로 구성되어 있다. 유치원 교사 강령의 구체적 내용은 다음과 같다.

■ 유치원 교사 강령

❶ 유치원 교사와 유아

핵심개념 사랑, 평등, 개성 존중, 전인교육, 안전과 보호

1. 우리는 유아를 사랑하며 유아의 인격을 존중한다.
2. 우리는 유아의 개인적·가정적 배경에 관계없이 모든 유아를 평등하게 대한다.
3. 우리는 유아의 개성을 존중하며 개인의 흥미와 잠재력에 적합한 교육을 제공한다.
4. 우리는 유아의 전인발달을 지원하는 교육과 환경을 제공한다.

5. 우리는 유아의 안녕을 위협하는 가정적 · 사회문화적 · 경제적 상황을 적극적으로 파악하고 유아를 보호하기 위해 노력한다.

❷ 유치원 교사와 가정

핵심개념 가족에 대한 이해, 권리보호, 협력, 지원

1. 우리는 유아를 교육하고 지원하기 위해 가정과 연계하고 협력관계를 구축한다.
2. 우리는 교육적 목적으로 수집한 가족 정보에 대해 기밀을 유지하고 가족의 사생활을 보장한다.
3. 우리는 유치원에서 일어난 안전사고나 위험 상황에 대해 가족에게 충분히 설명한다.
4. 우리는 가족에게 유치원을 개방하며 필요한 정보를 제공한다.
5. 우리는 유치원 운영에 관련된 중요한 의사결정 과정에 부모를 참여시킨다.
6. 우리는 가족에게 필요한 지역사회 자원에 대한 정보를 구축하고 이를 가족에게 적극 제공한다.

❸ 유치원 교사와 사회

핵심개념 사회에 대한 이해, 교원의 지위향상, 유아교육 위상 강화, 교직문화, 지역사회와의 협력

1. 우리는 사회의 흐름을 파악하고 이를 교육에 반영하고자 노력한다.
2. 우리는 유아에 관련된 법률과 정책을 이해하고, 이를 개선하기 위한 활동에 적극 참여한다.
3. 우리는 교직 관련 단체와 전문가 협회를 통해 교권 확립을 위한 활동에 참여한다.
4. 우리는 유치원 교육을 사회에 널리 알려 유아교육의 위상을 높인다.
5. 우리는 교직원 간의 상호존중과 협력을 통해 건전한 교직문화를 형성한다.
6. 우리는 유치원과 연계하여 지역사회의 생활과 문화 향상에 기여한다.

❹ 유치원 교사의 책무

핵심개념 직업의식과 긍지, 인성(열정, 개방성, 창의성, 자율성), 교사로서의 품위, 연구와 자기개발

1. 우리는 교육전문가로서의 직업의식을 갖는다.
2. 우리는 건전한 국가관과 확고한 교육관을 가지고 교직에 종사한다.
3. 우리는 유아에게 최적의 교육을 제공하기 위해 열과 성을 다한다.
4. 우리는 건전한 언행과 생활태도로 유아에게 모범이 되도록 한다.
5. 우리는 열린 사고와 개방적 태도를 가지고 전문성 향상에 매진한다.
6. 우리는 다양한 분야의 전문가와 교류하고 새로운 지식과 정책을 비판적으로 수용한다.

2. 유아 교직의 특성

1) 유치원 조직의 특성

유아를 대상으로 교육을 실시하는 조직인 유치원은 다른 학교 조직(초·중등)과는 달리 고유한 특성을 지닌다. 유치원의 특성은 다음과 같다(류윤석, 2016).

첫째, 유치원은 유아교육을 목적으로 한다. 어떠한 조직이나 그 조직이 추구하는 목적이 있다. 기업의 경우 이윤추구가 목적이지만 유치원은 유아들의 전인적 성장발달을 도모하는 데 그 목적이 있다. 즉 유치원은 유아기의 유아를 교육하기 위한 조직으로서 그들의 성장 발달을 도와 이상적인 인간으로 육성하는 데 목적을 둔다.

둘째, 학습과정을 중시하는 조직이다. 유치원에서 이루어지는 모든 활동은 유아들의 성장과 발달을 도모하기 위한 학습활동이다. 유아들의 성장발달은 다양한 학습활동을 통해서 이루어지는 데 그 목적의 달성결과보다는 목적 달성을 위한 과정을 중시한다.

셋째, 유치원은 다양한 인적 구조를 지니고 있다. 유치원의 인적 구조는 크게 유아를 직접 지도하는 교원과 지도를 받는 유아, 그리고 교육활동이 원활하게 이루어지도록 지원하고 보조하는 직원으로 구성되어 있다.

넷째, 유치원에서는 과업 수행을 위한 다양한 기술이 적용된다. 유치원에서의 주된 과업인 유아의 성장 발달을 도모하기 위한 기술은 교사나 유아의 특성에 따라서 다양한 방법으로 적용이 가능하다.

유치원 조직은 학교의 특성과 규모적인 면에서 상급 교육기관들과는 다르게 운영되고 있다. 김경화(2001; 이현정, 2018 재인용)는 유치원과 초·중등학교의 특성을 교육활동, 교육조건, 제도적 측면으로 구분하여 비교하고 있다.

교육활동 측면에서 유치원은 유아의 발달적 특성에 따라 아동중심, 놀이중심으로 통합교육이 이루어지고 있으며 유아·교사·교구 간의 상호작용이 활발하게 이루어진다는 특성이 있다. 따라서 교사의 역할은 초·중등교사의 역할보다 포괄적이며, 다양하고, 보다 복합적인 역할을 수행한다. 아직 미성숙하고 계속적인 발달 과정 중에 있는 유아기는 어떠한 물리적인 환경이나 내용보다 종합적이며 구체적인 학습 환경을 구성해 주는 교사의 역할이 다른 어떤 시기보다 더 절대적이고 중요하다고 볼 수 있다.

교육조건 측면에서 유치원은 일반 학교에 비해 규모 면에서 작다. 대체로 유치원은 소규모의 학급으로 이루어져 있으며 소수의 교사들로 이루어진 조직이다. 때문에 기본적인 업무분담의 정확성과 공식적인 의사교환에 덧붙여 업무분담의 융통성, 상호협조체제, 그리고 사적인 의사전달체제의 활용이 운영에서 중요시 된다. 소수의 교사 집단이기 때문에 기능이 세분화될 수 없으며, 업무의 분담은 재통합, 조정되어야 하며, 부재 시 즉각적으로 상호보완이 이루어질 수 있어야 한다. 이를 위하여 특수한 분야의 분담 능력보다는 모든 업무를 담당할 수 있는 능력이 요구되며, 상호 간의 신뢰, 믿음, 동료애 등이 더 중요시되는 조직의 특성을 지니게 된다.

제도적 측면에서 유치원은 초·중등학교와 비교할 때 사립의존도가 높다. 기관 수와 취원 아동 수의 비율을 살펴볼 때, 유치원의 경우 국·공립과 사립의 수가 비슷하나 취원 아동 수의 면에서는 사립의 비중이 크다. 유치원의 높은 사립의존도는 원아유치와 재원 확보를 위한 상호 치열한 경쟁으로 이어진다. 유아의 교육비를 주요한 재원으로 운영되는 사립의 경우 부모의 의견이 중요시되며 유치원의 규모에 따라 교사 처우도 달라지기에 결과적으로 교육의 질적 저하를 가져오는 문제를 안고 있다.

이와 같은 점을 고려하여 박은혜(2009)는 유치원 교사직의 특성을 다음과 같이 규정하였다.

① 유치원 교사직은 어린 연령의 유아들을 대상으로 하는 직업이다.
② 유치원 교사직은 유아의 전인발달을 도와주는 직업이다.
③ 유치원 교사직은 가르치는 일과 돌보는 일을 조화롭게 유지해야 하는 직업이다.
④ 유치원 교사직은 전문직이다.

2) 유아교사의 자질

교사는 가르치는 것을 본업으로 하고 있는 사람이다. 유아교사는 유아를 가르침의 대상으로 한다. 유치원 교사는 취학 전 유아들의 지적·정서적·사회적·신체적 발달을 바람직한 방향으로 발달시키기 위한 제반 교육활동을 수행하는 사람이다. 따라서 유아교육을 담당하고 있는 유아교사는 일반 직업과는 다른 자질과 역할이 요구되는데, 그 이유는 연령이 어린 생애 초기 교육이라는 측면 때문이다. 이에 대해 이경화 등(2015, 재인용)은 인간으로서의 자질, 전문가로서의 자질, 지도자로서의 자질을 제시하였다. 이를 요약하면 다음과 같다.

첫째, 유치원 교사는 유아들의 애착과 정서적 부분의 전반을 돌봐주고 지속적인 상호작용을 해 주어야 한다. 특히 가정을 떠나 처음으로 단체생활을 시작하게 되는 영유아의 경우, 분리불안을 최소화할 수 있는 따뜻한 환경과 지지가 필요하다. 어린 유아들을 돌보는 데 있어 유아교사의 모성역할에 대한 사회적인 기대가 높은 상황이다. 유아와 정서적 공감으로 눈높이를 맞추는 것은 교사의 필수적 자질이라 할 수 있다. 많은 학자들도 교사의 인성적 자질 및 정서적 자질에 대해 뜻을 같이 한다.

둘째, 교직은 엄격하고도 계속적인 연구를 통하여 습득·유지되는 전문적 지식과 전문화된 기술을 필요로 하는 공공적 업무를 수행하는 직종이기 때문에 전문직으로 간주되어야 한다. 유아교사로서의 전문적 자질이란 필요한 전문적 지식과 기능을 의미하는 것으로 일반적으로 전문적인 대학교육을 통해 습득되고 현직교육을 통해 향상된다. 유아교사에게 요구되는 전문적 요인으로는 지적능력, 수업준비 및 계획성, 학습지도 기술, 교재교구의 활용능력, 동기유발, 융통성, 창의성, 표현력, 응용능력 등이 있다.

셋째, 교사의 지도성은 유아교육기관을 운영하는 원장만의 고유한 영역이 아니다. 원장, 원감, 교사는 각자의 영역을 이끌어 나갈 지도자로서의 자질이 요구된다. 특히 유아교사는 수업이나 유아들의 생활지도뿐만 아니라 지역사회나 다른 교사 연합에서 지도자의 역할을 수행해야 하는 경우도 있다. 지금까지 살펴본 유아교사의 자질을 요약하면 〈표 1-2〉와 같다.

표 1-2 유아교사의 자질

<table>
<tr><th>개인적 자질</th><th colspan="2">전문적 자질</th><th>지도성</th></tr>
<tr><td rowspan="13">사랑(친밀함, 온정, 돌봄)
교사와 유아 간의 신뢰와 열정
성실성
원만한 인간관계
도덕성
사려심
자발성
봉사</td><td rowspan="4">지식</td><td>일반교양지식</td><td rowspan="13">비전제시
멘토능력
문제해결력
협력 등</td></tr>
<tr><td>유치원 교육과정에 대한 지식</td></tr>
<tr><td>교수방법 및 평가에 대한 지식</td></tr>
<tr><td>유아에 대한 지식</td></tr>
<tr><td rowspan="6">교수
기술</td><td>교육과정 구성 기술</td></tr>
<tr><td>프로그램 실천 및 평가 기술</td></tr>
<tr><td>의사소통기술</td></tr>
<tr><td>창의성</td></tr>
<tr><td>융통성</td></tr>
<tr><td>교재교구 제작 및 활용기술</td></tr>
<tr><td rowspan="3">교육관</td><td>교육에 관한 소명감</td></tr>
<tr><td>직업윤리</td></tr>
<tr><td>전문성 함양의 노력</td></tr>
</table>

3. 유치원 교원의 임용

1) 임용의 개념 및 원칙

임용이란 일반적으로 특정인에게 일정한 직위를 부여하는 행위를 총칭하는 말이다. 또한 법규에서는 임용은 여러 뜻으로 쓰이는데 공무원 임용령(「교육공무원법」 제2조)에서 임용이란 신규채용, 승진, 승급, 전직, 전보, 겸임, 파견, 강임, 휴직, 직위해제, 정직, 복직, 면직, 해임 및 파면을 포함한다.

교육공무원으로 임용되려면 결격사유가 없어야 한다. 「국가공무원법」 제33조는 공무원 임용 결격사유를 ① 피성년후견인 또는 피한정후견인, ② 파산선고를 받고 복권되지 아니한 자, ③ 금고 이상의 실형을 선고받고 집행이 종료되거나 집행을 받지 아니하기로 확정된 후 5년이 지나지 아니한 자, ④ 금고 이상의 형을 선고받고 그 집행유예 기간이 끝난 날로부터 2년이 지나지 아니한 자, ⑤ 금고 이상의 형의 선고유예를 받은 경우에 그 선고유예 기간에 있는 자, ⑥ 법원의 판결 또는 다른 법률에 따라 자격이 상실되거나 정지된 자, ⑦ 공무원으로 재직기간 중 직무와 관련하여 「형법」 제355조 및 제356조에 규정한 죄를 범한 자로서 300만 원 이상의 벌금형을 선고받고 그 형이 확정된 후 2년이 지나지 아니한 자, ⑧ 징계로 파면처분을 받을 때로부터 5년이 지나지 아니한 자, ⑨ 징계로 해임처분을 받은 때부터 3년이 지나지 아니한 자 등 9가지로 규정한다.

교육공무원의 임용은 위와 같은 결격사유를 점검하고 자격, 재교육성적, 근무성적, 기타 능력의 실증에 의하여 행해진다.

2) 교사의 신규채용

교사의 신규채용은 「국가공무원법」 제28조, 「교육공무원법」 제11조, 「교육공무원임용령」 제9조 및 제11조의2, 3에 근거하여 진행한다. 공개전형을 원칙으로 하나 각 원의 상황에 따라 다를 수 있다. 응시자격은 교사자격증 취득자 또는 교사 자격을 취득할 당해 학년도 졸업예정자에 한한다.

(1) 교사의 준비 사항

유치원에 임용된 교사는 신원조사 의뢰를 위해 기본증명서와 신원진술서를 각 1부씩 유치원에 제출하여야 한다. 또한 유치원을 옮기는 경우에는 이전 기관으로부터 경력증명서를 받아야 하고, 채용을 위한 신체검사 결과, 교원자격증 원본, 교육공무원인사기록카드 등을 미리 작성하여 준비하고 있어야 한다.

(2) 유치원의 준비 사항

교사로부터 신원조사 의뢰용 서류를 제출받은 유치원은 신원조사와 성범죄경력조회를 경찰서에 의뢰하고, 기본등록지에 공문을 발송하여 결격사유를 조회하여야 한다. 신원조사 의뢰는 법정소요기한이 1개월이며, 결격사유 조회와 성범죄경력조회는 약 2주 정도가 소요되므로 유치원은 가능한 한 새로운 학기가 시작되기 최소 1개월 전에 교원 임용을 확정하고 교육청에 임용보고를 하여야 한다.

(3) 교육청 임용 보고

교사의 서류가 모두 준비되고 각종 결과를 확인한 후에 각 유치원은 임용을 확정하고 7일 이내에 교육청에 임용을 보고하게 된다. 교육청의 임용 보고가 완료되어야 비로소 교원의 경력이 산정되기 시작한다. 교원의 경력은 이후 승급, 승진, 연금 등에 직접적으로 영향을 미치기 때문에 교육청 임용보고가 늦어지지 않도록 교사 자신이나 유치원은 각별히 유념하여야 한다.

3) 유치원 교원 임용 관련 서류 작성

신규 채용 교사의 교원임용서류는 「교육공무원 인사기록 및 인사사무 처리 규칙」 제11조에 의거 준비하여야 한다. 필요서류는 다음과 같다.

① 인사기록 카드 1부
② 가족관계증명서 1부
③ 호봉확정표 1부
④ 최종학력증명서 1부
⑤ 경력증명서 1부
⑥ 범죄경력회신서 1부
⑦ 신원조사회보고서 및 신원진술서 각 1부
⑧ 교원자격증사본 1부
⑨ 사진(명함판 상반신 탈모 3매)
⑩ 범죄경력조회동의서 및 회신서 각 1부

⑪ 병적증명서(제1국민역 및 실역미필보충역) 또는 병적사항 기록 주민등록 초본 1부

⑫ 공무원채용신체검사규정 제3조에서 정한 의료기관 발행 채용신체검사서 1부

(1) 신원진술서

신원진술서는 2017년 양식이 개정되었으며 개인의 정보제공 동의서를 함께 작성하게 되었다. 신원진술서 서류는 인터넷 검색창, 경찰민원포털사이트(minwon.police.go.kr), 교육지원청 자료실에서 다운로드 가능하다. 다음은 신원진술서 및 개인정보제공 동의서 양식과 그 작성요령이다.

① 작성요령

- 신원조사를 위한 신원진술서 작성 및 제출은 국회보안업무규정에 의해 공무원으로 임용되기 전에 반드시 하도록 되어 있으므로 해당되는 모든 사항에 대하여 성실히 기재하여야 한다.
- 앞면과 뒷면을 모두 작성한다.
- 신원진술서에 사용되는 사진은 인화지에 인화된 사진으로서 동일 원판, 동일 크기의 사진이어야 한다.
- 자필 혹은 컴퓨터(워드)로 작성한다.
- 모든 항목에 반드시 내용이 기재되어야 하므로 해당사항이 없는 곳에는 '해당없음'이라고 기재한다.

② 작성 방법

- **성명, 주민등록번호, 등록기준지**
  - 주민등록등본 및 기본증명서(또는 가족관계증명서)를 참고하여 작성한다.
  - 신원진술서 조회는 임용예정자의 해당 등록기준지 관할 경찰서에서 하게 되며 제출한 주민등록등본, 기본증명서 등을 참고로 하기 때문에 주민등록표상의 성명, 주민등록번호와 모두 일치하여야 한다.
  - 개명과 같은 사유로 응시원서의 성명과 주민등록표상의 이름이 다른 경우, 기본

증명서(또는 가족관계증명서)와 주민등록표상의 성명이 다른 경우에는, 이의 정정·동일화와 별개로 주민등록표상의 성명·주민등록번호를 기준으로 작성한다.

– 등록기준지는 기존 호적에서 사용하던 '본적지'를 의미한다.

• 주소

– 현재의 주소로서 주민등록초본 상의 주소를 기재한다.

• 직장명 및 소재지

– 현재 다른 직장에 다니고 있는 사람만 기재한다.

• 전화번호

– 본인에게 직접 연락이 될 수 있는 전화번호를 기재한다.

• 신장, 체중, 혈액형

– 본인이 알고 있는 자신의 신장, 체중, 혈액형을 기재한다.

• 본인 및 배우자 재산

– 「민법」상의 동산 및 부동산을 의미한다.

· 미혼인 경우: 본인의 명의로 되어 있는 동산, 부동산의 액수를 기재한다.

· 기혼인 경우: 본인 및 배우자의 명의로 되어 있는 동산과 부동산의 액수를 기재한다.

• 병역

– 주민등록초본에 있는 본인의 병역사항을 기재한다.

· 군별, 병과, 최종계급, 군번, 복무기간 등을 기재하되 기억이 나지 않거나 구분이 애매한 경우에는 주민등록초본 상의 기재사항에 따른다.

· 미필사유: 병역면제, 입영연기 중, 제2국민역, 연령미달, 여자 등을 기재한다.

• 학력

– 본인의 최종학력이 나타나도록 기재하되 고등학교 학력부터 기재한다.

· 학교명: 본인이 졸업한 학교명이 현재 폐교, 학교명의 변경 등의 사유로 존재하지 않는 경우에는 졸업 당시의 학교명을 기재한다.
· 기간: 입학 연월일, 졸업 연월일을 기재하는 것을 원칙으로 하되 입학 연월·졸업 연월만 기재하는 것도 가능하다.
· 전공학과: 전문대 이상의 학력 기재 시 적는다.
· 소재지: 학교의 소재지를 읍·면·동까지 기재한다.

• 경력

– 본인의 가장 최근 경력이 나타나도록 기재한다.
– 경력사항은 공무원으로서의 재직 경력뿐만 아니라 민간기업의 근무 경력도 기재한다.

• 가족사항

– 본인(및 배우자)의 가족사항을 기재한다.
– 기재순서는 직계존속, 배우자, 직계비속, 형제자매 순으로 한다.
– 직계존속, 배우자, 직계비속은 동일한 주민등록표상에 없어도 모두 기재한다.

• 북한 및 해외거주 가족

– 본인의 직계 존·비속, 배우자, 형제자매 중 북한이나 해외에 거주하는 가족은 반드시 기재한다.
– 해외 유학, 사업상의 목적으로 해외에 체류하지만 주민등록상 주소에는 국내에 있는 경우에는 해외거주 가족에 해당되지 않는다.

• 친교인물

– 본인의 초·중·고·대학의 교우 혹은 친척·선배·은사 등 3명에 대한 인적사항까지 기재한다(반드시 3명을 작성하여야 함).
– 본인의 직계 존·비속, 배우자, 형제자매는 친교인물이 될 수 없다(삼촌·매형·형부 등은 가능함).

■ 신원진술서 및 개인정보 제공 동의서 양식 제시

신 원 진 술 서

※ 모든 기재사항은 빠짐없이 기재하고 ☑표시하여 주시기 바랍니다. (앞 쪽)

성 명		한 자		주민등록번호		사 진 (3cm×4cm)
등록기준지						
주 소						
실거주지						
직 장	직장명 : 소재지 :			연락처	직장전화 : 휴 대 폰 : E-mail :	
국 적	□ 대한민국	□ 복수국적 국가명:	□ 외국국적 국가명:	배우자 및 자녀 국적		
특 기		취 미		자격증		

재 산		
재 산	본인 및 배우자	부동산 : 만원, 동산 : 만원, 채무 : 만원
	미혼 자녀	부동산 : 만원, 동산 : 만원, 채무 : 만원

정당·사회 단체 활동		단 체 명	기 간	직 책
	□ 있음		. . ~ . .	
	□ 없음		. . ~ . .	

병 역		군 별	병 과	최종 계급	기 간	미필 사유
	본 인				. . ~ . .	
					. . ~ . .	
					. . ~ . .	

학 력	학 교 명	기 간	전공 학과	학 위	소 재 지
		. . ~ . .			
		. . ~ . .			
		. . ~ . .			
		. . ~ . .			

(뒤 쪽)

경 력	기관 또는 업체명	기 간	직 책(직급)	상벌 관계(일자)
		. . ~ . .		
		. . ~ . .		
		. . ~ . .		

해외 거주 사실	거주 국가	기 간	거주 목적	동반 가족
		. . ~ . .		
		. . ~ . .		

가족 관계	관 계	성 명	생년월일	직 업 · 직 책	거 주 지
부모 배우자 자녀					
배우자 부모					
북한 거주 가족					

친교 인물	관 계	성 명	직 업 · 직 책	연 락 처

1. 위 내용은 사실과 다름이 없으며, 기재사항 누락 또는 허위기재 사실이 있을 경우 「국가공무원법」 등 관계법령에 따라 불이익을 받을 수 있다는 사실을 고지 받았음을 확인합니다.
2. 사실관계 확인을 위하여 「개인정보보호법」 제15조(개인정보의 수집 · 이용)에 따라 개인정보의 수집 · 이용에 동의합니다.

년 월 일

작 성 자 성명 인(서명 또는 날인)

개인정보 제공 동의서

■ 본인은 공직임용에 있어 신원조사기관이 본인에 대한 신원조사를 실시할 필요가 있다는 것과 개인정보(범죄경력 등 민감정보 포함, 이하 동일) 수집 목적 등 아래 유의사항을 이해하였으며, 이를 위해 「개인정보보호법」 등에 의해 보호되고 있는 본인의 개인정보를 동법 제15조(개인정보의 수집 · 이용)의 규정 등에 따라 신원조사기관에 제공하는데 동의합니다.

■ 이에 따라, 개인정보 보유기관장은 원활한 신원조사를 위해 본인에 관한 개인정보를 해당 신원조사기관에게 제공하여 줄 것을 요청합니다.

■ 본인(가족 포함)이 서명한 동의서 복사본은 원본과 동일하게 유효하다는 것을 인정합니다.

유의사항 (개인정보 수집 목적 · 관리방법, 정보제공 동의 거부 가능 고지)
▪ 수집된 개인정보자료 · 개인정보 제공 동의서는 신원조사 목적으로만 사용되고, 「공공기록물관리에관한법률」에 따라 관리 · 폐기되며 수집하려는 개인정보의 항목은 아래와 같습니다. ▪ 개인의 자유로운 의사에 따라 정보 제공동의를 거부할 수 있습니다. 다만, 이 경우 신원조사를 원활히 진행할 수 없음을 알려드립니다.

년 월 일

성명 (서명)

■ 본인 및 가족 동의 (자녀는 결혼 · 해외거주 등에 불문하고, 미성년은 본인대리 서명 가능)

구 분	성 명	생년월일	서 명	
			개인정보 제공 동의	민감정보 제공 동의
본인			자필서명	자필서명
배우자			자필서명	해당없음
자녀			자필서명	해당없음
자녀			자필서명	해당없음
자녀			자필서명	해당없음

※ 신원조사를 위해 수집되는 개인정보 항목 (밑줄은 민감정보)

본 인(예시)	가 족(예시)
▪ 주민등록 · 가족관계등록부, 공무원인사기록(행자부 · 인사처) ▪ 주민·범죄경력 · 수사 · 수배 조회자료(경찰청) ▪ 출입국자료(법무부) ▪ 토지 · 주택자료 및 자동차 등록원부(국토부) ▪ 소득 및 개인 · 법인 사업자 자료(국세청) ▪ 병적자료(병무청 · 기무사) ▪ 금융기관 대출자료(한국신용정보원)	▪ 주민등록 · 가족관계등록부(행자부) ▪ 출입국자료(법무부) ▪ 토지 · 주택자료 및 자동차등록원부(국토부) ▪ 소득 및 개인 · 법인 사업자 자료(국세청) ▪ 병적자료(병무청 · 기무사) ▪ 금융기관 대출자료(한국신용정보원)

개인정보 보유기관장 귀하

(2) 교육공무원 인사기록 카드

교육공무원 인사기록 카드는 교사로 재직하는 동안 계속해서 보관되는 자료이다. 해당 카드를 작성할 때 앞면에는 반드시 본인이 서명 후 날인하고, 뒷면 우측하단의 기록사항확인란에는 본인과 소속장이 각각 서명 후 날인하도록 한다.

■ **인사기록카드 양식 제시**

[별지 제1호서식] (갑-1) <개정 2013.11.13>

교육공무원인사기록카드

구비서류	제출서류	담당 공무원 확인사항 (동의하지 않는 경우 해당 서류 제출)
	1. 최종학력증명서 □ 2. 경력증명서 □ 3. 가족관계증명서 □ 4. 채용신체검사서 □ 5. 결격사유조회 회보서 □ 6. 신원조사 회보서 □ 7. 사진(명함판 상반신) □ 8. 그 밖에 필요한 서류 □	병적증명서 또는 병적사항이 기재된 주민등록표 초본

본인은 이 건 업무처리와 관련하여 「전자정부법」 제36조제1항에 따른 행정정보의 공동이용을 통하여 담당 공무원이 위의 담당 공무원 확인사항을 확인하는 것에 동의합니다.

신청인(대표자) (서명 또는 인)

갑 - 4

⑲ 연구실적								⑳ 가산점					
연구주제·주최기관	연구기간	등급	기록자인	연구주제·주최기관	연구기간	등급	기록자인	영역	연도	기록자인	영역	연도	기록자인

㉑ 적성검사	시행년월일	일반지능검사	종합적성검사(검사사항)								다면적적성검사(특징적 징후)	적성분야
			( )	( )	( )	( )	( )	( )	( )	( )		

㉒ 비고	

㉓ 주의사항	㉔ 기록사항확인		
1. 본표의 기록은 확실·정확하여야 한다. 2. 본인의 성명은 한글과 한자로 ②본관, ④본적, ⑤주소 및 본표에 기재되는 인명은 한글로 기입한다. 3. 적성검사란은 필요에 따라 시행한 경우 당해 검사사항을 기입한다. 4. 비고란은 기재사항의 정정등 특기사항을 기입한다.		본인	본 표의 기재사항은 사실과 상위 없음을 서약함. 년 월 일 직 성명 ㊞
		소속장	본 표의 기재사항은 사실과 상위 없음을 서약함. 년 월 일

(3) 범죄경력 조회안내(성범죄경력조회, 아동학대관련범죄 전력 조회)

「아동·청소년의 성보호에 관한 법률」 제34조에 따른 아동·청소년 관련 기관 등에 해당하는 기관시설 또는 단체의 장과 그 종사자는 직무상 아동·청소년 대상 성범죄의 발생 사실을 알게 되었을 때, 즉시 그 사실을 수사기관에 신고하여야 한다. 유치원에 재직 중인 전체 교직원은 모두 범죄경력 조회를 의뢰하도록 되어 있다. 해당 유치원 관할 경찰서 형사과에 의뢰하며, 임용 보고 시 유치원에서 관할 경찰서를 직접 방문하여 범죄경력조회를 신청한 후 범죄경력 회보서를 통보받아 사본(원본대조필)으로 교육청에 제출하거나 범죄경력회보서 발급시스템(crims.police.go.kr)에 접속한 후 공인인증서를 설치하여 발급받아 제출한다.

[별지 제12호서식]

성범죄 경력 조회 및 아동학대관련범죄 전력 조회 동의서

<table>
<tr><td rowspan="3">대상자</td><td colspan="2">성　명(외국인의 경우 영문으로 작성)</td></tr>
<tr><td>주민등록번호(외국인의 경우 생년월일)</td><td>외국인등록번호(외국인의 경우만 기입)</td></tr>
<tr><td colspan="2">연락처(휴대전화 등)</td></tr>
</table>

본인은 ○○유치원 임용자(예정자)로서, 「아동·청소년의 성보호에 관한 법률」 제56조 및 같은 법 시행령 제25조에 따른 성범죄경력 조회, 「아동복지법」 제29조의3 및 같은 법 시행령 제26조의3에 따른 아동학대관련범죄 전력 조회에 동의합니다.

년　　월　　일

동의자　　　　　(서명 또는 인)

경찰서장 귀하

유의사항

1. 개인정보 수집항목 : 성명, 주민등록번호(외국인의 경우 외국인등록번호)
2. 개인정보 제공 거부에 따른 제한사항 : 귀하는 개인정보 제공 동의를 거부할 권리가 있으나, 동의 거부 시에는 활동에 제한을 받을 수 있습니다.
3. 개인정보의 수집·이용 목적 : 수집된 개인정보는 성범죄 경력조회 신청 등을 위하여 사용됩니다.

210㎜×297㎜[백상지 80g/㎡(재활용품)]

[별지 제10호서식]

성범죄 경력조회 및 아동학대 관련 범죄전력조회 신청서

접수번호		접수일자		처리일자	처리기간	즉시
신청인	성 명			주민등록번호	−	
	기관명					
	주 소	(전화번호:)				
대상자	성 명					
	주민등록번호(외국인인 경우 생년월일)	−	외국인등록번호(외국인의 경우만 기입)			

「아동·청소년의 성보호에 관한 법률」 제56조 및 같은 법 시행령 제25조와 「아동복지법」 제29조의3에 따라 우리 시설 또는 기관의 취업·노무 제공(예정)자에 대하여 성범죄경력 및 아동학대 관련 범죄전력 조회를 요청하오니 그 결과를 회신해 주시기 바랍니다.

년 월 일

신청인 (서명 또는 인, 정보통신망 이용 시 생략가능)

경찰서장 귀하

신청인 제출 서류	1. 아동·청소년 관련기관 등의 장임을 증명할 수 있는 자료(인·허가증 또는 사업자등록증 사본 등) 1부 2. 취업자 또는 취업예정자 본인의 동의서 1부	수수료 없 음

유의사항

1. 대상자가 외국인의 경우 성명(영문), 외국인등록번호를 적습니다.
2. '신청인'은 아동청소년 관련기관 등의 장이며, 대상자가 2명이상일 경우 대상자 기입사항을 일괄 작성, 첨부하여 신청할 수 있습니다.
3. 아동 · 청소년관련기관의 장이 아닌 지방자치단의 장 등이 신청하는 경우에는 신청인의 제출서류를 제외합니다.

처리절차

신청서 작성	→	접 수	→	대상자 확인 (적합, 부적합)	→	통보
신청인		경찰관서장		경찰관서장		

210㎜×297㎜[백상지 80g/㎡(재활용품)]

4) 보수

유치원 교사들의 보수는 「교육공무원법」 제34조와 「교원지위향상을 위한 특별법」 제3조에 의거하여 특별히 우대하도록 되어 있다. 특히 동법조항은 「사립학교법」 제2조에 따른 학교법인과 사립학교 경영자는 그가 설치·경영하는 학교 교원의 보수를 국공립학교 교원의 보수 수준으로 유지하여야 한다고 밝히고 있다. 교사의 보수는 호봉에 따른 기본 봉급과 기타 각종 수당을 합한 금액을 의미한다.

(1) 호봉 획정

봉급은 직무의 곤란성 및 책임의 정도, 재직 기간 등에 따라 직종별, 호봉별로 지급되는 기본 급여를 말하는데, 호봉은 보수를 받을 때 기준이 되는 금액을 말한다. 교사의 호봉은 다음과 같은 공식에 의해 산정된다(공무원보수규정).

호봉 = (학령−16) + 가산연수 + 기산호봉 + 경력

이때 학령은 초등학교 1학년부터 시작하여 법정 수학연수를 통산한 연수를 의미한다. 2년제 전문대학 학령은 14년, 3년제 전문대학 학령은 15년, 4년제 대학 학령은 16년이 된다. 가산연수는 수학연한 2년 이상인 사범계대학(대학에 설치하는 교육계학과포함)을 졸업한 자에게 1년의 연수를 더해 주는 것을 의미한다. 기산호봉은 공무원보수규정 [별표 25]에 의거하여 다음과 같이 결정된다.

표 1-3 기산호봉

자격별	기산호봉	비고
1급 정교사	9	원장, 원감, 교육장, 장학관, 교육연구관, 장학사 및 교육연구사에 대하여는 1급 정교사의 호봉을 적용한다.
2급 정교사	8	
준 교사	5	

출처: 공무원보수규정[별표 25].

(2) 교원 급여

공무원보수규정[별표 11]에 의거하여 2022년 1월 4일에 고시된 2022년 현재 유·초·중·고등학교 교원의 급여표는 다음과 같다.

표 1-4 유치원·초등학교·중학교·고등학교 교원 등의 봉급표(제5조 및 별표 1 관련)

(월지급액, 단위: 원)

■ 공무원보수규정 「별표 11」〈개정 2022. 1. 4〉

유치원 · 초등학교 · 중학교 · 고등학교 교원 등의 봉급표(제5조 및 별표 1 관련)

(월지급액, 단위: 원)

호봉	봉급	호봉	봉급
1	1,700,000	21	3,240,100
2	1,751,500	22	3,359,700
3	1,803,700	23	3,478,300
4	1,855,800	24	3,597,100
5	1,908,300	25	3,715,900
6	1,960,600	26	3,835,200
7	2,012,400	27	3,959,500
8	2,064,000	28	4,083,600
9	2,116,400	29	4,213,300
10	2,173,700	30	4,343,600
11	2,229,800	31	4,473,400
12	2,287,100	32	4,603,000
13	2,391,300	33	4,734,700
14	2,495,900	34	4,866,000
15	2,600,400	35	4,997,400
16	2,705,100	36	5,128,400
17	2,808,600	37	5,242,400
18	2,916,900	38	5,356,400
19	3,024,600	39	5,470,700
20	3,132,400	40	5,584,300

비고): 유치원 · 초등학교 · 중학교 · 고등학교의 기간제교원에게는 제8조에 따라 산정된 호봉의 봉급을 지급하되, 교육부장관이 정하는 사유를 제외하고는 고정급으로 하고, 「고무원연금법」, 「사립학교교직원 연금법」 또는 「군인연금법」을 적용받는 사람이 기간제교원으로 채용되는 경우의 봉급은 연금 또는 명예퇴직수당을 지급받은 사실 등을 고려하여 교육부장관이 정하는 금액으로 한다. 다만, 「교육공무원임용령」 제13조제2항에 따라 시간제로 근무하는 기간제교원으로 임용된 사람에게 지급하는 월봉급액은 해당 교원이 정상근무 시 받을 봉급월액을 기준으로 하여 근무시간에 비례하여 지급한다.

(3) 수당

교원의 보수는 기본 봉급 이외에 각종 수당을 포함하는데 공립유치원 교사들은 교육청으로부터 수당을 받고, 사립유치원 교사는 유치원으로부터 수당을 지급받는다. 2010년부터는 사립유치원 교사에게도 매월 처우개선비가 교육청으로부터 지급되고 있다. 처우개선비의 액수는 해마다, 각 교육청의 사정에 따라 조금씩 다를 수 있다.

5) 유치원 교원의 권리

유치원 교원은 교원지위 법정주의에 따라 법적으로 그 지위를 보장받으며 국민의 교육을 담당하는 자로서 예우를 받는다. 유치원 교원이 신분상으로 누릴 수 있는 권리를 법률에 근거하여 정리하여 보면 다음과 같다.

(1) 신분보장 및 교원에 대한 예우

① **교육기본법 제14조**(교원)

- 학교교육에서 교원(敎員)의 전문성은 존중되며, 교원의 경제적·사회적 지위는 우대되고 그 신분은 보장된다.

② **교육공무원법 제43조**(교원의 존중과 신분보장)

- 교권(敎權)은 존중되어야 하며, 교원은 그 전문적 지위나 신분에 영향을 미치는 부당한 간섭을 받지 아니한다.
- 교육공무원은 형의 선고나 징계처분 또는 이 법에서 정하는 사유에 의하지 아니하고는 본인의 의사에 반하여 강임·휴직 또는 면직을 당하지 아니한다.
- 교육공무원은 권고에 의하여 사직을 당하지 아니한다.

③ **교원지위향상을 위한 특별법 제2조**(교원에 대한 예우)

- 국가, 지방자치단체, 그 밖의 공공단체는 교원이 사회적으로 존경받고 높은 긍지와 사명감을 가지고 교육활동을 할 수 있는 여건을 조성하도록 노력하여야 한다.
- 국가, 지방자치단체, 그 밖의 공공단체는 교원이 학생에 대한 교육과 지도를 할 때 그 권위를 존중받을 수 있도록 특별히 배려하여야 한다.
- 국가, 지방자치단체, 그 밖의 공공단체는 그가 주관하는 행사 등에서 교원을 우대하여야 하며, 교원이 교육활동을 원활하게 수행할 수 있도록 적극적으로 협조하여야 한다.

④ **교원지위향상을 위한 특별법 제11조**(교원의 지위 향상을 위한 교섭·협의)

- 교원은 형(刑)의 선고, 징계처분 또는 법률로 정하는 사유에 의하지 아니하고는 그 의사에 반하여 휴직·강임(降任) 또는 면직을 당하지 아니한다.
- 교원은 해당 학교의 운영과 관련하여 발생한 부패행위나 이에 준하는 행위 및 비리 사실 등을 관계 행정기관 또는 수사기관 등에 신고하거나 고발하는 행위로 인하여 정당한 사유 없이 징계조치 등 어떠한 신분상의 불이익이나 근무조건상의 차별을 받지 아니한다.

⑤ **사립학교법 제56조**(의사에 반한 휴직·면직 등의 금지)

- 사립학교 교원은 형의 선고·징계처분 또는 이 법에 정하는 사유에 의하지 아니하고는 본인의 의사에 반하여 휴직 또는 면직 등 불리한 처분을 받지 아니한다. 다만, 학급·학과에 개폐에 의하여 폐직이나 과원이 된 때에는 그러하지 아니한다.〈개정 1990. 4. 7〉
- 사립학교 교원은 권고에 의하여 사직을 당하지 아니한다.

(2) 징계 및 소청

① **교육공무원법 제48조**(교원의 불체포특권)

교원은 현행범인인 경우를 제외하고는 소속 학교장의 동의 없이 학원 안에서 체포되지 아니한다.

② **교원의 지위 향상을 위한 교섭 · 협의 제11조**(교원의 불체포특권)

교원은 현행범인인 경우 외에는 소속 학교장의 동의 없이 학원 안에서 체포되지 아니한다.

③ **사립학교법 제60조**(교원의 불체포특권)

사립학교의교원은 현행범인의 경우를 제외하고는 소속 학교장의 동의 없이 학원 안에서 체포되지 아니한다.

④ **공무원법 제49조**(고충처리)

교육공무원(공립대학에 근무하는 교육공무원은 제외한다. 이하 이 조에서 같다.)은 누구나 인사·조직·처우 등 각종 직무조건과 그 밖의 신상문제에 대하여 인사상담이나 고충의 심사를 청구할 수 있으며, 이를 이유로 불이익한 처분이나 대우를 받지 아니한다.

⑤ **교원지위향상을 위한 특별법 제7조-제10조**(소청심사관련)

각급학교 교원의 징계처분과 그 밖에 그 의사에 반하는 불리한 처분에 대한 소청심사를 하기 위하여 교육부에 교원소청심사위원회를 설치하여 소청심사의 청구, 소청심사 결정을 한다.

(3) 교원의 지위 향상을 위한 교섭과 협의

교원의 신분이 법적으로 보장되고 교원을 예우해야 한다는 법률이 있기는 하지만,

교원이 스스로 자신의 지위를 향상시키기 위한 교원단체를 조직하여 교섭과 협의를 할 수 있는 권리가 있다.

① **교육기본법 제15조**(교원단체)

교원은 상호 협동하여 교육의 진흥과 문화의 창달에 노력하며, 교원의 경제적·사회적 지위를 향상시키기 위하여 각 지방자치단체와 중앙에 교원단체를 조직할 수 있다.

② **교원지위향상을 위한 특별법 제11조**(교원의 지위 향상을 위한 교섭·협의)

「교육기본법」 제15조 제1항에 따른 교원단체는 교원의 전문성 신장과 지위 향상을 위하여 교육감이나 교육부장관과 교섭·협의한다.

③ **교원지위향상을 위한 특별법 제12조**(교섭·협의 사항)

제11조 제1항에 따른 교섭·협의는 교원의 처우개선, 근무조건 및 복지후생과 전문성 신장에 관한 사항을 그 대상으로 한다. 다만, 교육과정과 교육기관 및 교육행정기관의 관리·운영에 관한 사항은 교섭·협의의 대상이 될 수 없다.

6) 유치원 교원으로서의 복무

(1) 복무규정

① 교원의 근무시간

교원의 근무시간은 09:00~17:00이다. 교원은 국가공무원 복무규정에 따라 1일 근무시간의 총량(평일 8시간)에 의거하여 근무시간을 정하고, 교육과정 운영에 지장이 없는 범위 내에서 교원의 출·퇴근 시간을 학교별로 자율적으로 정할 수 있다. 대부분의 각급학교 교원들은 학생들이 오전 9시 이전에 등교하여 자율학습 및 당번활동 등을 하고 있기 때문에 이들을 지도하기 위해서 오전 9시 이전에 출근하여 학생들을 지도하고 있다. 일반 공무원들의 근무시간은 09:00~18:00까지임에도 교원들의 퇴근 시간을 17:00로

한 까닭은 대부분의 학생들이나 원생들이 09:00 이전에 등교 또는 등원하는 관계로 교원들은 보통 09:00시 이전에 출근하여 각종 교육활동을 전개하는가 하면 점심시간에도 학생들의 급식지도 및 생활지도 등을 하고 있어 그러한 시간들을 근무시간으로 인정하여 17:00에 퇴근을 할 수 있게 하고 있다. 그러나 생활지도, 교육활동 또는 원내 업무처리를 위하여 원장은 필요한 경우 교원에게 시간 외 근무 및 휴일근무를 명할 수 있다.

② 근무상황관리

교원의 근무상황 관리는 공무원 근무사항에 관한 규칙(총리령 제1201호, 2015. 10. 28.)에 따른다. 그 구체적인 내용은 다음과 같다.

- 각급 기관의 장은 소속 공무원의 복무 관리를 위하여 근무상황부를 개인별로 비치하여야 한다. 각급 기관의 장이 특히 필요하다고 인정하는 경우에는 근무상황부 대신 근무상황카드를 비치·관리할 수 있다.
- 각급 기관의 장은 소속공무원이 전보·파견·파견복귀 또는 전출된 때에는 전년도 및 당해 연도의 근무상황부 또는 근무상황카드의 사본을 지체 없이 전보·파견·파견복귀 또는 전출된 기관 또는 부서에 송부하여야 한다.
- 공무원이 휴가·지참·조퇴 및 외출과 공무원 여비규정 제18조의 규정에 의한 근무지내 출장을 하고자 하는 때에는 근무상황부에 의하여 사전에 소속기관의 장의 허가를 받아야 한다. 다만, 불가피한 사유로 사전에 허가를 받지 못한 경우에는 사후에 지체 없이 허가를 받아야 한다.
- 공무원이 허가를 받지 아니하고 출근하지 아니한 때에는 결근으로 처리한다.
- 공무원이 출장을 하고자 하는 때에는 사전에 출장 신청서에 의하여 소속기관의 장의 허가를 받아야 한다.
- 각급 기관의 장은 소속 공무원에 대한 근무상황을 공무원인사기록 및 인사사무처리규정 제6조의2에 의하여 전자적으로 관리할 수 있다.
- 공무원이 전보·파견·전출·휴직·정직·직위해제·면직 등의 명령을 받은 때에

는 지체 없이 담당업무 중 미결된 사항과 관련 문서·물품의 목록을 작성하고 필요한 경우에는 설명서를 첨부하여 소속기관의 장이 지정하는 자에게 업무를 인계하여야 한다.

- 공무원이 출장·휴가 등으로 인하여 장기간 근무지를 이탈하는 경우에는 소속기관의 장이 지정하는 자에게 그 담당업무를 인계하여야 한다.
- 공무원이 퇴근하는 때에는 문서 및 물품을 잠금 장치가 된 지정 서류함에 보관하여야 한다.

③ 출장

출장이라 함은 상사의 명을 받아 주된 근무지가 아닌 다른 장소에서 임시로 공무를 수행하는 것을 말한다. 출장은 출장 명령권자인 유치원장이 사안별로 공무와의 관련 여부, 유치원 운영 등 제반 사항을 고려하여 명령한다. 출장 명령은 해당 교원의 업무 관련성, 출장 내용, 출장 목적 등의 요건을 종합적으로 고려하여 명령권자가 판단하는 사항이다. 원장의 명을 받아 출장하는 교원은 공무수행을 위하여 최선을 다하여야 하며 사적인 일을 위하여 시간을 소비하여서는 아니 된다. 출장 교원은 지정된 출장 기일까지 그 임무를 완수할 수 없을 때에는 각종 통신수단을 이용하여 원장에게 보고하고 그 지시를 받아야 한다. 출장 교원이 그 출장 용무를 마치고 귀원한 때에는 출장 중 수행했던 경과를 원장에게 보고하는 출장 복명서를 지체 없이 제출하여야 한다. 다만, 경미한 사항에 대한 복명은 구술로 할 수 있다.

(2) 휴가

휴가는 근로의 의무가 있지만 근로자의 휴가 청구에 의하여 근로의 의무가 면제되는 것을 말한다. 교원들이 청구할 수 있는 휴가에는 연가, 병가, 공가, 특별휴가 등이 있다(국가공무원 복무규정 제14조). 학교의 장은 소속교원이 원하는 시기에 휴가를 허가하여야 하며 법정휴가 일수가 보장되도록 하여야 한다. 그러나 교원은 특별한 사유가 없는 한 방학 중에 휴가를 실시하되, 불가피하게 학기 중에 실시할 경우에는 휴가로 인한 수업결손 등이 발생하지 않도록 필요한 조치를 취하여야 한다. 교원에 대한 휴가의 종류를 세부적으로 살펴보면 다음과 같다.

① **연가**(年暇)

연가는 교원이 정신적 혹은 육체적으로 휴양을 취하여 보다 활기찬 교육활동을 전개할 수 있게 하거나 교원의 사생활을 돌볼 수 있는 편의를 제공하려는 것으로서 교원에게 주어지는 편익이며, 교원의 권리이다. 연가는 교원에게 1년 단위로 주어지는데, 연가 일수는 재직기간에 따라 다르다(국가공무원 복무규정 제14조).

표 1-5 재직기간별 교원연가 일수

재직기간	연가일수	재직기간	연가일수
3개월 이상 6개월 미만	3일	3년 이상 4년 미만	14일
6개월 이상 1년 미만	6일	4년 이상 5년 미만	17일
1년 이상 2년 미만	9일	5년 이상 6년 미만	20일
2년 이상 3년 미만	12일	6년 이상	21일

② **병가**(病暇)

병가는 질병 또는 부상으로 인하여 직무를 수행할 수 없을 때나 전염병에 감염된 교원의 출근이 다른 교원이나 학생 건강에 영향을 미칠 우려가 있을 때에 학교에 출근하지 않고 병을 치료할 수 있도록 허가하는 제도이다. 병가는 일반 병가와 공무상 병가로 구분할 수 있다. 일반 병가는 연 60일의 범위 안에서 허가하며, 질병이나 부상으로 인한 지참·조퇴 및 외출은 누계 시간으로 계산하여 누계 8시간을 병가 1일로 처리한다. 병가일이 연속 7일 이상인 경우와 연가누계 6일을 초과하는 경우에는 「의료법」 제18조에 의하여 교부된 진단서를 제출하여야 한다. 공무상 병가는 공무상 질병 또는 부상으로 직무를 수행할 수 없거나 요양을 요할 경우에 연 180일의 범위 안에서 하가할 수 있다. 다만, 병가사유가 동일한 경우에는 연도의 구분 없이 180일의 범위 안에서 허가한다. 공무상 병가 기간 만료 후에도 직무 수행이 어렵거나 계속 요양을 요할 경우에는 일반 병가를 허가할 수 있다.

③ **공가**(公暇)

공가는 병가의 원인 이외에 정당한 사유가 있을 때에 허가되는 공적 휴가로서 학교의 장은 소속 교원이 다음 각 호에 해당하는 경우 이에 직접 필요한 기간에 대하여 공가를 허가하여야 한다.

- 병역법, 기타 다른 법령에 의한 징병 검사·소집·검열점호 등에 응하거나 동원 또는 훈련에 참가할 때
- 공무에 관하여 국회·법원·검찰 기타 국가 기관에 소환된 때
- 법률의 규정에 의하여 투표에 참가할 때
- 승진·전직 시험에 응시할 때
- 원격지 간의 전보 발령을 받고 부임할 때
- 「산업안전보건법」 제43조에 따른 건강진단 또는 「국민건강보험법」 제47조에 따른 건강검진을 받을 때
- 「교원연수에 관한 규정」 제13조에 의한 외국어 능력 시험에 응시할 때
- 올림픽, 전국체전 등 국가적인 행사에 참가할 때
- 천재지변·교통 차단 기타의 사유로 출근이 불가능할 때
- 「혈액관리법 시행령」 제2조(헌혈의 권장)의 규정에 의하여 헌혈에 참가할 때
- 「교원의 노동조합설립 및 운영 등에 관한 법률」 제6조에 의한 단체 교섭위원으로 참석할 때와 「교원의 노동조합설립 및 운영 등에 관한 법률 시행령」 제3조 제3항에 의한 교섭 관련 협의를 위하여 지명된 자로 참석할 때
- 「교육기본법」 제15조에 의한 교원단체(예: 한국교원단체총연합회)가 「교원지위향상을 위한 교섭·협의에 관한 규정」 제2조의 교섭·협의 당사자로 지명된 소속 「교원이 교원지위향상을 위한 특별법」에 의한 교섭·협의 위원으로 단체교섭 및 협약체결을 위해 참석할 때

④ 특별휴가

특별휴가는 연가, 병가 이외에 특별히 허가되는 휴가제도로서 경조사 휴가, 출산휴가, 여성보건휴가, 육아시간, 수업휴가, 포상휴가, 재해구호휴가, 퇴직준비휴가 등이 있다.

(3) 징계

징계란 공무원 관계의 목적을 달성하기 위하여 공무원의 의무위반에 대해 국가 및 지방자치단체가 그의 사용자로서의 지위에서 부과하는 행정상 제재를 말한다. 징계는 「국가공무원법」 제78조 제1항, 「지방공무원법」 제69조에 의한 국가공무원법 및 동법에 의한 명령위반, 직무상의 의무위반 또는 직무태만, 직장 내외를 불문하고 체면 또는 위신의 손상 행위를 하였을 때 이루어진다. 징계의 종류는 크게 중징계와 경징계로 나뉜다. 중징계에는 파면, 해임, 강등, 정직 등이 있으며, 경징계에는 감봉 및 견책이 있다. 각 징계별 효력은 다음과 같다(「국가공무원법」 제80조).

표 1-6 징계의 종류 및 효력

종류		기간	신분	보수
중징계	파면	–	• 공무원관계로부터 배제 • 5년간 공무원에 임용될 수 없음	• 퇴직급여 1/4(재직기간 5년 미만인 자) 1/2(재직기간 5년 이상인 자) 감액
	해임	–	• 공무원관계로부터 배제 • 3년간 공무원에 임용될 수 없음	• 퇴직급여 전액 지급 단, 금품수수 및 향응수수, 공금횡령 유용의 경우 1/8, 1/4 감액
	강등	–	• 공무원 신분 유지 • 3개월간 직무에 종사하지 못함 • 동종의 직무 내에서 하위직에 임명	• 18개월+정직처분기간(3개월) 승급 제한 • 보수의 2/3 감액
	정직	1~3 개월	• 신분보유, 직무종사 못함 • 18개월+정직처분기간 승진 제한 • 처분기간 경력평정 제외	• 18개월+정직처분기간 승급 제한 • 보수의 2/3 감액
경징계	감봉	1~3 개월	• 12개월+감봉처분기간 승진 제한	• 12개월+감봉처분기간 승급 제한 • 보수의 1/3 제한
	견책	–	• 6개월간 승진 제한	• 6개월간 승급 제한

4. 교직사회의 인간관계: 원장-교사, 동료교사, 교사-학부모 관계

어느 조직이든지 구성원들은 구성원들 간의 상호작용하는 과정을 거치게 되며 이를 통해 중요한 인간관계를 맺게 된다. 조직 내 구성원들 간에 바람직한 인간관계를 맺기 위해서는 일관성, 관심, 명확성, 솔직함을 기반으로 신뢰를 쌓아야 한다. 일관성이란 자기가 실행하고자 하는 방향에 따라 말과 행동에 일관성을 보이면서 행동을 이행하는 것을 말하여, 관심이란 공감 및 경청, 참여를 통해 정서적 관계를 형성하는 것을 말한다. 또한 명확성이란 질문과 주장의 조화로운 사용을 통해 모호함과 오해를 피하는 것을 말하며, 솔직함이란 개방적으로 의사소통하여 서로 간의 이해와 관계를 깊게 하는 것을 일컫는다. 구성원들 간의 관계에서 신뢰를 쌓기 위해서는 앞서 말한 이러한 요소들을 충족할 때에 비로소 가능하다. 특히 유아의 전인적 발달과 원만한 유치원 생활을 위해서는 원장과 교사와의 관계, 동료교사와의 관계, 교사와 학부모와의 관계가 신뢰적이어야 한다.

1) 원장과의 관계

원장과 교사와의 관계는 원장의 능력에 대한 교사들의 평가와 교사들에 대한 원장의 평가에 의해 이루어진다. 유치원 조직을 대표하는 원장의 지도성 유형은 교사들의 교직수행능력, 직무태도와 직무만족도에 영향을 미치게 되어 교사의 효율적 교육활동과 기관의 질을 결정하는 중요한 요인이다. 즉 교사 업무에 대한 이해도가 높고, 교사에 대한 심리적 지지가 높은 원장이 운영하는 유치원에 근무하는 교사들은 원장에 대한 만족도와 충성도가 높게 나타나는 경향을 보이며, 반면 원장이 금적적인 측면에서 소극적이거나 다른 교사와의 경쟁과 비교를 부추길 때 낮은 만족도를 보이는 경향이 있다(김혜윤, 2010).

이대균 등(2011)은 유치원 원장이 선호하는 교사상을 다음과 같이 제시하였다.

- 자신이 맡은 일을 정해진 시간 내에 완수하는 교사
- 학부모로부터 민원을 발생시키지 않는 교사
- 안전사고가 발생하지 않는 교사
- 무슨 말을 해도 믿어지는 교사
- 비전이 있는 교사

2) 동료교사와의 관계

낯선 유치원 환경에 적응하는 데에 가장 많은 영향을 미치는 요인은 동료교사와의 관계이다. 또한 동료교사와의 관계는 유치원 생활을 결정짓는 중요한 요인이다. 동료교사와의 관계는 교사의 행복감에 영향을 미쳐 교육의 질을 결정짓는 요소가 되기도 한다. 동료교사와의 관계는 직무만족도와 교사의 전문성 신장에 영향을 미치므로 유아교육기관은 교사들 간의 원만한 관계 유지 및 협력이 중요하다.

교사 간 바람직한 인간관계를 형성해야 하는 이유를 구체적으로 살펴보면 다음 5가지로 요약할 수 있다.

첫째, 통합적 수업 운영을 위해 필요하다. 교사 간 협력은 교사의 지적 능력을 향상시켜 혼자서 이루기 힘든 교육적 성과들을 성취할 수 있도록 돕는다. 유치원의 경우 개별 과목이 아닌 통합적인 수업운영을 한다는 측면에서 교사 간의 지도, 조언과 피드백 등의 전문적인 도움이 필요하다.

둘째, 새로운 정보나 지식획득을 위해 필요하다. 이는 교사 간 협력을 통해 새로운 정보나 지식을 접할 수 있기 때문이다. 유아교사가 교육과정을 탄력적으로 운영하기 위해서는 새로운 접근방법을 모색하고 창의적인 교수방법의 적용이 필요하다. 이를 위해서 교사들 간의 지식과 정보를 공유하는 것이 도움이 된다.

셋째, 교실 내에서 일어나는 다양한 문제들을 효과적으로 해결하기 위함이다. 교실

내 또래유아들 간의 다툼, 학부모 상담에 대한 문제와 같은 다양한 사례를 교사들 간에 서로 공유함으로써 효율적 학급운영에 많은 도움이 된다.

넷째, 공동체 의식 함양을 통한 긍정적 인간관계 형성을 위해서이다. 협력을 통해 교사들이 소외감 없이 모든 유아의 교육에 공동으로 주인의식을 갖는다면 교사들은 교육에 더욱 열의를 가지고 참여하게 되어 건전한 조직문화가 조성될 것이다.

다섯째, 교사의 전문적 성장과 발전을 위해서이다. 교사 간 협력은 교직이라는 전문직을 다음 세대로 전수하기 위한 수단이 되기도 한다. 따라서 경험이 풍부한 선임교사가 신임교사와 함께 일하면서 전문인으로서의 교수방법이나 생활지도 등에 대한 경험을 나눈다면 신임교사의 성장에 크게 도움이 될 것이다.

때문에 교사들이 서로 지지해 주고 비형식적으로 사회화할 수 있는 기회를 제공하고 유아문제를 협의할 수 있는 공식적 모임 등을 정기적으로 갖는다면 교사의 직무와 관련된 스트레스를 크게 감소시켜 교사직무만족에 긍정적인 영향을 미칠 것이다. 즉 유치원 안팎에서 이루어지는 구성원 간의 공식적·비공식적 교류 프로그램 개발 및 적용을 통한 협력적 조직문화를 조성하는 데 힘써야 할 것이다.

이대균 등(2011)은 동료교사의 관점에서 바람직한 인간관계를 유지할 수 있는 교사의 특성을 다음과 같이 제시하였다.

- 똑똑한 교사보다 따뜻한 교사
- 상대방의 허물을 덮어주는 교사
- 민주적 의사결정 과정을 존중하는 교사
- 선배교사에게 예의를 갖추는 교사
- 유치원의 화목한 분위기 형성에 도움이 되는 교사

3) 학부모와의 관계

학부모와 유아교사 관계의 주된 특성은 교육대상인 유아를 매개로 한다는 것이다. 이는 유아의 성장·발달을 도모하기 위한 것이라는 공동의 목적을 지니고 있음을 뜻한다. 하지만 전체 유아를 지도해야 하는 교사와는 달리 학부모들은 자기 자녀 개개인에 대한 특별한 관심과 사랑을 요구하고 있다. 이로 인해 학부모와 교사 간에 갈등이 존재할 수 있으며 이러한 갈등은 교사의 이직욕구를 자극할 수도 있다.

학부모와의 관계에서 교사가 느끼는 어려운 점을 살펴보면, 안전사고에 대한 항의가 가장 크게 작용하며, 학부모들의 무리한 요구, 학습에 대한 지나친 욕구, 동료교사들과의 비교, 유아교육에 대한 인식부족, 학부모의 반말이나 무시하는 언행 등이 있다. 이렇듯 학부모로 인해 어려움이 있다 해도 교사의 길을 접을 수는 없을 것이다. 유아의 성장·발달이라는 공통된 목적 달성을 위해서 교사와 학부모 간의 절대적 신뢰와 믿음이 바탕이 되어야 할 것이다.

유아교사와 학부모와의 관계를 진정한 교육동반자로서의 관계로 정립하기 위해 요구되는 교사의 자세를 류윤석(2018)은 다음 5가지로 제시하였다.

첫째, 교사는 교육에 대한 전문가로서 끊임없이 교사로서의 변화와 발전을 도모해야 한다. 지속적으로 연구하고 성장하려는 열정적 모습을 보여준다면 교사는 학부모로부터 신뢰를 얻을 수 있을 것이다.

둘째, 교사는 자기 자신에 대해서는 물론 상대방에 대해서도 진실해야 한다. 교사와 학부모는 자신을 상대방에게 개방하여 진실성을 보여줌으로써 상호 간 신뢰를 높일 수 있다. 또한 상대방을 이해하고 수용하려는 노력이 동반되어야 할 것이다.

셋째, 교사는 모든 사람을 공평하게 대해야 한다. 교사는 학부모의 SES(사회경제적 지위)와 관계없이 학부모 및 유아들을 공평하게 대해야 할 것이다.

넷째, 교사는 자기 자신을 사랑하며, 더불어 살아가는 자세를 지녀야 한다. 학부모와의 관계를 일시적인 관계가 아닌 인간적인 만남을 통한 관계가 유지되도록 노력해야 한다.

다섯째, 유아교사는 부모교육자의 역할도 수행해야 한다. 유아교사는 유아들만을 지도하는 교사라기보다 바람직한 자녀 교육을 위한 교육전문가로서 학부모 교육활동도 담당할 수 있어야 할 것이다.

또한 이대균 등(2011)은 학부모의 관점에서 바람직한 인간관계를 유지할 수 있는 교사의 특성을 다음과 같이 제시하였다.

- 자기의 자녀에 대해서 잘 알고 있는 교사
- 전화상담을 정기적으로 실시하는 교사
- 학부모의 부탁을 유념해서 잘 들어주는 교사
- 잘 가르치는 교사
- 아이들의 요구에 민감하게 반응해 주는 교사

02

CHAPTER

유치원 교직실무 개념 및 내용

배울내용

1. 유치원 교직실무의 개념
2. 유치원 교직실무의 종류 및 내용

학습목표

1. 유치원 교직실무의 개념을 설명할 수 있다.
2. 유치원 교직실무의 내용을 교수-학습 준비, 교수-학습 실제, 교수-학습 평가, 전문성 신장 및 관리, 유아보호 관련 업무, 학부모 관련 업무, 행사 관련 업무, 사무 관련 업무, 시설설비 관련 업무, 대인관계 및 사회적인 업무로 구분지어 설명할 수 있다.

CHAPTER 02

유치원 교직실무 개념 및 내용

1. 유치원 교직실무의 개념

교직실무란 교사로서 교육과 관련된 직무를 실제로 맡아서 수행함을 말한다. 즉 유치원 교직실무란 유치원에서 교사가 유아들을 교육하기 위해 관련된 모든 직무를 맡아 수행하고 이에 따르는 모든 책임을 지는 것을 의미한다. 따라서 유치원 교사의 교직실무란 유아교육 현장에서 유아들의 전인적 발달을 위해 교사로서의 책임감을 갖고 관련된 모든 활동을 수행하는 것으로 정의할 수 있다.

유치원 교사의 교직실무는 교사가 실제로 수행하는 역할과도 밀접한 연관성을 가지고 있다. 교사의 역할과 교직실무가 반드시 일치하는 것은 아니지만, 교사의 역할을 살펴봄으로써 유아교육 현장에서 이루어지는 교직실무를 보다 구체적으로 살펴볼 수 있다. 교사의 역할에 대한 연구(박은혜, 2013)에서는 교사 역할에 대한 개념을 크게 3가지 요소로 나누어 설명하고 있다. 첫째, 유아교사에게 기대되는 역할은 사회 구성원들의 요구, 가치관, 아동관, 교육관 등에 따라 달라진다. 둘째, 유아교사는 기관 안에서의 지위나 맡은 유아의 연령에 따라서 다른 행동양식이 기대된다. 셋째, 교사의 역할은 스스로 인식하고 있으면서 그 사회의 구성원들이 인정해 주어야 한다. 즉 유치원 교사의 역할은 다른 학교급(초등·중등학교) 교사에 비해 교사에게 기대하는 사회적 요구가 다양하다. 다시 말해 유치원 교사의 역할은 유아의 다양한 발달적 특성을 고려해야 하기 때문에 보호자 및 양육자, 환경제공자, 교육과정 설계자, 평가자, 의사결정자, 연구자, 부모교육 담당자 등의 보다 다양한 역할이 요구된다(김은영, 2006).

한편 유치원에서 교직실무의 수행은 법령에서도 그 내용을 찾아볼 수 있다. 먼저 「유아교육법」(제21조 제4항)에서는 교사는 법령이 정하는 바에 따라 원아를 교육해야 한다고 명시되어 있으며, 다음으로 유치원교사 직무의 주된 업무 내용을 제시하고 있는 「교육공무원법」(제38조 제1항)에서는 교육공무원은 그 직책을 수행하기 위하여 부단히 노력해야 한다로 규정하고 있다. 이와 같이 유치원 교사가 현장에서 수행해야 하는 교직실무는 매우 광범위하고 다양하기 때문에 유치원 교직실무의 내용을 세부적으로 구분지어 살펴보고자 한다.

2. 유치원 교직실무의 종류 및 내용

앞서 살펴본 바와 같이 유치원 교직실무의 내용은 매우 광범위하고 다양하다. 이러한 광범위하고 다양한 유치원 교사의 업무를 교수–학습 준비, 교수–학습 실제, 교수–학습 평가, 전문성 신장 및 관리, 유아보호 관련 업무, 학부모 관련 업무, 행사 관련 업무, 사무 관련 업무, 시설설비 관련 업무, 대인관계 및 사회적인 업무[1])로 구분지어 살펴보고자 한다.

1) 김은영(2006). 유치원 교사의 직무 분석. 이화여자대학교 대학원 박사학위논문의 일부내용 재구성.

1) 교수-학습 준비 영역

교수-학습 준비 영역은 교사가 유아들과 가르치고 배우는 활동에 대한 직무를 수행하는 데 필요한 모든 직무를 말하며, 교육계획, 교재교구 준비, 환경구성, 수업준비, 수업협의의 5가지 직무로 구분할 수 있다. 교수-학습 준비 영역의 세부 내용은 〈표 2-1〉과 같다.

표 2-1 교수-학습 준비 영역에 대한 직무 구분 및 내용

직무 구분	직무 내용
교육계획하기	• 연간교육 활동 계획하기 • 월간교육 활동 계획하기 • 주간교육 활동 계획하기 • 일일교육 활동 계획하기
교재교구 준비	• 교재교구 제작하기 • 교재교구 보수하기 • 교재교구 정리하기
환경구성	• 실내 흥미 영역 배치하기 • 주제에 따라 흥미영역 구성하기 • 흥미 영역 외 교실 환경(게시판 등) 구성하기 • 교실 외(현관, 복도, 계단 등) 환경구성하기 • 실외 흥미 영역(바깥놀이터, 텃밭, 동물사육장 포함) 구성하기
수업준비	• 수업준비를 위한 정보 검색하기 • 교수 자료에 대한 정보 얻기 • 교수 자료 준비 및 점검하기 • 개별 수준에 따른 수업자료 수정하기
수업협의	• 다른 교사와 수업에 관한 협의하기 • 학급 내 교사 간 역할 분담하기 • 공동시설 사용에 대해 협의하기

2) 교수-학습 실제 영역

교수–학습 실제 영역은 교사가 유아들과 가르치고 배우는 활동에 대한 직무를 실제 수행하는 데 필요한 모든 직무를 말하며, 등·하원지도, 놀이지도, 생활지도, 상호작용, 활동운영, 현장학습 지도의 6가지 직무로 구분된다. 교수–학습 준비 영역의 세부 내용은 〈표 2-2〉와 같다.

표 2-2 교수–학습 실제 영역에 대한 직무 구분 및 내용

직무 구분	직무 내용
등 · 하원지도	• 등원 지도하기 • 하원(귀가) 지도하기
놀이지도	• 실내 놀이 계획 지도하기 • 실내 놀이 지도하기 • 놀이 안전(놀잇감의 안전한 사용 포함) 지도하기 • 놀잇감 정리정돈 지도하기 • 놀이 평가 지도하기 • 실외 놀이 지도하기
생활지도	• 인사하기 지도하기 • 개인 물건 정리 및 관리 지도하기 • 언어사용 지도하기 • 차례 지키기 지도하기 • 아껴 쓰기 지도하기 • 부적응 행동 지도하기 • 친사회적 행동 격려하기 • 문제 상황 개입하기 • 급식 및 간식 준비, 정리 지도하기 • 식습관 지도하기 • 식사 전후 청결 지도하기 • 옷 입고 벗기 지도하기 • 화장실 사용 지도하기
상호작용	• 유아 간 상호작용 격려하기 • 개별 유아의 발달과 수준을 고려하여 상호작용하기 • 유아의 요구에 반응하기
유아관련 활동 운영	• 일과소개 및 계획하기 • 대집단 활동 운영하기

직무 구분	직무 내용
	• 소집단 활동 운영하기 • 전이 활동 계획 및 운영하기 • 방과 후 과정 특성화 프로그램/특별활동 수업하기
현장학습 지도	• 현장학습 계획하기 • 현장학습 실행하기 • 현장학습 평가하기

3) 교수-학습 평가 영역

교수-학습 평가 영역은 교사가 유아들과 가르치고 배우는 활동에 대한 전반적인 과정을 평가하는 데 필요한 모든 직무를 말하며, 유아 평가, 수업(교사) 평가, 유치원 평가의 3가지 직무로 구분된다. 교수-학습 평가 영역의 세부 내용은 〈표 2-3〉과 같다.

표 2-3 교수-학습 평가 영역에 대한 직무 구분 및 내용

직무 구분	직무 내용
유아 평가	• 표준화 검사하기 • 영유아관찰 기록하기(일화기록, 체크리스트 등) • 일일보고서 작성하기 • 자유선택활동 놀이 성향 평가(흥미영역 활동 평가) • 유아 포트폴리오 제작 평가 • 평가 결과 환류하기(추후 교육계획에 평가결과 반영)
수업(교사) 평가	• 유아들과의 하루일과 회상하기 • 교사 수업에 대한 반성적 저널 쓰기 • 일일교육계획안 평가란에 기록하기 • 교사 간 교육과정 운영 평가하기 • 평가결과 환류하기
유치원 평가	• 유치원 평가 준비하기 • 유치원 평가 계획하기 • 유치원 평가 실행하기 • 유치원 평가 결과 환류하기

4) 전문성 신장 및 관리 영역

전문성 신장 및 관리 영역은 교사가 자신의 전문성 향상에 필요한 모든 내용을 말하며, 연수 참여, 연구관련 활동, 장학, 전문가로서의 책무의 4가지 직무로 구분된다. 전문성 신장 영역의 세부 내용은 〈표 2-4〉와 같다.

표 2-4 전문성 신장 및 관리 영역에 대한 직무 구분 및 내용

직무 구분	직무 내용
연수 참여	• 원내 연수 참여하기(전달연수 발표 포함) • 자격 연수 참여하기(승급 연수 포함) • 직무 연수 참여하기(교육청, 기타 외부 연수) • 기타 외부 연수 참여하기(외부 수업 참관, 시설 견학 등)
연구관련 활동	• 유치원 자체 연구회 활동하기(연구동아리 등) • 연구에 참여하기(교육청 연구비 지원사업, 프로젝트, 학술대회 등)
장학	• 자기 장학 실시하기(셀프모니터링) • 동료 교사 장학 실시하기 • 컨설팅 장학 받기 • 교육실습생 지도하기 • 신입교사 오리엔테이션 진행하기
전문가로서의 책무	• 교사로서의 윤리강령 실천하기 • 교사의 법적 권리와 의무 이행하기 • 소속 기관의 팀 구성원으로 협동하기 • 다른 전문가와 네트워크 구성하기

5) 유아보호 관련 업무 영역

유아보호 관련 업무 영역은 교사가 유아들을 보호하기 위해 수행하는 모든 내용을 말하며, 건강, 청결, 안전의 3가지 직무로 구분된다. 유아보호 관련 업무 영역의 세부 내용은 〈표 2-5〉와 같다.

표 2-5 유아보호 관련 업무 영역에 대한 직무 구분 및 내용

직무 구분	직무 내용
건강	• 육안으로 유아 건강상태(기분) 체크하기 • 영유아 체격 검사하기 • 적절한 휴식 취하도록 지도하기 • 투약하고 그 내용을 확인하고 기록하기 • 아픈 유아 간호하기 • 식단 확인하기(특이체질 유아 확인) • 실내 환기, 온도 · 습도 · 채광 · 조도 조절하기 • 전염성 질환 예방 및 대책 수립하기 • 정기적인 교사 건강 검진 받기
청결	• 유아 씻기기 • 배변 실수 처리하기 • 구토 시 오물 처리하기 • 교실 위생 점검하기 • 영유아 개인용품 청결하게 관리하기 • 놀잇감 청결 유지하기(역할놀이영역 인형, 역할의상, 이불 등 세탁) • 교실 청소하기 • 교실 외의 시설 청소하기
안전	• 원내 안전규칙 세우기(응급 상황 대응 매뉴얼 포함) • 유아관련 보험 가입여부 확인하기(학교안전공제회, 유아상해보험, 자동차 종합보험 가입 여부 등) • 유치원 실내외 시설 안전 점검하기 • 등하원 차량 안전지도하기 • 아동 학대 징후 살피기 • 응급 상황 관련 자료 정리 및 관리하기(응급처치 동의서 포함) • 응급 상황 훈련하기 • 응급 상황 발생 시 역할 분담 계획하기 • 응급 처치하기

6) 학부모 관련 업무 영역

학부모 관련 업무 영역은 교사가 유아들과 관련된 모든 활동을 함에 있어 학부모와의 교류와 관련된 내용으로, 부모와의 연계, 부모상담, 부모교육, 가족지원의 4가지 직무로 구분된다. 학부모 관련 업무 영역의 세부 내용은 〈표 2-6〉과 같다.

표 2-6 학부모 관련 업무에 대한 직무 구분 및 내용

직무 구분	직무 내용
부모와의 연계	• 학기 초 학부모 오리엔테이션 운영하기(계획, 실행, 평가 포함) • 학부모-교사 협의회 운영하기(학부모 운영위원회 계획, 실행 평가 포함) • 학부모와 수시로 정보 교환하기(전화, 메시지, 쪽지, SNS, 가정통신문, 면대면 면담 등) • 학부모 지원 요청하기
부모상담	• 면담자료 준비하기 • 개별 상담하기 • 집단 상담하기 • 면담일지 작성하기
부모교육	• 부모 참여 수업 운영하기(계획, 실행, 평가 포함) • 학부모 워크숍 운영하기 • 부모교육 운영하기(강사 섭외, 관련 자료 준비 등)
가족지원	• 부모 간의 교류 활동 촉진하기(부모회 운영 등) • 지역사회 자원에 대한 정보 제공하기 • 다양한 방법으로 가족 지원하기

7) 행사 관련 업무 영역

행사 관련 업무 영역은 교사가 기관의 다양한 행사를 운영하기 위해 수행해야 하는 모든 활동과 관련된 내용, 행사 준비, 행사 진행, 행사 마무리의 3가지 직무로 구분된다. 행사 관련 업무 영역의 세부 내용은 〈표 2-7〉과 같다.

표 2-7 행사 관련 업무에 대한 직무 구분 및 내용

직무 구분	직무 내용
행사 준비	• 행사를 위한 정보 수집하기 • 행사 계획하기(역할분담 포함) • 행사 관련 유인물 제작 및 발송하기 • 행사 관련 물품 준비하기 • 행사 관련 프로그램 준비하기 • 행사 관련 환경 구성하기

직무 구분	직무 내용
행사 진행	• 행사 진행하기 • 행사 전 과정에 대해 기록하기(사진, 글 등)
행사 마무리	• 행사 뒷정리하기 • 행사 결과보고서 작성하기 • 행사 평가하기

8) 사무 관련 업무 영역

사무 관련 업무 영역은 교사가 기관 운영을 위해 수행되는 모든 활동과 관련된 내용으로, 문서 작성 및 관리, 사무 관리, 물품 관리, 운영 관리의 4가지 직무로 구분된다. 사무 관련 업무 영역의 세부 내용은 〈표 2-8〉과 같다.

표 2-8 사무 관련 업무에 대한 직무 구분 및 내용

직무 구분	직무 내용
문서 작성 및 관리	• 교육과정 운영 관련 문서 작성 및 관리하기 • 원아 관련 문서 작성 및 관리하기 • 교원 관련 문서 작성 및 관리하기 • 재무 관련 문서 작성 및 관리하기 • 안전 관련 문서 작성 및 관리하기 • 교육청 관련 문서 작성 및 관리하기 • 각종 보고서 문서 작성 및 관리하기 • 재산 관련 문서 작성 및 관리하기(유치원 재산 대장, 도서대장 등)
사무 관리	• 업무 관련 전화 통화하기 • 교육청 전자문서 시스템 공문 접수, 기안, 발송하기 • 업무 관련 e-mail 확인 및 처리하기 • 우편물 처리하기 • 회계 관련 업무하기(예결산 수립 포함)
물품 관리	• 재고 조사하기 • 물품 구입 계획 수립하기 • 물품 구입 후 정리 및 관리하기
운영 관리	• 원아모집 관련 업무하기 • 홈페이지 관리하기

직무 구분	직무 내용
	• 학급 편성하기 • 버스 노선 편성하기 • 당직하기(문단속, 뒷정리 포함)

9) 시설 및 설비 관련 업무 영역

시설 및 설비 관련 업무 영역은 교사가 유아들의 교육을 위해 필요한 시설과 설비를 관리하고 점검하는 활동에 관련된 내용으로, 시설 관리, 기자재 관리의 2가지 직무로 구분된다. 시설 및 설비 관련 업무 영역의 세부 내용은 〈표 2-9〉와 같다.

표 2-9 시설 및 설비 관련 업무에 대한 직무 구분 및 내용

직무 구분	직무 내용
시설 관리	• 실내외 안전 점검 의뢰하기 • 실내 소독 계획 및 의뢰하기 • 시설수리 의뢰하기
기자재 관리	• 기자재 바른 사용법 익히기 • 기자재 설치, 보수, 관리하기 • 기자재 점검하기 • 기자재 보수하기

10) 대인관계 및 사회적인 업무 영역

대인관계 및 사회적인 업무 영역은 교사가 대인관계나 지역사회와의 관계를 구축하고 관리하기 위해 수행하는 모든 직무를 포함하는 내용으로, 대인관계, 지역사회와의 관계 2가지 직무로 구분된다. 대인관계 및 사회적인 업무 영역의 세부 내용은 〈표 2-10〉과 같다.

표 2-10 대인관계 및 사회적인 업무에 대한 직무 구분 및 내용

직무 구분	직무 내용
대인관계	• 경조사에 참여하기 • 교사 친목행사 참여하기 • 교사 간 업무 협조하기 • 졸업생 및 졸업생 학부모 관리하기 • 학부모와 상호 소통하기
지역사회와의 관계	• 지역사회 행사 참여하기 • 지역사회 인사들과 좋은 관계 맺기 • 지역사회를 위해 봉사하기

이와 같이 유치원 교사가 유아교육현장에서 실제 수행해야 할 직무는 상당히 다양하고 광범위하다. 따라서 유아의 전인적 발달을 위해서는 교사 스스로가 자신의 직무에 충실하게 임해야 한다는 책임의식을 가지고 모든 업무를 수행해야 할 것이다. 또한 유아의 안전과 관련된 직무는 여러 가지 직무들 중에서도 유아들의 생명과 건강에 직결되기 때문에 교사 스스로가 안전에 대한 의식을 강화하고 유아들의 생활지도에 임해야 한다.

CHAPTER 03

신학기 유치원 학급 운영 실제

배울내용

1. 유치원 학급 운영의 개념 및 고려사항
2. 학기 초 학급 편성
3. 신학기 준비
4. 학급 유아의 이해
5. 1년 운영 계획 수립
6. 학부모 오리엔테이션
7. 원아 오리엔테이션

학습목표

1. 신학기 유치원 운영에 대한 전반적인 흐름을 파악하고 이를 현장에 적용할 수 있다.
2. 학기 초 학급편성에 필요한 사항에 대해 열거할 수 있다.
3. 유아들의 개별적 특성에 따라 교사–유아 간 상호작용을 달리 적용할 수 있다.
4. 학기 초 학부모 오리엔테이션을 위한 계획을 수립하고 이를 현장에 적용할 수 있다.
5. 원아 오리엔테이션을 위한 계획을 수립하고 이를 현장에 적용할 수 있다.

CHAPTER 03

신학기 유치원 학급 운영 실제

유치원 학급 운영이란 교사가 담당하고 있는 유아들의 전인적 발달을 위하여 요구되는 직무를 효율적으로 수행하는 것을 말한다. 유치원 학급 운영을 위해서는 유아들과의 교수-학습활동 준비, 물리적 환경의 관리, 인적환경의 관리 등의 다양한 직무들이 요구되지만 본 장에서는 유치원 학급 운영의 개념, 학급 운영 시 고려사항, 학기 초 학급 편성, 신학기 준비, 학급 유아의 이해, 1년 운영 계획 수립, 학부모 오리엔테이션, 원아 오리엔테이션에 대해 살펴볼 것이다.

1. 유치원 학급 운영의 개념 및 고려사항

1) 유치원 학급 운영의 개념

유치원 학급 운영의 개념을 살펴보기 위해서는 학급에 대한 개념을 먼저 살펴볼 필요성이 있다. 유치원에서 학급이란 유아들의 활동이 이루어지는 가시적인 공간만을 의미하는 것이 아니라 조직화된 유아집단을 의미한다(이대균·송정원, 2007). 즉 유치원에서의 학급 운영은 유아들이 생활하는 각종 교실 및 활동실, 가구, 놀잇감 등과 같은 물리적 환경과 교사, 유아, 학부모, 보조인력(영양사, 조리사, 기사 등) 등과 같은 인적 환경으로 교사의 업무를 구분할 수 있다. 다시 말해 유치원에서 학급의 운영이란 교사가 담당하고 있는 학급의 속해 있는 유아들의 전인적 발달이 효과적으로 이루어질 수 있도록 환경을 계획하고, 조직하고, 물리적·정서적으로 지원하고, 조정하는 것을 말한다(이대균·송정원, 2007). 또한 유치원 학급 운영은 유아들의 자유로운 활동을 위해 교사중심이 아닌 유아중심으로 운영되어야 한다. 따라서 체계적인 학급 운영을 위해서는 앞서 언급한 사항을 종합적으로 검토할 필요가 있다.

2) 유치원 학급 운영 시 고려사항

유치원의 효율적 학급을 운영을 위해서는 다음의 몇 가지 사항을 고려하여야 한다.

첫째, 교사는 유아의 개별적인 특성에 대해 학부모와 지속적으로 연계해야 한다. 예를 들어 유아가 평소와 다른 행동이 나타날 경우(긍정적, 부정적 행동의 지속적 출현) 학부모와 즉시 연계하여 행동에 변화에 따른 후속조치를 시행해야 한다. 따라서 교사는 유아의 행동에 대한 즉각적인 조치를 위해 정기적인 전화상담, 서신교류, 면대면 상담 등과 같은 학부모 교류 업무를 수행해야 한다.

둘째, 유아의 발달 수준에 맞는 교육 목표를 수립하고 그에 적합한 교육과정을 전개해 나가야 한다. 교사는 유아들이 관심이나 흥미를 보이는 주제가 나타날 경우 유치원의 일과를 변경할 수 있는 융통성을 발휘하여야 한다. 이를 위해서는 유치원의 물리적 환경 및 인적 환경을 유아의 발달 수준 및 흥미의 정도에 적절하게 조절할 수 있어야 한다. 또한 활동 계획의 수립에 있어서도 정적 활동과 동적 활동, 실내 및 실외 활동 등을 균형 있게 안배해야 한다. 이와 더불어 교육계획 수립 시 특별한 요구를 필요로 하는 유아가 배제되는 일이 없도록 해야 한다.

셋째, 학급 내 물리적인 환경은 유아의 발달 수준을 고려하여 다양한 흥미영역으로 구성해야 한다. 유치원 학급의 물리적인 환경은 우선 연령을 고려해야 한다. 그 예로, 유아들의 신체적 발달을 고려하지 않은 세면대의 동일한 높이는 유아에게 상당한 불편을 느끼게 한다. 또한 교구의 크기에 있어서도 유아의 연령에 맞추어 제공하는 것이 필요하다. 즉 학급의 물리적 환경은 유아들의 발달 수준을 고려하여야 하며, 호기심을 유발하고 발달적인 요소를 자극할 수 있는 환경이 제공되어야 할 것이다.

넷째, 학급 내 유아의 생활지도를 위한 계획을 수립해야 한다. 교사는 일관성 있는 태도로 학급을 운영해야 하며, 유아가 바르게 성장할 수 있도록 유아의 생활지도를 위한 계획을 수립해야 한다. 학급 내에서 유아들의 기본생활습관에 대한 규칙이 잘 지켜지지 않는다면 전체적인 교육과정이 흔들리는 부정적인 결과를 초래할 수 있을 것이다. 따라서 학급 내에서 유아들의 기본생활습관이 잘 지켜질 수 있는 분위기를 형성하는 것이 필요하다.

이와 같이 유치원 학급 운영을 위해 교사가 우선적으로 고려해야 할 사항을 살펴보았다. 유치원의 효율적인 학급 운영을 위해 교사는 유아들의 발달 상황을 고려하여 교육 목표를 수립하고, 이를 달성하기 위한 환경을 제공하고, 가정과의 정기적인 연계 활동 등을 고려해야 할 것이다.

2. 학기 초 학급 편성

교사는 유아와 함께 유치원의 학급 내에서 다양한 시행착오를 겪으며 유기적인 관계를 형성해 나가게 된다. 이러한 관계 형성이 시작되는 시기인 학기 초에는 학급 편성이 가장 우선되어야 한다. 학급 편성을 위한 절차는 다음과 같다.

1) 유치원 인가사항 점검

유치원 설립 시 해당 지역 교육지원청으로부터 인가사항을 확인해야 한다. 원아모집은 유치원 설립 시 인가받은 정원을 초과하여 모집할 수 없기 때문에 반드시 인가인원에 적합한 수의 원아를 모집해야 한다.

2) 재원아 수 파악 및 신입원아 수 결정

매년 10월에는 재원하고 있는 만 3, 4세 원아를 대상으로 차년도 재원 여부를 조사해야 한다. 재원이 확정된 원아들을 대상으로 신입생 모집을 실시한다. 〈표 3-1〉은 신입원아 수 결정을 위한 예시이다.

표 3-1 신입원아 수 결정을 위한 예시

구분	만 3세(2학급)	만 4세(3학급)	만 5세(3학급)	합계
유치원 인가 정원	36명	66명	75명	177명
2019학년도 현황	36명	66명	75명	177명
2020학년도 재원 예정 원아	-	36명	60명	96명
2020학년도 신입원아 모집	36명	30명	15명	81명
2020학년도 예정 현황	36명	66명	75명	177명

3) 원아모집 실시 및 선발

매 학년도 선발해야 할 원아 수가 결정되면, 원아 선발 공고를 실시한다. 선발 공고의 내용으로 모집대상 및 인원, 모집 선발 방법, 모집 선발 절차, 유의사항, 기타 안내사항 등의 내용으로 구성한다. 참고로 2019년부터 실시된 온라인 원아모집 서비스인 처음학교로 서비스를 통해 원아모집 공고 및 선발이 간소화되었다.

그림 3-1 처음학교로 홈페이지

4) 학급 편성

모집을 통해 선발된 신입원아와 재원아를 대상으로 학급 편성을 실시한다. 학급 편성을 실시하기 전에 다음의 몇 가지 사항을 고려해야 한다.

첫째, 재원아의 경우 형제의 동시 재원 여부를 확인하여 기관의 행사 참여에 불편이 없도록 해야 한다. 예를 들어 만 4세반과 만 5세반에 다니는 형제가 있다고 가정했을 때 같은 날 학부모 참여수업을 진행한다면 학부모는 두 아이 중 한 아이에게만 참여를 하던지, 아니면 하루에 두 아이를 번갈아가며 참여해야 하는 상황이 생겨 부모와 유아 모두에게 불만이 발생할 수 있다. 따라서 학급 편성 시 형제의 재원 여부를 고려해야 한다.

둘째, 학급 편성은 유아의 생년월일, 성별, 가족사항, 성격특성, 이전 연령에서의 발달 사항을 고려하여 배치한다. 특히 재원하는 유아의 경우에는 이전에 담임을 맡았던 교사가 가지고 있는 유아에 관한 정보나 소견이 학급을 편성하는 데 매우 결정적인 역할을 한다. 따라서 학급 편성 시 원아의 개인적·정서적·행동적 특성 등을 고려할 필요성이 있다.

셋째, 지도하기 어려운 유아나 소통하기 어려운 학부모의 경우에는 학급 편성 시 가급적이면 경력이 많은 교사에게 배정하도록 해야 한다. 예를 들어 소통이 어려운 학부모를 초임교사에게 배정할 경우 교사는 유아들의 지도보다 학부모의 관리에 집중할 가능성이 높아 교육의 질이 저하될 우려가 있기 때문이다.

3. 신학기 준비

학급편성이 끝나고 나면 신입 및 재원아 관련 서류의 정리, 유아 개인 물품에 이름표 붙이기, 출석부 작성 및 차량시간표 편성 등과 같은 일들을 시작으로 신학기 준비가 이루어진다. 이 시기에 대부분의 교사들은 이와 같은 신학기 준비로 인해 매우 분주하다. 만약 체계적으로 업무가 이루어지지 않는다면 신학기를 맞이하는 데 문제가 발생할 수도 있다. 따라서 신학기 준비에 대한 내용을 구체적으로 살펴보고자 한다.

1) 유아 물품 확인 및 관련 서류 정리하기

먼저 유아들이 사용하게 될 개인별 물품의 준비이다. 유아 개인별 물품은 각 유치원의 상황에 따라 차이가 있겠지만 일반적으로 24색 크레파스, 12색 색연필, 12색 사인펜 등의 학용품과 칫솔, 수건 등의 품목으로 구분된다. 또한 유아의 개인별 물품에는 반드시 이름표를 붙여 자신의 물품을 스스로 챙길 수 있도록 해야 한다. 다음으로 유아들의 개별 서류가 있는데, 입학 시 작성했던 입학원서, 가족관계증명서, 사진 등이 있다. 유아 개인별로 해당하는 서류를 분류·정리해 둠으로써 유아의 개별적 특성을 이해하는 자료로 활용할 수 있다. 그 외 서류로는 유아 기본생활습관 설문지, 응급처치 동의서, CCTV관련 동의서, 방과 후 과정 신청서, 유아교육비 지원 관련 서류 등이 있다.

2) 출석부 및 차량시간표 작성하기

유아 물품 및 개인별 관련 서류를 작성과 동시에 출석부의 제작이 필요하다. 출석부는 수기로 작성하는 노트형태의 출석부와 컴퓨터의 한글이나 엑셀과 같은 소프트웨어를 활용하여 제작하는 형태가 있다. 노트형 출석부는 유아의 출석 기록에 대한 내용을

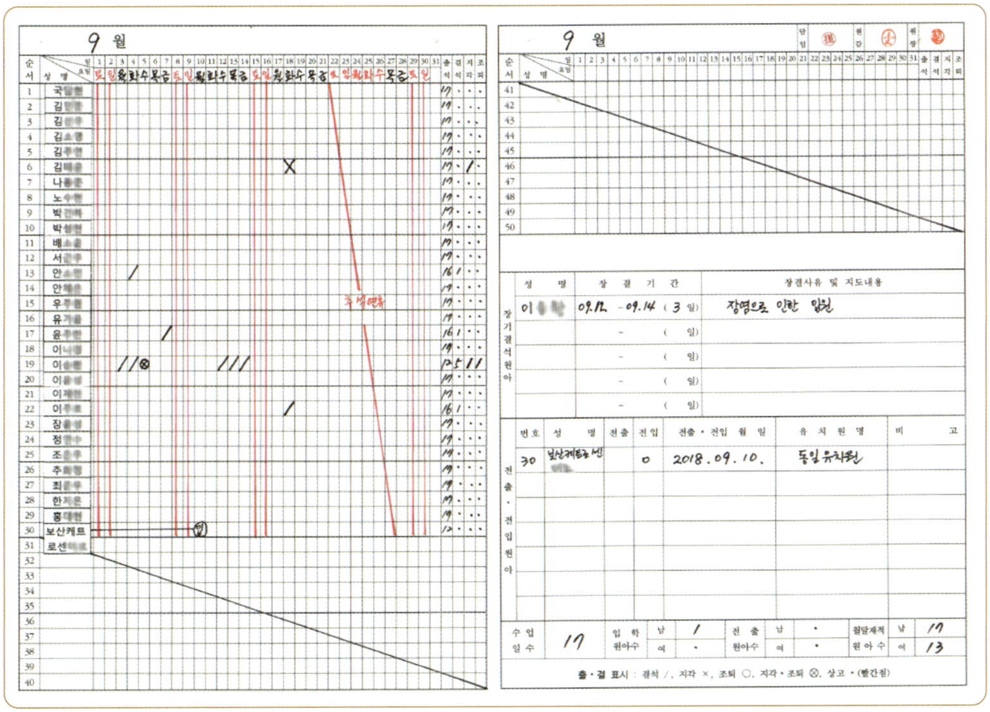

그림 3-2 수기 작성용 출석부 예시

교사가 직접 수기로 작성하기 때문에 위변조가 어렵다는 장점이 있으나, 전학 온 원아(또는 학기 중간에 입학한 원아)가 있는 경우 오름차순으로 기록하는 데 어려움이 있다. 반면 컴퓨터로 작성한 출석부의 경우에는 유아들의 출석 통계의 산출이나 한 번 작성해두면 전학이나 전출 같은 변경사항만 적용하면 되기 때문에 활용이 매우 용이하다는 장점이 있다. 출석부의 구체적인 작성방법은 10장에서 다루어 볼 것이다.

3) 이름표 및 명찰 준비하기

신학기가 되면 유아들이 1년 동안 사용할 물품에 이름표를 붙여준다. 이름표가 부착될 물품의 종류는 기본적으로 크레파스, 색연필, 사인펜, 스케치북, 작업화일, 신발장, 사물함, 책상, 바닥자리 등이다. 이름표는 물품에 크기에 따라 그 크기를 달리하여 제작한다. 또한 각 반의 특성을 나타낼 수 있는 도안이나 모양을 배경으로 사용하기도 하며, 만 3세반의 경우에는 아직 자신의 이름을 보고 식별해내기 어려운 유아가 있을 수 있기 때문에 사진과 이름을 함께 넣어 제작함으로써 자신의 이름을 기억하도록 하는 좋은 방법이 될 수 있다. 또한 유아의 학기 초 적응을 위해 유아들이 착용할 명찰도 만들어야 한다. 명찰의 제작은 업체에 의뢰해서 기존에 만들어진 상품에 이름표만 붙여서 활용하는 경우도 있지만, 유치원의 로고를 컬러프린터로 출력하여 코팅지를 활용하여 직접 제작하는 경우도 있다. 대부분의 명찰은 목걸이 형태로 되어 있는 경우가 많은데 이때 명찰의 가장자리 부분이 날카로워 얼굴 주변에 상처를 내는 경우가 있기 때문에 주의하여 사용하도록 한다.

한편 유아의 이름뿐만 아니라 교실 내 흥미영역에 필요한 교재교구에도 명칭을 표기해 두는 것도 유아의 언어활동을 촉진하는 데 도움이 된다.

유아 개인 물품 예시

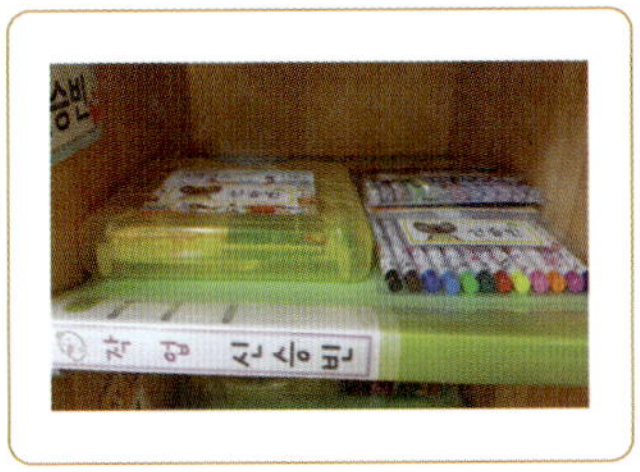

유아 개인 물품 예시

유아 개인 포트폴리오 화일

유아 개인 사물함 예시

유아 개인용 신발장 이름표

유아 개인용 신발장 이름표

흥미영역 이름표 예시1

흥미영역 이름표 예시2

흥미영역 이름표 예시3

그림 3-3 유아 개인 물품 · 신발장 · 사물함 · 교재교구 이름표

4. 학급 유아의 이해

담임교사는 학기 시작 전 교사 본인이 담당하게 될 유아들에 대한 특성을 우선 파악해야 한다. 유아들은 저마다 타고난 기질, 가정환경, 양육배경, 형제, 출생순위 등과 같은 개인적 배경이 모두 다르기 때문에 이러한 점들을 미리 파악하여 각 유아에 대한 개별 지도 계획을 수립해야 한다. 이를 위해서는 유아를 이해해야 하는 목적과 방법에 대해 구체적으로 알아볼 필요성이 있다.

1) 유아 이해의 목적

유치원 교사는 학급의 유아들과 최소 1년을 함께 보내야 하기 때문에 유아들과의 초기 만남은 1년을 결정하는 중요한 순간이라 할 수 있다. 특히 유아들은 주변 환경(인적 환경, 물리적 환경)에 매우 민감하게 반응하기 때문에 교사는 이에 대한 대비가 철저하게 이루어져야 한다. 또한 유아들은 개인별로 가진 특성이 매우 다양하기 때문에 이러한 점들을 감안하여 유아지도 계획을 수립해야 한다. 따라서 이러한 점들을 종합적으로 고려하기 위해서는 재원유아와 신입유아를 구분하여 이해할 필요성이 있다.

먼저 재원하는 유아의 경우에는 전년도 담임교사가 제공한 정보를 중심으로 유아에 대한 이해를 시작해야 한다. 전년도 담임교사는 해당 유아를 1년 동안 지켜봐왔기 때문에 유아에 대한 모든 정보를 가지고 있다고 해도 과언이 아니다. 재원유아에 대한 사전 정보를 파악하기 위해서는 전년도 담임교사와의 면담, 생활기록부, 학부모 상담자료, 유아발달관련 자료, 포트폴리오 자료, 가족관계증명서 등을 참고로 한다. 하지만 이때 유념해야 할 사항은 유아에 대한 모든 자료는 전년도 담임교사의 주관적 견해가 개입되었을 가능성이 크기 때문에 유아에 대한 편견이 작용할 수도 있다. 유아는 1년이라는 시간 동안 신체, 정서, 사회, 인지, 언어의 발달적 측면에 있어 상당히 많은 성장을 하게 되므로 1년간 유아의 발달에 대해서도 면밀하게 살펴봐야 한다. 따라서 재원하는 유아의 이해를 위해서는 위 사항들에 대하여 고려할 필요성이 있다.

유치원생활기록부

①

구분＼연령	만3세	만4세	만5세
수료·졸업대장번호			2014-98
반			채송화반
담임 성명			박선영

1. 인적사항 ②

성명	김남자	성별	남	생년월일	2008.10.03.
주소	충청북도 청주시 서원구 분평로 88-1, 501동 000호(분평동, 분평주공아파트)				

가족상황	구분＼관계	부	모	특기사항
	성명	김영철	이보미	
	생년월일	1974.11.03.	1978.09.11.	

2. 학적사항 ③

연월일			기관	연령	구분	특기사항
2012년	03월	02일	사랑초등학교병설유치원	만3세	입학	
2012년	07월	01일	사랑초등학교병설유치원	만3세	전출	
2012년	12월	12일	유아유치원	만3세	전입	
2013년	02월	22일	유아유치원	만3세	수료	
2014년	02월	21일	유아유치원	만4세	수료	
2015년	02월	23일	유아유치원	만5세	졸업	
졸업 후의 상황			이남초등학교 진학, 기타:			

3. 출결상황 ④

연령＼구분	수업일수	출석일수	결석일수	특기사항
만3세				
만4세				
만5세	183	183	0	

4. 신체발달상황 ⑤

연령＼구분	1학기 검사일	1학기 키	1학기 몸무게	2학기 검사일	2학기 키	2학기 몸무게	특기사항
만3세							
만4세							
만5세	2014.03.21.	125.2cm	24.0kg	2014.10.01.	127.2cm	25.4kg	

5. 유아발달상황 (성명 : 김남자) ⑥

연령	영역별	발달상황
만3세	신체운동·건강	
	의사소통	
	사회관계	
	예술경험	
	자연탐구	
	종합발달상황	
만4세	신체운동·건강	
	의사소통	
	사회관계	
	예술경험	
	자연탐구	
	종합발달상황	
만5세	신체운동·건강	바깥놀이 활동에 적극적으로 참여하고, 규칙적인 운동이 건강에 중요하다는 것을 알고 실천하며, 옷을 항상 깨끗하게 입음
	의사소통	비슷한 발음의 다른 낱말을 듣고 차이를 구별하며 문장의 맥락에서 의미를 구별하고 자발적으로 언어놀이에 즐겁게 참여함
	사회관계	친구와 서로 다른 점을 인정하며 함께 참여하는 즐거움을 느끼고, 갈등이 생겼을 경우 상대방의 관점에서 생각해보는 태도를 갖고 있음
	예술경험	여러 가지 전래동요를 듣고 리듬과 노래를 즉흥적으로 만들기도 하며, 몸을 이용하여 주변 움직임을 다양하고 창의적으로 표현을 함
	자연탐구	일상생활에서 사용하는 기계와 도구에 관심이 많으며 일상생활 속에서 사용하는 수의 의미를 잘 알고 있음
	종합발달상황	유치원 생활을 즐거워하고 집단활동에 적극적으로 참여하며 말과 행동이 예의바르고 언어능력이 뛰어나 자신의 감정을 잘 표현함

그림 3-4 생활기록부 예시

다음은 신입원아에 대한 이해이다. 신입원아는 유치원이 처음인 경우가 대부분이기 때문에 유치원 적응에 일정한 시간이 걸린다는 것을 교사는 반드시 이해하고 신입원아 지도에 여유를 가져야 한다. 신입원아에 대한 이해를 위해서는 입학 전 제출한 서류들을 꼼꼼히 읽어보고 체크하는 것이 신입원아를 이해하는 데 많은 도움이 된다. 신입원아 관련 서류로는 기관에 따라 차이가 있겠지만 일반적으로 입학원서, 가족관계증명서, 응급처치 동의서 등이 있다. 입학원서에는 원아의 인적사항, 입학 전 경력, 병력,

신체특이사항, 형제자매의 동시 입학 여부, 학부모의 알림 내용 또는 건의사항 등의 내용이 기록되어 있다(이대균 외, 2015).

입학원서와 더불어 유아의 일상생활에 대한 개별 생활습관 기초 조사서를 활용하는 것도 유아를 이해하는 좋은 방법이 될 수 있다. 유아 일상 생활습관 기초 조사서의 내용은 출생 시 건강상태 정도, 특이병력, 주양육자, 가족형태, 양육자의 교육 환경, 특이체질, 식사습관, 배설, 생활습관, 친구, 정서 등의 내용으로 입학 전 부모에게 작성하도록 한다. 유아 일상 생활습관 기초 조사서는 〈그림 3-5〉와 같다.

2019학년도 원아개인조사서

유아의 이해와 발달 성장을 돕기 위한 내용이니 각 항목의 ( )안에 √표를 하거나 해당사항을 자세히 기록해 주시기 바랍니다.

출생 시 건강상태			양호( ) 미숙( ) 인큐베이터 경험( )개월
병원입원경험			없음( ) 있음( ) – ( )세 때 ( )병으로 (약)동안 입원
특이병력			없음( ) 있음( )
영·유아기 주 양육자			아버지( ) 어머니( ) 친조부( ) 친조모( ) 외조부( ) 외조모( ) 기타( )
현재 주 양육자			아버지( ) 어머니( ) 형제(형 / 오빠 / 누나 / 언니 / 남동생 / 여동생( ) 친조부( ) 친조모( ) 외조부( ) 외조모( ) 친척(고모 / 고모부 / 이모 / 친삼촌 / 외삼촌 / 사촌 / 기타( )
현재 유아와 동거하는 사람			아버지( ) 어머니( ) 형제(형 / 오빠 / 누나 / 언니 / 남동생 / 여동생( ) 친조부( ) 친조모( ) 외조부( ) 외조모( ) 친척(고모 / 고모부 / 이모 / 친삼촌 / 외삼촌 / 사촌 / 기타( )
교육환경	현재 양육자의 양육태도	부	엄격하다( ) 자상하게 대한다( ) 간섭을 자주한다( ) 허용적이다( ) 무관심하다( ) 일관성이 없다( ) 일관성있게 대한다( )
		모	엄격하다( ) 자상하게 대한다( ) 간섭을 자주한다( ) 허용적이다( ) 무관심하다( ) 일관성이 없다( ) 일관성있게 대한다( )
		기타	기타 양육자가 (없음 / 있음:) 엄격하다( ) 자상하게 대한다( ) 간섭을 자주한다( ) 허용적이다( ) 무관심하다( ) 일관성이 없다( ) 일관성있게 대한다( )
	부모와의 상호작용	부	상호작용 하는 시간(하루 평균 분/시간), 주로 상호작용 하는 활동(중복체크 가능) ①대화 ②동화읽어주기 ③함께 놀이 ④TV시청 ⑤운동 ⑥요리 ⑦여행 ⑧기타( )
		모	상호작용 하는 시간(하루 평균 분/시간), 주로 상호작용 하는 활동(중복체크 가능) ①대화 ②동화읽어주기 ③함께 놀이 ④TV시청 ⑤운동 ⑥요리 ⑦여행 ⑧기타( )
	컴퓨터 사용		혼자서 컴퓨터를 할 수 (있다 / 없다) 하루에 컴퓨터를 평균(분/시간) 사용한다. 유아가 즐겨 사용하는 웹사이트 혹은 프로그램 ( )
특이체질			아토피( ) 천식( ) 음식알레르기( )
주의 할 음식			없음( ) 있음( ) 있다면 구체적으로? ( )
식사 습관			좋아하는 음식( ) 싫어하는 음식( )
			편식을 한다( ) 편식을 하지 않는다( ) 급하게 먹는다( )
			혼자서 먹는다( ) 야단을 쳐야 먹는다( ) 먹여줘야 먹는다( )
			아침 식사를 규칙적으로(한다 / 못한다) 아침 식사는 주로 (밥과 반찬 / 빵과 우유)이다 아침 식사를 할 때 (바르게 앉아서 먹는다/돌아다니며 먹는다/TV를 시청하며 먹는다)
			젓가락을 사용할 수 (있다: 상, 중, 하 / 없다)
원에 바라는 식사지도 방법			편식을 지도해 주기를 바란다( ) 편식 지도를 해주되 먹기 싫어하면 먹이지 않기를 바란다( ) 편식은 가정에서 지도하므로 따로 지도해 주기를 원하지 않는다( )
배 설	대변		뒤처리를 스스로 한다( ) 도와줘야 한다( ) / 오전( ) 오후( ) 수시로( )
	소변		자주 눈다( ) 보통이다( ) 혼자한다( ) 도와줘야 한다( )
생활습관			세수, 양치질을 혼자서 한다( ) 옷을 혼자서 입고 벗는다( ) 주로 사용하는 손은 (왼손 / 오른손)이다 연필사용은 (왼손 / 오른손)으로 한다.
			자기 물건을 잘 간수할 수 (있다 / 없다) 자기 물건을 스스로 정리한다( ) 정리하라고 말해야 정리한다( ) 한 가지 활동을 끝까지 마무리하는 편이다( ) 다양한 활동에 관심은 가지나 끝까지 마무리하지 않는 활동이 많은 편이다( )
			TV를 (오래 시청한다 / 적당히 시청한다) 비디오를 (오래 시청한다 / 적당히 시청한다) 하루 TV · 비디오 시청 시간이 평균 (TV: 분, 시간 / 비디오: 분, 시간)이다 주로 시청하는 프로그램은 (TV: / 비디오:)
	귀가 후 생활		학원(구체적으로 기록:) 방문수업(구체적으로 기록:)
친 구			많다(동성/이성/모두) 조금 있다( ) 전혀없다( ) 친구와 잘 논다( ) 친구와 사귀는 것을 힘들어한다( ) 혼자 놀기를 즐긴다( ) 친구와 다툼이 자주 일어난다( )
			주로 (또래 / 연장자 / 연소자)와 즐겨 놀이하는 편이다
정 서			환경의 변화에 적응을 (잘한다 / 못한다) 화난 감정을 행동으로 표현한다( ) 잘 운다( ) 많이 부끄러워 한다( ) 고집이 세다( ) 잘 놀란다( ) 무서움을 잘탄다( ) 질투심이 강하다( )

그림 3-5 유아 일상 생활습관 기초 조사서 예시

5. 1년 운영 계획 수립

유치원의 운영계획 수립은 유치원을 운영함에 있어 매우 중요한 사항이다. 유치원 운영계획 수립 시기는 전년도 학기 말부터 새 학기 시작 전까지 지속된다. 먼저 운영계획을 수립하기 위해서는 전년도에 대한 운영에 대한 교사와 학부모의 의견을 수립하여 차년도 계획에 반영해야 한다. 평가 방법은 교육과정 운영이 계획에 맞게 잘 이루어졌는지에 대한 교사용 평가, 유치원에 보내는 학부모의 만족도 조사, 교육과정 운영 평가, 교사 자기 평가 등의 평가도구를 활용하여 통계처리 후 그 결과를 토대로 차년도 계획을 수립한다. 운영 계획의 내용으로는 먼저 각 시·도에 위치한 교육청 및 각 지역 교육지원청의 유아교육에 대한 방향을 시작으로 유치원의 현황, 실태 분석, 유치원 교육의 기본방향, 운영 중점별 추진 계획, 유치원의 교육과정 편성 및 운영, 교육과정 운영 중점활동, 교육과정 지원 활동, 방과 후 과정 운영계획, 평가 등으로 구성하되 구체적으로 작성해야 한다. 유치원 운영계획서의 목차는 〈그림 3-6〉과 같다.

0000학년도 00유치원 운영계획서

그림 3-6 유치원 운영 계획서 목차 예시

6. 학부모 오리엔테이션

유치원 교육의 질적 향상을 위해서는 유아, 교사, 학부모의 원활한 교류와 의사소통이 이루어져야 한다. 특히 유치원 운영 전반에 관한 학부모의 알 권리를 제공하기 위해서는 학부모들을 대상으로 한 오리엔테이션이 필수이다. 학부모 오리엔테이션의 실시 시기는 대략 신학기 시작 전인 2월 중순 이후에 하는 것이 좋다. 유치원에서의 2월은 졸업식 및 수료식과 신학기 준비를 동시에 해야 하기 때문에 매우 분주하고 바쁜 시기라 할 수 있다. 이러한 시기에 교사들은 각자의 역할에 대해 명확히 인식하고 기간 내에 일을 처리하는 것이 무엇보다 중요하다. 따라서 학부모 오리엔테이션을 계획–실행–평가하는 과정에 대해 살펴보고자 한다.

1) 학부모 오리엔테이션 계획

학부모 오리엔테이션을 계획하기 위해서는 먼저 전체 교사회의를 진행한다. 교사회의를 진행하기 위해서는 교사회의를 진행하겠다는 내부 기안을 작성하여 원장에게 결재를 얻어야 한다. 전체 교사회의에서는 전년도 학부모 오리엔테이션의 평가자료를 토대로 신학기 오리엔테이션을 계획해야 한다. 학부모 오리엔테이션을 준비하기 위해서는 일정 수립, 담당교사의 역할 등이 계획되어야 하며 세부적인 내용은 〈표 3-2〉와 같다.

행사 일정 및 세부 실행 내용에 대한 계획이 수립되면 학부모들에게 행사에 대한 안내문을 작성해야 한다. 행사 안내문에는 행사에 대한 취지, 일정 및 당일 참석 여부에 대한 내용을 삽입하도록 한다. 참석 여부에 대한 내용은 추후 행사 당일 자료집 준비, 간식 준비 등을 위한 기초자료가 될 수 있다.

표 3-2 학부모 오리엔테이션 계획안 예시

시간	내용	역할/ 담당교사명	역할	비고
10:30– 11:00	오리엔테이션 등록 물품 배부	• 안내: ○○○ • 서류배부: 각 반 담임 • 유아담당 교사: ○○○	• 학부모 인사 및 안내 – 유아동반의 경우 유아는 지정된 교실로 이동, 별도 프로그램 운영 • 자료집 배부 • 제출서류 배부 – 가족관계증명서 – 응급처치동의서 – 유아일상생활기초조사서 – 방과후과정신청서 – 방과후과정특성화수업신청서 – 유아학비지원위임신청서 – 유아학비지원 관련 개인정보활용 동의서 – CCTV설치 운영 동의서 – 현장체험활동 부모동의서	• 유아용 일일계획안 • 학부모 간식, 차 등 • 실내화 • 우천시 우산꽂이 • 자료집 • 등록대장 • 배경음악 • 각종동의서
11:00– 11:10	개회사 및 원장 인사	• 사회: ○○○ • 원장: ○○○	• ppt 및 마이크 점검	• 컴퓨터 • 빔프로젝터 • 마이크 • 단상
11:10– 11:15	교직원소개	• 사회: ○○○	• 각 반별 담임교사 소개 • 행정직원, 통학버스차량기사, 영양사, 조리사 등 직원 소개	
11:15– 12:00	○○○○학년도 운영 안내	• 원감: ○○○	• ○○○○학년도 운영계획서 내용	
12:00– 12:10	기타 안내 사항	• 사회: ○○○	• 원아 오리엔테이션 안내 • 차량시간표 안내 및 등하원 시 운영 준수사항 • 교육비 납입 및 학비지원 안내 • 예방접종 안내	
12:10	폐회사	• 사회: ○○○		
12:10– 12:30	서류 작성 및 제출		• 서류 작성 후 제출	
12:30	행사종료	• 안내: ○○○	• 차량 출차 및 통행 관련 안내	• 차량안내팻말 • 경광봉 • 안내 띠

2) 학부모 오리엔테이션 실행

학부모 오리엔테이션 당일 진행은 사전 계획에 명시된 역할 분담에 따라 교사 자신에게 부여된 역할을 충실히 완수해야 한다. 먼저 학부모를 맞이하기 위한 환경정리를 실시한다. 학부모들은 유아들이 생활해야 하는 공간의 청결 상태나 교실의 구성에 많은 관심을 가지게 된다. 따라서 오리엔테이션을 위한 환경정리는 평소보다 더 신경을 써야 한다. 다음으로 학부모들에게 나누어 주어야 할 자료집과 각종 서류들을 준비한다. 자료집 및 각종 서류는 오리엔테이션에 참석의사를 밝힌 학부모의 수보다는 약간 넉넉하게 준비하도록 한다. 그 이유는 신청 당일 접수하여 오는 학부모들이 있을 수도 있기 때문이다. 또한 유아를 동반하고 오리엔테이션에 참석하는 학부모들이 행사에 집중할 수 있도록 유아를 위한 별도의 교실을 마련해야 한다. 다양한 연령대의 유아들이 함께 해야 하기 때문에 다연령을 포괄할 수 있는 별도의 프로그램을 준비해야 한다. 또한 교실 내 유아들이 편히 쉴 수 있는 공간도 별도로 마련하여 두는 것도 좋은 방법이다.

개회사를 시작으로 행사가 진행되면 원장 인사, 교직원 소개, 유치원 운영 방향, 기타 안내 등의 식순에 따라 행사를 진행하도록 한다. 행사 시 정해진 시간을 정확히 지켜 학부모들의 일정에 차질이 생기지 않도록 한다. 행사가 종료되고 나면 주차 문제로 인해 민원이 발생할 가능성이 있기 때문에 별도의 진행요원을 배치하여 통행이 원활하도록 하는 것이 중요하다. 또한 유아를 동반한 학부모가 유아를 위해 가지고 온 물품(외투, 손수건, 놀잇감, 애착인형 등)을 반드시 챙기도록 해야 한다.

3) 학부모 오리엔테이션 평가

학부모 오리엔테이션을 종료 한 후에는 교사 평가회를 실시해야 한다. 평가회에서 도출된 사항은 반드시 기록으로 남기고 차년도 행사 계획에 반드시 반영하도록 한다. 각 유치원마다 평가회의 내용에 차이가 있겠지만 기본적인 내용은 〈표 3-3〉과 같다.

표 3-3 학부모 오리엔테이션 자체 평가 예시

	내용
1	학부모 오리엔테이션 준비에서 부족한 점은 없었는가?
2	학부모 오리엔테이션의 물리적 환경(장소, 자리, 음향, 영상, 청소상태 등)은 어떠한가?
3	학부모 오리엔테이션의 전체적인 시간 배분은 어떠했는가?
4	학부모 오리엔테이션에서 제공되는 간식(질, 양, 세팅상태 등)은 어떠했는가?
5	학부모 오리엔테이션에서 교사들은 자신의 업무에 충실했는가?
6	교사들의 업무가 중복되거나 의견충돌은 없었는가?
7	학부모 오리엔테이션 종료 후 서류 접수 데스크에서 혼란스러운 상황은 없었는가?
8	학부모 오리엔테이션의 학부모들의 만족도는 어떠했는가?

또한 학부모 오리엔테이션에 대한 학부모들의 만족 정도를 살펴보기 위해서는 설문조사를 실시해야 한다. 설문조사의 방법은 지면으로 하는 방법과 스마트폰이나 컴퓨터를 활용하는 두 가지 방법으로 구분된다. 먼저 첫 번째 방법인 지면 활용 설문조사는 설문에 응답한 학부모들의 수를 즉시 파악할 수 있다는 장점이 있으나, 추후 설문에 응답된 내용을 다시 컴퓨터를 활용하여 재입력해야 한다는 단점이 있다. 반면 스마트폰이나 컴퓨터의 활용은 구글, 네이버, survey monkey 등의 포털사이트나 앱을 활용하여 설문을 작성하는 방법으로 응답내용을 스마트폰으로 즉시 할 수 있기 때문에 자료의 처리가 용이하다는 장점이 있다. 하지만 데이터 문제로 인해 서버에 접속이 안 되거나 데이터가 제대로 작동되지 않을 때 설문작성이 불가능하다는 단점도 있다. 따라서 이러한 문제 상황에 대한 대비를 위해 별도의 지면설문을 출력하여 준비해두는 것을 권장한다. 학부모 설문의 내용은 〈표 3-4〉와 같다.

표 3-4 학부모 오리엔테이션 만족도 예시

0000년 00유치원 학부모 오리엔테이션 만족도

ID			

안녕하십니까? 00유치원 학부모 오리엔테이션에 참여해 주심을 진심으로 감사드립니다. 앞으로도 질 높은 유치원 운영을 위해 이번 오리엔테이션에 대한 학부모님들의 만족도를 알아보고자 합니다. 이에 대한 평가를 바탕으로 향후 유치원 운영에 적극적으로 반영할 예정이오니, 솔직하게 작성해주시기를 부탁드립니다.

0000년 0월

00유치원

Part 1. 개인사항

1. 귀하의 성별은? ① 남 ② 여
2. 귀하의 현재 나이는? 만__________세
3. 자녀와의 관계는? ① 아버지 ② 어머니 ③ 조부모 ④ 기타
4. 맞벌이 여부? ① 맞벌이 해당 ② 맞벌이 미해당
5. 자녀의 연령은? ① 만 3세 ② 만 4세 ③ 만 5세 ④ 2명 이상의 자녀(만 세 , 만 세)

Part 2. 학부모 오리엔테이션 만족도

6. 귀하의 생각과 가장 가까운 것에 V표해 주십시오.

구 분	매우 그렇다	그렇다	보통	아니다	전혀 아니다
1. 유치원의 전반적인 환경은 만족스러웠다.					
2. 오리엔테이션을 진행하는 교사의 역량과 전문성은 만족스러웠다.					
3. 오리엔테이션의 전반적인 내용은 체계를 가지고 있었다.					
4. 오리엔테이션 자료집은 이해하기 쉽도록 작성되었다.					
5. 오리엔테이션의 전반적인 환경(장소, 시설 등)은 만족스러웠다.					
6. 오리엔테이션의 운영 시간은 적절했다.					
7. 오리엔테이션에서 선생님들은 유아교육전문가로 최선을 다하였다.					
8. 오리엔테이션을 통해 유치원 운영을 이해하는데 도움이 되었다.					

7. 본 프로그램에 대하여 귀하의 의견 및 향후 개설되었으면 하는 강좌가 있으시면 기재해주십시오.

설문에 응해주신 분들께 진심으로 감사드립니다.

7. 원아 오리엔테이션

신학기 유아들이 새로운 환경, 담임교사, 친구 등의 유치원의 물리적·인적 환경에 익숙해질 수 있도록 3월 첫 주일에 오리엔테이션을 실시하는 것이 일반적이다. 신입원아 오리엔테이션은 서로 다른 환경에서 생활했던 유아들에게 유치원에 대한 소개 및 유치원에서 지켜야 할 약속 등을 안내하고 낯선 환경에 대한 긴장과 불안을 해소하는 데 그 목적이 있다. 예를 들어 첫날부터 모든 유아가 한꺼번에 교실에서 생활하게 된다면 새로운 환경에 익숙하지 못한 유아들은 서로 충돌하게 되며, 이에 교사는 유아들의 통제가 어려운 상황이 되기 때문에 유아와 교사 모두 스트레스를 받게 된다. 따라서 효율적인 원아 오리엔테이션을 위해 오리엔테이션 계획 수립, 실행, 평가 등에 대해 살펴보고자 한다.

1) 원아 오리엔테이션 계획 수립

앞서 밝힌 바와 같이 원아 오리엔테이션을 위해서는 사전 계획의 수립이 필요하다. 사전계획은 〈표 3-5〉와 같다.

표 3-5 원아 오리엔테이션 계획 예시

1. 학부모 오리엔테이션 시 원아 오리엔테이션(등 · 하원 차량 시간) 안내
2. 각 반별 소그룹 구성에 따른 등원 일시

학급명	월	화	수	목	금
애플민트반 (만 3세)	애플민트반A (9명)	애플민트반B (9명)	애플민트반A (9명)	애플민트반B (9명)	애플민트반 A+B (18명)

3. 일일 활동 계획

〈1일차〉

시간	활동내용	비고
08:40~09:10	등원 차량 지도	차량코스표
09:10~09:20	유치원 등원, 인사 나누기, 교실 입실	등원 원아 명단, 일일활동계획안 등
09:30~10:10	유치원 소개, 선생님 소개, 친구들 소개 등	이름표 등
10:10~11:00	유치원 둘러보기, 교실, 화장실 사용 등	화장실 사용방법 자료
11:00~11:30	간식	간식
11:40~	하원	

〈2일차〉

시간	활동내용	비고
08:40~09:10	등원 차량 지도	차량코스표
09:10~09:20	유치원 등원, 인사 나누기, 교실 입실	등원 원아 명단, 일일활동계획안 등
09:30~10:10	유치원 소개, 선생님 소개, 친구들 소개 등	이름표 등
10:10~11:00	유치원 둘러보기, 교실, 화장실 사용 등	화장실 사용방법 자료
11:00~11:30	간식	간식
11:40~	하원	

먼저 원아 오리엔테이션은 학부모 오리엔테이션 때 상세하게 안내해야 한다. 예를 들어 맞벌이 가정의 경우 5일 모두 정상 등원할 수 있도록 해야 하며, 형제가 함께 다니는 경우에도 학부모의 의견을 물어보고 이를 조편성에 반영해야 한다. 조편성이 완료되면 일일 활동 계획을 수립하여야 하는데, 이때 유의할 점은 유치원 환경에 적응하는 데 초점을 두어야 한다. 따라서 일일 활동의 내용은 선생님과 친구들에게 바르게 인사하기, 화장실 사용하기, 줄 서기, 유아 사물함 및 신발장 인식하기, 친구 이름 알기, 교실 내 각 영역 위치 확인하기 등 세부적인 내용을 구성할 수 있도록 한다.

또한 유아들을 맞이하기 전에 유아들의 이름을 외우는 것이 필요하다. 유아들이 제출한 서류(입학원서, 생활습관 기초 조사서 등)를 통해 유아의 개별적 특성 등을 미리 알아두면 학급의 유아들을 지도하는데 보다 용이하다.

2) 오리엔테이션 실행

유치원에 등원하는 첫날 유아들은 유치원의 새로운 환경에 대한 기대와 부모 떨어져야 한다는 불안감을 동시에 가지게 된다. 이에 교사는 유치원은 편안하고 안정감을 주고 새로운 친구들과 즐겁게 지낼 수 있는 곳이라는 분위기를 조성해야 한다. 또한 유아들의 개별적인 행동 특성에 대해 면밀히 관찰하여 개별 유아들에게 적합한 지도방법을 제시해야 한다. 예를 들어 소극적인 행동을 보이는 유아에게는 짧은 시간에 적극적으로 다가가거나 일방적인 행동의 통제보다는 시간을 두고 천천히 다가가는 것이 필요하며, 이와 반대로 적극적 행동 특성을 지닌 유아의 경우에는 적극적 칭찬과 격려 등의 긍정적 강화를 통해 유아의 행동을 지도할 수 있도록 해야 한다.

일반적으로 유치원에서 4, 5세의 경우에는 재원하는 유아들이 대부분이기 때문에 여기에서는 만 3세 유아를 대상으로 한 오리엔테이션에 대해 알아보고자 한다.

(1) 등원

대부분의 유치원에서는 통학버스를 운영하고 있기 때문에 많은 유아들이 지정된 장소에서 유치원 버스를 이용하게 된다. 등원 첫날 유치원에서 버스가 출발하기 전 등원버스를 지도하는 담당교사는 반드시 버스운행 시간표를 숙지하도록 한다. 이와 더불어 첫날 부모가 데려다 주는 경우에는 버스를 탑승하지 않기 때문에 이러한 상황에 대비하여 출발 전 반드시 교무실에 들러 탑승하지 않는 유아가 있는지도 확인해야 한다. 또한 차량에 탑승한 후 유아들의 안전에 필요한 장비(구급함, 상비약, 소화기, 구난장비 등)의 유무에 대한 점검 및 안전 문제가 발생할 수 있는 요소들이 있는지를 체크한다. 이때 차량 안전점검 체크리스트를 활용하면 차량 안전점검이 훨씬 용이하다.

이와 같이 탑승 전에 준비가 끝나면 지정된 탑승 장소로 이동하여 유아들의 차량지도를 실시한다. 차량지도 시 담당교사가 유의할 사항은 차에 오를 때 반드시 한 명씩 차량에 탑승하도록 지도한다. 다음으로 차량에 탑승 후 유아들이 안전벨트를 꼭 착용할 수 있도록 지도하고, 차량에 탑승한 모든 유아들이 안전벨트를 착용했는지 점검한다. 유치원 버스를 운행하는 운전자도 유아들이 모두 자리에 앉고 난 다음 안전벨트 착용이 완료되었는지를 반드시 확인한 후 출발해야 한다. 또한 차량 운행 중에는 유아들이 안전벨트를 풀고 자리에서 일어나지 않도록 하고, 특별히 요구가 필요하다면 손을 들어 담당선생님을 통해 유아가 자신의 요구를 해결할 수 있도록 지도한다.

유치원에 버스가 도착하여 하차할 때도 담당교사는 다음 사항에 유의해야 한다. 신입유아들의 경우에는 차례로 줄서는 것에 대한 경험이 재원하는 유아들에 비해 다소 익숙하지 않기 때문에 이에 대한 지도를 하차하기 전에 지도를 실시해야 한다. 또한 오리엔테이션 일과에 '유치원 버스 탑승 및 하차'에 대한 지도를 별도로 실시하는 것도 좋다.

다음으로 유아들의 신발장 위치를 안내하고 교실 내에 들어와서는 원아들의 사물함 자리를 알려주도록 한다. 또한 사물함 내에 비치된 개인용품(색연필, 크레파스, 스케치북, 작업화일 등)을 확인하도록 한다. 이때 자신의 사물을 스스로 정리할 수 있도록 연습의 기회를 제공하고 잘 정리되었을 때에는 긍정적 강화를 해야 한다.

개인 사물의 정리가 완료되면 출석카드에 출석 도장을 날인하도록 한다. 일반적으로 출석 도장을 날인하는 자리는 교실 출입구 바로 옆쪽에 위치하는 것이 좋다. 출석 도장을 날인할 때에는 도장 날인용 책상 앞에 게시된 달력을 참고로 하여 해당하는 날에 도장을 날인하도록 지도한다. 유아들은 도장을 날인하는 것을 재미있어하기 때문에 출석부에 명시된 여러 날에 날인하는 경우가 발생하기도 한다. 이러한 유아들의 행동은 도장을 날인하는 재미로 인해 자연스럽게 발생하는 유아들의 행동이기 때문에 이를 위해서는 흥미영역에 도장찍기 영역을 마련하여 다양한 모양의 도장을 찍어보는 기회를 제공하는 것이 필요하다.

신발장

사물함

그림 3-7 신발장 · 사물함 예시

(2) 자유선택활동

유치원 교실은 유아들의 흥미를 자극하기 위한 다양한 영역으로 구성되어 있다. 각 영역별로 다양한 교구들이 마련되어 있는데, 학기 초기에는 각 영역에 모든 교구를 제시하는 것은 바람직하지 않다. 그 이유는 유아들이 새로운 교구에 대한 올바른 사용 방법을 모르기 때문에 활용이 제대로 이루어지지 않을 가능성이 높다. 또한 교구가 올바르게 사용되지 못하면 정리도 제대로 이루어지지 않기 때문에 교구의 관리적 측면에서도 합리적이지 못하다. 따라서 학기 초기에는 가급적 교구의 수를 제한하되, 유아들의 교구 사용에 대한 적응을 살피면서 교구의 수를 늘려나가는 것이 바람직하다.

(3) 하루일과 안내

오리엔테이션 기간은 원아들의 적응을 돕기 위한 기간이기 때문에 정규과정보다는 짧게 계획해야 한다. 따라서 유치원에서 지켜야 할 약속, 화장실 사용, 손 씻기, 줄서기 등과 같은 기본생활습관을 중심으로 일과를 계획하는 것이 좋다. 또한 하루일과를 유아들이 쉽게 알아볼 수 있도록 잘 보이는 곳에 게시를 해 두는 것도 유아들이 하루일과를 이해하는 데 도움이 된다.

(4) 이야기 나누기

첫 번째 이야기 나누기에서는 선생님 소개 및 각 유아들의 소개를 하도록 한다. 소개를 할 때에는 선생님이 먼저 자신의 소개를 하고, 유아들이 소개하도록 한다. 혹시 소개에 다소 소극적인 유아가 있다면 유아에게 선생님이 대신 소개해도 되는지에 대한 여부를 물어본 후 교사가 대신 소개하는 것도 좋은 방법이 될 수 있다.

두 번째는 교실의 흥미영역에 대해 소개를 한다. 각 영역에 비치되어 있는 교구의 이름 활용 방법 등에 대해 소개한다. 이때 교구는 간단히 활용할 수 있는 것을 배치하면 좋다.

세 번째는 학급에서 지켜야 할 약속에 대해 이야기를 한다. 만 3세 유아의 경우 유아교육기관에 처음 오는 경우가 많기 때문에 공동생활에 익숙하지 않은 경우가 많다. 또한 발달 특성상 아직 전조작 전기(만 2~5세)에 해당하기 때문에 이 시기의 특성인 자기중심적 사고가 유아들 간에 양보와 배려 등과 같은 긍정적 행동에 어려움을 준다. 따라서 유아들이 자연스러운 상황에서 양보와 배려에 대한 긍정적 행동을 이해할 수 있도록 하기 위해서는 긍정적 행동과 관련된 동화, 애니메이션, 플래시 등의 매체를 활용하는 것이 좋다.

한편 일부의 유아들은 부모와 떨어지는 것에 대한 분리불안과 새로운 환경에 대한 두려움을 가질 수 있다. 따라서 이러한 유아들을 위해 유치원이 무서운 곳이 아니라 재미있는 곳이라는 것을 알려줄 수 있는 동화, 애니메이션, 플래시 등의 매체를 제시하는 것이 필요하다.

(5) 하원 지도

하원 시에는 첫 유치원 등원에서 가장 재미있었던 일에 대해 이야기를 하고 이틀 뒤에 유치원에 오는 것을 알려 주도록 한다. 인사를 나눌 때는 한 명씩 이름을 호명하여 앞으로 나오게 하고 안아주고 다독여주어 칭찬을 해 준다. 인사를 마치고 각자 사물함으로 가서 자신의 물품을 챙기고 교실 문 앞에 줄을 서도록 한다. 이때 교사는 유아들이 집에서 가지고 온 물건(약, 물통, 모자, 목도리, 장갑 등)이 잘 챙겨졌는지 반드시 확인해야 한다.

지금까지 신학기 유치원 학급 운영에 대해 살펴보았다. 신학기에는 유아들은 새로운 환경에 대한 기대와 두려움을 동시에 가지고 있다. 이에 교사는 다음의 몇 가지 사항을 반드시 기억해야 한다.

첫째, 유아들에게 유치원은 즐거운 곳이라는 것을 인식하도록 해야 한다. 유치원을 처음 다니게 되는 신입원아의 경우 새로운 환경에 대한 낯설음과 두려움이 공존하기 때문에 이러한 문제를 해소하기 위해 교사는 유치원의 전체적인 환경을 원아가 환영받고 있다는 느낌을 가질 수 있도록 환경을 구성해야 한다. 또한 교실 내 환경에 있어서도 다양한 흥미영역을 구성하고 각 영역별 다양한 놀이 활동을 제공함으로써 유치원이 즐거움을 주는 곳으로 인식하도록 해야 한다.

둘째, 교사는 각각의 유아들에게 사랑과 지지를 지원해야 한다. 교사는 전체 유아를 대상으로 사랑과 격려를 주는 것을 물론이고, 유아들의 개인별 특성(성장배경, 가정환경,

사회적, 문화적, 종교적 특성 등)을 고려하여 유아들과의 상호작용을 달리해야 한다. 또한 이러한 교사–유아 간 상호작용을 통해 교사는 신뢰할 수 있는 사람이라는 이미지를 주어야 한다.

셋째, 교사는 유아에게 항상 친절하고 유아의 의견을 적극적으로 수용할 수 있어야 한다. 하지만 유아는 발달특성상 자기중심적 사고에 머물러 있다는 것을 인식하고 유아가 또래 친구에 대한 공격성과 같은 부정적 행동이 일어났을 때에는 유아에게 부정적 행동에 대한 지도가 필요하며, 이때 교사는 유아의 개별적 특성을 고려하여 세심하게 지도하는 것이 필요하다.

04
CHAPTER

실내 공간 구성

배울내용

1. 실내 공간의 개념 및 중요성
2. 실내 공간 구성의 원리
3. 실내 공간 구성 능력의 실제

학습목표

1. 유치원 실내 공간의 개념 및 중요성을 인식하고 유아의 발달에 적합한 실내 공간을 계획할 수 있다.
2. 유치원 실내 공간 구성의 원리에 기초하여 실내 공간을 구성할 수 있다.
3. 유아들의 실내 공간 활동 효율성 증대를 위해 실내 공간을 4개 구역으로 구분하고 이에 적합한 교구를 배치할 수 있다.

CHAPTER 04

실내 공간 구성

1. 실내 공간의 개념 및 중요성

공간은 글자 그대로는 '비어 있는 사이' 라고 이해할 수 있다. 비어 있다는 것은 뭔가 채울 수 있고, 이용할 수 있다는 의미가 된다. 인간에게 있어서 공간이란 자유를 누리는 아주 기본적인 조건이기도 하다. 인간에게 있어서 공간이란 어떤 의미가 있을까? 인간은 시간과 함께 변해가고, 공간 속에서 활동하며 자신의 삶을 꾸려나간다. 인간이 과거의 살았던 경험을 반추할 수 있고, 현재의 순간을 맞이하며, 미래를 설계할 수 있다는 것은 생존하고 있다는 증거이다. 그리고 일정한 공간을 차지하고 그 공간의 다른 것들과 상호 관계를 맺을 수 있기 때문에 자신의 존재를 인식한다고 볼 수 있다. 공간은 인간에게 삶의 근거를 제공하고, 살아갈 장소가 되는 것이다.

유치원에서 공간은 유아들이 숨쉬고, 움직이고, 생각하고, 다양한 사물 또는 타인과 상호작용하는 장소를 말한다. 유아들은 유치원 공간에서 안전을 느끼고, 자신이 의도하는 활동을 할 수 있을 뿐만 아니라 배움이라는 목표를 달성할 수 있도록 지지받는다. 유치원은 집처럼 안락하고, 즐겁게 생활할 수 있고, 다시 오고 싶고, 행복함을 느낄 수 있는 공간이어야 한다.

볼로노는 학교공간은 구체적 체험이 있고, 삶이 이루어지는 곳으로 보았다(Bollnow, 1960). 체험적 공간이란 자신과 타인, 세계를 발견하는 곳으로 아늑하고 안정적이어야 한다. 어린이들은 안정을 잃어버리면 세계를 알아가기 위한 탐구를 멈추고, 타인과의 원활한 상호작용을 할 수 없게 된다. 교육의 역할은 어린이가 세계를 탐구하고, 타인과 자기를 이해할 수 있도록 도와주는 것이라는 측면에서 살펴볼 때 유치원을 체험적 공간으로 만드는 것은 매우 중요한 문제라고 할 수 있다. 공간이 아늑하게 느껴지려면 크지 않아야 하지만 너무 작으면 오히려 답답함을 느끼게 된다. 공간의 크기는 어린이들이 자신의 삶을 채워 넣을 수 있는 적당한 크기여야 한다. 자신의 삶을 채워 넣는다는 의미는 어린이가 이용하는 공간을 충분히 이해하고 어린이 수준에서 활용할 수 있는 크기를 말한다. 어릴 때는 자신이 다녔던 초등학교가 꽤 크다고 느꼈지만 성인이 되어서 다시 방문해보면 꽤 작게 느껴지는데 이는 공간을 이해하고 활용하는 능력이 커졌기 때문이다.

유치원의 공간은 두 영역으로 분리되는데 하나는 실내 공간이고, 나머지 하나는 실외 공간이다. 실내 공간과 실외 공간은 각각의 역할과 특징을 가지게 된다. 실외 공간은 세계에 나가 활동하는 공간이고, 자연의 저항(햇빛, 바람, 추위, 더위)을 극복하고, 방해물(벌레, 위험물)들이 공격해오는 것을 막아내야 하는 곳이다. 어린이들은 실외 공간에서 다양한 체험을 통해 세계를 알아가게 된다. 어린이들은 미지의 세계를 탐험하고자 하는 욕구가 강하기 때문에 실외 공간은 도전할 수 있어야 하고, 다양한 체험거리를 갖추어야 한다. 그에 반해 실내 공간은 보호받는 곳이면서 편하고 안락한 휴식을 취할 수 있어야 하고, 활발한 정신 작용과 정서를 조절할 수 있어야 한다. 어린이들은 실내 공간의 형태와 색채, 크기에 민감하다. 안락함과 자극이라는 두 개의 목표를 충족시키기 위해서 실내 공간의 구성은 더 치밀하고 엄밀하게 설계되어야 한다.

레지오 학교에서는 물리적 환경이 인간 간의 관계를 촉진시키고, 사회적·인지적·정서적 학습을 가능하게 하는 기능이 있기 때문에 '제3의 교육자'로서 공간을 중요시하였다(Edward, Gandini & Forman, 1988). 공간은 그 안에서 생활하는 어린이들의 생각, 가치, 태도, 문화를 반영하는 수족관에 비유된다. 학교 공간은 어린이의 관점에서 구성하고, 개인차, 흥미, 관심에 따라 활동할 수 있도록 구성하여야 한다. 유치원의 바닥, 천장, 창, 벽, 복도 어느 곳이든 유아에게 심미적이고 자극적인 환경이어야 한다. 교실의 아름다움은 유아의 시각적 인식에 영감을 주고, 아름다운 표상을 창조하도록 자극한다. 교실은 유아들의 표현과 경험을 기록하고 전시하는 공간이 되기 때문에 교육활동의 역사를 보여주는 공간이 된다. 실내 공간은 친구들과 만남이 이루어지도록 함과 동시에 프라이버시가 충족되고, 학습과 발달이 지원되도록 가구와 교구를 배치한다. 유아들이 하루 종일 있어도 지루하지 않고, 친구들과 공동의 탐색과 상호작용이 극대화되도록 환경이 조직되어야 한다.

유아들의 행동 특성은 개인과 환경의 상호작용의 결과이기 때문에 환경을 어떻게 만들어 주느냐에 따라 여러 가지 행동 특성이 나타날 수 있다. 바람직한 행동 또는 지지받는 행동을 할 수 있도록 공간을 구성하는 것이 중요하다.

2. 실내 공간 구성의 원리

1) 안전성의 원리

유아들은 실외보다 실내에서 더 안전함에 대한 기대를 하게 된다. 실내에서 활동하는 동안 위험하지 않을 것과 신체의 안락함과 심리적인 안정감을 가질 수 있어야 한다. 뿐만 아니라 건강을 해치지 않기 위해서는 모든 시설이 깨끗하게 관리되어야 하고, 유해성분이 나오지 않아야 한다. 신체적 안전은 생리욕구가 충족된 다음 생기는 기본적인 욕구에 해당하기 때문에 가장 먼저 고려해야 한다.

아무리 아름다운 공간에서 좋은 교재와 교육프로그램이 준비되어 있다고 해도 위험한 요소가 많아 유아들이 다칠 위험이 많다면 교육공간으로서의 의미는 없다. 유아들이 위험에 노출되고, 심리적인 안정을 갖지 못하면 자기활동에 집중하지 못하며, 타인과의 상호작용에도 참여하지 않는다.

2) 편리성의 원리

실내 공간은 교실, 화장실, 복도, 현관 등이 조화롭고 이용하기에 편리해야 한다. 자주 사용하는 정도와 관련 있는 공간끼리는 근접하게 배치하고, 유아들이 활동하기 위해 이동하는 동선이 짧고 효율적으로 공간을 이용할 수 있어야 한다. 하나의 공간을 이용할 때 다른 공간을 방해하지 않도록 배치하고, 공간 내에서도 여러 가지 시설과 비품이 조화롭게 배치되어 이용하는 데 불편함이 없어야 한다.

3) 심미성의 원리

유아들은 공간의 색채와 크기, 모양에 민감하다. 유아들의 심성은 연약하여 험한 분위기에 쉽게 공포를 느끼고, 마음의 안정을 갖지 못한다. 유아들의 마음을 부드럽게 감싸고 호감을 가질 수 있는 아름다운 분위기에서 유아들은 잘 적응하고, 마음의 안정을 가질 수 있다. 아름다운 환경은 유아들의 행동과 표현을 아름답게 할 수 있도록 자극한다.

4) 경험의 원리

유아들은 실내 공간에서 다양한 교육적 경험을 할 수 있어야 한다. 다양한 교재교구와 상호작용하는 유아들은 신체발달을 비롯한 인지, 언어, 사회적 발달을 이루고, 삶의 지혜를 배운다. 실내 공간에서의 활동은 모두 경험이 되어 새로운 지식을 구성하고, 사고를 확장하는 교육적 의미를 갖는다. 실내 공간은 가능한 많은 경험을 할 수 있도록 시설과 교재교구들로 짜임새 있게 구성해야 한다.

5) 융통성의 원리

실내 공간은 항구적으로 구획된 영역도 있지만 구역 안에서는 다방면으로 이용될 수 있도록 공간의 크기와 모양에 있어서 가변성을 가지고 있어야 한다. 교실의 여러 가지 흥미영역은 언제든지 바뀔 수 있고, 필요에 따라 없어지기도 하고 새로 만들어지기도 한다. 공간의 융통성은 곧 효율성과도 직결되어 한정된 공간을 최대한 이용률을 높이는 것이다.

3. 실내 공간 구성의 실제

유치원에서 실내 공간은 교육 공간과 관리 공간, 서비스 공간으로 구분할 수 있다. 교육 공간으로는 교실과 강당이 있고, 관리 공간으로는 교무실, 원장실, 자료실, 현관, 복도 등이 있고, 서비스 공간으로는 참관실, 양호실, 조리실 등이 있다.

유아들이 생활하는 모든 실내 공간은 유아들의 생명활동에 지장이 없어야 하고 적절한 교육적 자극을 주어 건전하게 성장할 수 있는 기반을 제공해 주어야 한다. 그러기 위해서 다음과 같은 조건을 갖추어야 한다. 첫째, 공기는 맑고 유해 성분이 없어야 하며 환기와 채광이 잘되고, 쾌적한 온도와 청결이 유지되어야 한다. 둘째, 원아 1인당 사용할 수 있는 공간의 크기가 충분하여 활동에 제약을 받거나 유아들끼리 충돌하지 않아야 한다. 셋째, 다양한 경험을 할 수 있는 시설과 놀잇감이 구비되어야 한다. 넷째, 공간의 구조가 안전을 담보할 수 있어야 하고, 심미성이 있어 정서적 안정을 가질 수 있어야 한다.

1) 교실

교실은 유아들이 가장 많은 시간을 보내는 곳이고, 시설과 교재교구가 다양하게 배치되는 공간이다. 교실은 기본적으로 바닥과 벽, 천장으로 둘러싸여 공간이 형성되는데 바닥과 벽, 천장을 잘 이용하여 교실로서의 기능을 충분히 발휘되도록 만들어야 한다.

바닥은 미끄럽지 않거나 넘어졌을 때 충격을 완화할 수 있는 재질로 하고, 색채는 비교적 어두운 계통의 나무색으로 하는 것이 자연스럽고 안정감이 있다. 교실을 여러 구역으로 나누어 유아들이 각자 원하는 구역에서 활동할 수 있도록 한다.

모두 모이는 장소는 중앙의 앞쪽에 위치하여 다른 영역으로 쉽게 이동하고 교실에서 중심역할을 할 수 있게 한다. 이곳에서는 다함께 모여서 이야기를 나누고 교사가 대집단 활동을 주도하는 곳이기도 하다. 바닥에는 카펫을 깔아 주변과 구별되도록 하고 편히 앉아서 활동할 수 있도록 한다.

교실은 놀이의 특성에 따라 여러 가지 흥미영역으로 구획하여 놀잇감이나 교재교구를 배치한다. 유아들은 자신의 흥미와 관심에 따라 여러 가지 흥미영역을 선택하여 자유롭게 놀이를 할 수 있다. 흥미영역에서는 개별적 활동이나 소집단 활동이 이루어지고 직접 교재교구나 놀잇감과 상호작용할 수 있는 공간이다.

그림 4-1 교실 전경

유치원 교실의 흥미영역은 유아의 발달영역과 수준, 흥미를 고려하여 구성하는데 일반적인 흥미영역으로는 역할놀이영역, 쌓기영역, 언어영역, 조형영역, 과학영역, 음률영역, 수·조작영역, 요리영역 등이 있다. 흥미영역의 배치는 특성을 고려하여 다른 영역이 방해받거나 교실 전체의 설비를 이용하는 데 불편함이 없도록 한다. 흥미영역은 특성에 따라서 배치하는 데 물이 필요한 것과 필요 없는 것, 조용한 것과 시끄러운 것을 기준으로 구역을 만들어 배치한다(Frost, 1997). 프로스트가 제시한 기준에 따라 교실을 4개의 구역으로 분할하고 흥미영역의 특성에 따라 배치해 보면, 〈그림 4-2〉처럼 조형영역과 과학영역은 조용하면서 물이 필요한 1구역에 배치하고, 언어영역과 수·조작영역은 조용하면서 물이 필요 없는 2구역에, 활동적이면서 물이 필요한 요리영역은 3구역에, 활동적이면서 물이 필요 없는 쌓기영역, 역할놀이영역, 음률영역은 4구역에 배치할 수 있다.

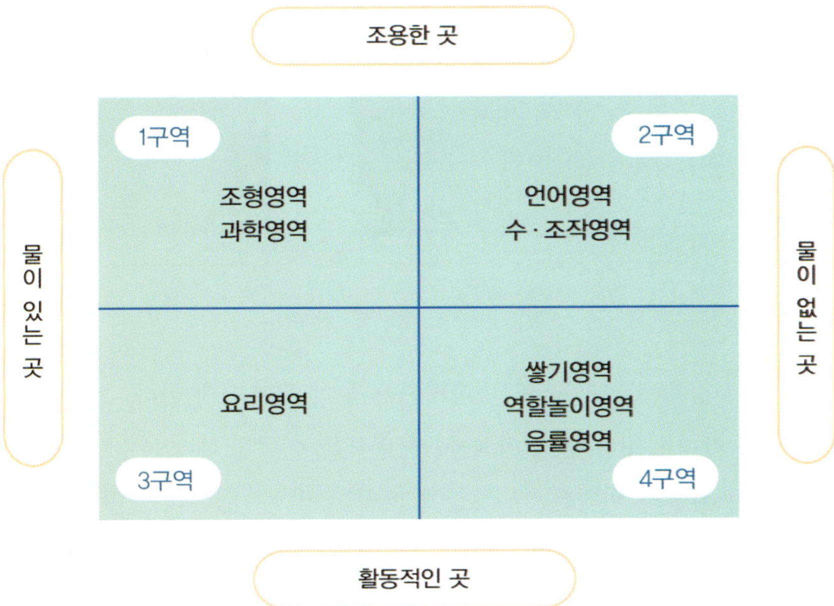

그림 4-2 프로스트의 흥미영역 구성

그림 4-3 흥미영역

흥미영역 간의 경계는 교구장 또는 파티션을 놓아 구분되게 한다. 그러나 흥미영역의 담은 완전히 막히도록 하는 것이 아니라 언제든 이동할 수 있는 가변성이 있어야 한다. 각 영역의 천장과 바닥은 그 특성에 따라 꾸밀 수 있는데, 언어영역은 천장에 천을 늘어뜨려 아늑한 분위기를 연출하면 좋고, 과학영역은 모형 행성을 매달아 호기심과 탐구의욕을 높일 수 있다. 음률영역과 쌓기영역의 바닥에는 카펫을 깔아 활동하기 편하도록 한다. 이러한 흥미영역은 필요에 따라 더 넣을 수도 있고 뺄 수도 있다.

흥미영역별 구체적인 특성을 살펴보면 다음과 같다.

(1) 조형영역

조형영역은 색깔, 크기, 형태, 질감을 탐색하고 아름다움을 찾고 느낌을 창의적으로 표현하는 공간이다. 주로 시각과 촉각을 이용하여 탐색하며, 탐색과 감상에 의한 느낌을 받고, 이를 사고 활동으로 확장한다. 유아들은 자신의 내면의 느낌을 표현하려는 욕구가 생기고 이를 색깔과 모양, 형태를 이용하여 여러 가지 그림이나 조형 작품을 만들 수 있다. 유아들이 표현하려는 욕구를 충분히 만족시키기 위해서는 다양한 재료를 준비해 주고 자유롭게 표현할 수 있는 분위기를 조성해 주는 것이 필요하다.

(2) 과학영역

과학영역은 자연의 원리나 물질의 변화, 물체의 움직임 등을 탐구하는 곳이다. 탐구활동이란 유아가 알고자 하는 것을 논리적 절차와 합리적 방법으로 알아가는 과정을 말하는데, 유아들은 모든 자연현상과 인체에 대하여 호기심을 갖는 것이 탐구의 시작이라고 할 수 있다. 과학영역은 유아의 호기심을 자극하고 실험과 관찰을 할 수 있는 많은 도구와 자료를 준비해 주는 것이 중요하다.

(3) 언어영역

언어영역은 말하기, 듣기, 읽기, 쓰기 활동을 하는 곳이다. 정적인 활동이므로 분위기를 차분하고 아늑하게 만들어준다. 편하게 앉아서 책을 보거나 이야기를 나눌 수 있도록 소파를 준비해 주고 천장에는 천으로 장식하여 아늑함을 느끼도록 하는 것이 좋다.

(4) 수 · 조작영역

수·조작영역은 수 개념 이전 활동과 수 개념 이후 활동 그리고 소근육을 사용한 손과 눈의 협응이 필요한 퍼즐이나 구슬꿰기 같은 조작 활동을 하는 곳이다. 수 개념 이전 활동으로는 분류, 대응, 순서 짓기, 비교, 규칙 만들기 등을 할 수 있도록 자료를 준비해 주고, 수 개념 이후 활동으로는 수 세기, 더하기, 빼기 연산을 할 수 있는 도구를 준비해 준다.

(5) 쌓기영역

쌓기영역은 여러 가지 블록을 가지고 공간 및 입체구성 놀이를 하는 곳이다. 어린 연령의 유아에게는 종이블록, 우레탄블록 같이 가볍고 단순한 블록을 이용한 구성 놀이가 적합하고, 연령이 높은 유아에게는 유니트블록, 레고블록같이 정교한 구성 놀이를 할 수 있는 자료를 제공해 준다. 쌓기영역은 비교적 동적인 활동이기 때문에 시끄럽고, 블록이 바닥에 떨어지는 소음을 줄이기 위해 카펫을 깔아주는 것이 좋다.

(6) 역할영역

역할영역은 성인들의 직업과 사회적 역할을 배우는 곳이다. 친구들과 함께 다양한 놀이를 하면서 대인관계기술을 익히고, 사회적 역할기술을 배울 수 있도록 여러 가지 직업인의 상징적인 도구나 의상을 준비해 준다. 유아들은 역할영역에서 가장 놀이를 즐기며 성인들의 역할을 이해할 수 있다.

(7) 음률영역

음률영역은 소리와 동작을 탐색하고 감상을 통해서 아름다움을 느끼고 이를 소리와 움직임으로 표현하는 곳이다. 유아들은 소리의 길고 짧음, 소리의 높고 낮음, 소리의 크고 작음을 탐색하고, 이로부터 음악적 아름다움을 경험한다. 유아들은 자신이 얻은 음악적 감성을 여러 가지 악기의 소리를 이용하여 표현하며, 이를 몸의 움직임으로도 표현할 수 있다.

흥미영역에 제공되는 교재교구는 항상 비치하는 기본적인 것도 있고, 생활주제에 따라 바뀌는 교재교구도 있다. 각 흥미영역에 비치해야 할 교재교구는 〈표 4-1〉과 같다.

표 4-1 흥미영역별 교재교구

영역	교재교구
조형영역	1. 색채표본, 스펙트럼 조명 2. **그리기 도구:** 크레파스, 물감, 색연필, 사인펜, 매직펜, 파스텔, 4B연필, 지우개, 붓, 볼펜, 마블링물감, 아크릴물감 등, 이젤, 스케치보드 3. **각종 모양의 찍기 도구:** 스탬프, 스펀지, 면봉, 칫솔, 본뜨기 도형 4. **종이류:** 벽지, 골판지, 색지, 하드보드지, 습자지, 롤페퍼, 세로판지, 한지 5. **자르고 붙이는 도구:** 안전가위, 핑킹가위, 펀치, 안전칼, 풀, 투명테이프, 끈, 고리, 본드, 목공풀 6. **점토류:** 지점토, 밀가루반죽, 찰흙, 유점토, 모양틀, 밀대, 프라스틱 칼 7. **기타:** 재활용 프라스틱류, 종이컵, 노끈, 스티로폼, 나무젓가락 등
과학영역	1. 실제 동물, 각종 식물, 동식물 표본 또는 그림, 인체 모형 2. **측정 도구:** 자, 줄자, 삼각자, 저울, 체중계, 양팔저울, 비이커, 계량컵, 계량스푼, 초시계, 모래시계, 온도계 3. **보는 도구:** 돋보기, 현미경, 망원경, 손전등, 요술경, 프리즘 4. **자석류:** 막대자석, 말굽자석, 동그란 자석, 기타 쇠붙이 5. **기타 도구:** 스포이드, 필기도구, 종이, 기타 재활용 물건
언어영역	1. **말하기 듣기 자료:** 융판자료, 자석자료, 그림자료, 수수께끼 상자, 녹음기, 말잇기 게임카드, 무전기 2. **읽기 자료:** 동화책, 위인전, 글없는 그림책, 글자카드, 잡지책, 그림백과사전 3. **쓰기 자료:** 연필, 색연필, 사인펜, 지우개, 수성매직펜, 모래종이, 소현칠판, 색분필, 화이트보드와 마카펜
수 · 조작영역	1. **분류 자료:** 여러 가지 도형조각, 색깔조각, 분류통, 특성이 다른 사물, 나사와 너트, 여러 가지 과일과 채소 그림카드, 여러 가지 탈것 그림카드, 기타 성질에 따라 분류할 수 있는 사물의 그림카드 2. **순서짓기 자료:** 크기가 다양한 사물(막대, 돌, 구슬 등), 숫자카드 3. **패턴 자료:** 각종 그림카드, 도형카드 4. **대응 자료:** 동물과 그 먹이 그림카드, 직업과 그 도구 그림카드, 수와 그림카드 5. **퍼즐 자료:** 각종 퍼즐 6. **기타:** 끈묶기, 구슬 옮기기, 구슬 끼우기, 단추 끼우기, 지퍼 올리기, 바느질, 찍찍이, 보들이와 까칠이, 각종 수세기 교구, 주판, 수막대
쌓기영역	1. **블록:** 유니트블록, 공간블록, 스펀지블록, 우레탄블록, 종이블록, 레고블록, 코코블록 2. **소품류:** 사람 모형, 동물 모형, 식물 모형, 과일 모형, 각종 모자, 교통표지판

영역	교재교구
역할영역	1. **소꿉놀이:** 모형주방용품(씽크대, 냉장고, 가스렌인지, 토스터, 저울, 프라스틱칼, 뒤집기, 주전자, 프라이팬, 냄비, 절구, 솥, 채) 2. **병원놀이:** 가운, 청진기, 주사기, 혈압기, 체온계, 가위, 밴드, 소독약, 약병, 약봉지, 간호사 모자 3. **미장원놀이:** 가운, 거울, 미용캡, 글루프, 집게 머리핀, 가위, 헤어드라이, 분무기, 화장품병, 가발 4. **가족놀이:** 다리미, 옷장, 화장대, 전화기, 시계, 안경, 치마저고리, 양복, 넥타이, 모자, 구두, 핸드백, 한복, 가발, 인형류, 모형과일, 모형채소, 유모차 5. **가게놀이:** 모형생선, 모형과일, 모형채소, 시장바구니, 장난감 금고 6. **우체국놀이:** 집배원가방, 모자, 편지지, 편지봉투, 우표, 엽서 7. **기타:** 은행놀이, 교통기관놀이, 주유소 놀이
음률영역	1. **리듬악기:** 북, 작은북, 탬버린, 소고, 심벌즈, 캐스터네츠, 방울, 트라이앵글, 마라카스, 우즈블록, 리듬막대, 샌드블록 2. **멜로디악기:** 피아노, 오르간, 키보드, 하모니카, 멜로디언, 피리, 리코더, 오카리나 3. **국악기:** 북, 장고, 징, 소고 4. **음악감상세트:** CD(동요, 고정음악, 행진곡, 전통음악) 5. **신체표현 도구:** 리본막대, 스카프, 한삼 6. **소리탐색 도구:** 소리를 낼 수 있는 각종 사물, 동물 소리 CD

(8) 교실 벽면의 구성

교실벽은 학습결과 전시나 학급 구성원의 가족 및 유아 사진 등을 전시하는 공간으로 매우 유용하다. 생활주제 또는 계절에 맞는 꾸밈으로 학습의욕과 개념형성에 도움을 줄 수 있다. 벽의 색채는 온화하면서 밝게 칠하고, 각종 게시물이나 전시물을 고정하기 쉽게 게시판을 부착한다. 학급에서 필요한 교재교구를 보관할 수 있는 수납장을 벽에 고정시켜 공간의 이용률을 높일 수 있다. 교실 벽에 설치할 수 있는 예는 다음과 같다.

① 날짜 안내판

유아들이 매일 유치원에 등원하여 그날이 무슨 요일인지 며칠인지 인식하도록 하여 날짜 개념과 수 개념을 자연스럽게 익힐 수 있게 한다. 또한 날씨판에 오늘의 날씨를 표시하도록 하여 맑음, 흐림, 비, 눈 등 일기의 변화에 민감하도록 한다.

② 생일판

유아들은 자신의 생일과 친구들의 생일을 기억하고 축하해 주고 축하받으면서 자신의 정체성을 인식하게 되고, 함께 하는 동반자 내지는 공동체의 일원으로서 학급생활을 하도록 지지받는다. 오늘의 주인공이 되어 다른 친구들로부터 주목을 받는 경험은 자존감 향상에 매우 도움이 되고, 유아들은 다른 사람을 존중하고, 지지해 주는 경험을 통해 타인과 함께 살아가는 지혜를 배우게 된다.

③ 도우미 안내판

학급의 중요 역할을 매일매일 순번을 정하여 놓는다. 유아들은 공동체 안에서 자신의 역할이 있다는 것을 인식하여 소속감을 갖게 되고, 자기의 역할이 무엇인지 알고 역할을 잘 수행하는 경험을 통해 책임감을 배우게 된다. 공동체 안에서 역할인식과 역할수행은 공동체의 결속력을 강화시켜 교사들이 학급을 운영하는 데 많은 이점이 있다. 학급의 중요 역할은 급·간식 도우미, 출석도우미 등이 있다.

그림 4-4 날짜판 · 도우미판 예시

④ 게시판

게시판은 학습 자료를 게시하여 교육목표를 이루기 위한 도구로 사용되고, 유아들의 작품을 게시하여 학습결과를 나타내기도 한다. 또한 유아들 개개인의 장점이나 자랑거리를 게시하여 자기를 알리고, 친구들을 알아갈 수 있게 한다.

그림 4-5 게시판 예시

(9) 교실 유리창의 구성

교실의 유리창의 크기는 바닥면적의 1/4~1/5 정도가 적절하다. 창문의 높이는 유아가 서서 밖을 내다볼 수 있어야 하고 추락 방지를 위하여 2층 이상의 경우에는 창문 하단 높이가 바닥으로부터 120cm 이상 되어야 한다. 유리창은 환기를 시키기도 하지만 유리를 통해 햇빛이 교실 안까지 들어올 수 있도록 하여 교실을 밝게 해 준다. 자연채광은 교실의 습기를 제거하여 곰팡이 서식을 막을 수 있어 위생적이고 쾌적한 환경을 유지해 준다. 넓은 유리창을 그냥 비워두기보다는 다양한 문양이나 셀로판지를 붙여 빛의 특성을 나타낼 수 있게 하여 유아들이 미적 감각을 느낄 수 있도록 하는 것이 좋다. 하지만 창문의 2/3 이상이 불투명 시트지, 적재물 등으로 가려져 있는 경우 자연 채광이 충분하지 않은 점에 유의해야 한다.

그림 4-6 유리창을 활용한 게시물 예시

(10) 교실 바닥의 구성

교실 바닥은 미끄럽지 않으면서 약간의 쿠션이 있는 재질이 좋다. 특별한 흥미영역의 구역이나 모이는 장소에는 카펫 등을 깔아 활동하기 편하게 한다. 바닥에 색테이프 또는 발바닥 모양의 스티커를 붙여 유아들의 동선을 쉽게 알려주고, 질서 있는 행동을 하도록 도울 수 있다.

2) 강당

유치원의 강당은 전체 유아가 모여서 인형극 공연을 보거나 학부모 교육, 각종 행사를 하는 공간으로 사용된다. 대개는 지하 또는 가장 높은 층을 강당으로 사용하는데, 이는 사용빈도가 일반 교실보다 적기도 하고, 공간이 커야 하기 때문이다. 강당 바닥의 재질과 벽의 색은 교실과 동일하게 하면 된다. 유리창은 암막커튼을 하여 공연이나 영화 관람이 가능하게 한다. 각종 행사를 진행하기 위해서는 앞쪽에 무대를 설치하고,

방송시설과 조명시설을 하는 것이 좋다. 강당의 벽면은 유치원의 역사를 알 수 있는 중요한 행사의 사진이나 작품을 게시하기도 한다. 강당을 실내 대근육활동을 위한 장소로 활용할 때는 여러 가지 물건들을 갖다 놓기보다는 넓고 텅빈 채로 유지하는 것이 좋고, 바닥에 매트를 깔아 넘어져도 다치지 않도록 한다.

그림 4-7 강당 예시

3) 자료실

유치원의 1년 교육과정은 생활주제별로 조직되기 때문에 계절과 생활주제에 따라 다양한 자료나 교재교구들이 필요하다. 다양한 교재교구들을 자료실에 보관하고 필요할 때 꺼내서 사용하고 사용이 끝난 자료는 다시 자료실에 보관한다. 자료실은 자료의 보관을 체계적으로 할 수 있게 하는 것이 중요하기 때문에 자료의 크기에 따라 보관할 수 있는 다양한 크기의 선반을 설치해야 한다. 자료의 보관 체계는 생활주제별과 보관하는 방법과 자료의 특성별로 보관하는 방법이 있는데, 어느 한 가지 규칙을 가지고 보관체계에 따라 보관해야 일관성이 있고 찾고 수납하는 데 편리하다.

그림 4-8 자료실 예시

4) 화장실

유아들이 하루 중 가장 많이 들리는 곳이 화장실이다. 화장실은 배변습관과 청결을 유지하는 습관을 배우는 장소이다. 가능하면 교실에 붙어 있어서 화장실을 오고 가는 동선을 짧게 하는 것이 좋다. 화장실 바닥은 물기가 늘 있기 때문에 미끄럽지 않은 타일을 깔아야 하고, 세면대의 높이를 유아들 키에 알맞게 설치해야 한다. 화장실 문은 안에서 잠글 수 없게 하고, 어른들이 볼 때 안을 들여다 볼 수 있는 높이로 하여 유아들의 안전을 확보해야 한다. 변기는 유아용변기를 설치하여 편리하게 이용할 수 있도록 한다. 환풍기를 설치하여 악취를 방지하고 쾌적한 상태를 유지해 준다.

그림 4-9 화장실 예시

5) 현관 및 거실(복도)

유치원을 방문하는 사람 누구나 현관을 통해서 들어오기 때문에 유치원의 첫인상을 갖게 하는 공간이다. 또한 유아들이 첫 번째 마주하는 유치원 환경이므로 밝고 명랑한 느낌이 들도록 꾸민다. 현관에 들어오면 그 유치원의 분위기를 느낄 수 있으므로 되도록 유치원의 역사와 교육철학 등 특성을 나타낼 수 있는 물건들로 구성하는 하는 것이 좋다. 유치원의 현관은 다음 조건을 갖춰야 한다(Osman, 1971).

① 활동실과 가까우며 현관에서 실내 활동실과 실외가 보여야 한다.

② 유아가 출입문 입구에서, 헤어지기 어려운 경우 보호자가 현관 앞에 잠시 머물면서 자녀를 살펴주고 유아가 스스로 놀이영역에 흡수되는 과정을 지켜볼 수 있는 공간이 있어야 한다.

③ 규모가 작은 기관일수록 실내에 상담실을 따로 마련하기보다는 현관에 그 기능을 포함시키는 것이 좋다.

④ 현관의 문과 바닥은 사고를 예방할 수 있도록 해야 한다. 현관문은 2/3 이상이 투명하거나 또는 투시가 가능하도록 제작되는 것이 좋으나, 얇은 유리가 아래 부분까지 연결되어 있을 경우 위험하다.

⑤ 출입구와 현관은 신체 장애아도 출입이 용이하도록 계단이 없이 경사로를 만드는 것이 좋다.

거실 또는 복도는 유아들이 빈번히 왕래하는 공간이다. 거실은 각 교실을 출입할 수 있는 중앙에 위치하거나 현관과 붙어 있고, 복도하고도 연결되어 있다. 복도는 유아들이 교행할 수 있을 정도의 넓이인 100~120cm 정도 확보해야 하고, 밝은 조명을 설치한다. 벽면에 유아의 작품이나 여러 가지 전시물을 게시하는 것이 좋다.

그림 4-10 유치원 현관 예시

이상과 같이 유치원 실내 공간 구성에 대해 살펴보았다. 실내 공간을 구성함에 있어 우선적으로 고려해야 할 사항은 유아들의 지속적인 호기심과 심미감을 자극할 수 있어야 한다. 하지만 그보다 더 중요하게 고려해야 할 실내 공간이 유아의 발달에 적합하고 안전하게 구성되어야 한다는 점이다. 본 장에서는 실내 공간 구성의 전반적인 내용을 중심으로 다루었으나 유치원의 실내·외 공간의 안전에 관한 세부기준 및 점검에 관련된 내용은 7장에서 구체적으로 살펴볼 것이다.

05

CHAPTER

유치원 하루일과 운영

배울내용

1. 하루일과 운영의 계획
2. 하루일과 운영의 실제
3. 하루일과 운영의 평가

학습목표

1. 하루일과 운영을 계획할 수 있다.
2. 하루일과 운영의 실제를 이해하고 활동별 유형을 익힐 수 있다.
3. 하루일과 운영의 평가를 이해하고 적용할 수 있다.

CHAPTER 05

유치원 하루일과 운영

유아들에게 양질의 교육을 제공하기 위해서 가장 우선되어야 할 것은 하루일과를 어떻게 운영할지에 대한 계획이다. 유아기는 신체, 정서, 언어, 인지, 사회성의 모든 영역이 전인적이고 통합적으로 발달되어야 한다. 유치원의 하루일과는 기본과정, 방과 후 과정으로 운영된다. 기본과정은 누리과정 지침에 따라 4~5시간의 운영을 기본으로 하며, 유치원의 상황에 따라 심화 확장할 수 있도록 편성된다. 방과 후 과정은 기본과정을 심화하고 확장하여 다양한 활동 중심의 교육을 고려하여 유아들이 부담감과 피로감을 느끼지 않도록 편안한 휴식과 낮잠, 안전, 영양 및 건강, 바깥놀이 등을 포함하도록 계획하고 운영한다(교육부, 2015).

1. 하루일과 운영의 계획

유치원의 하루일과를 운영하기 위해서는 계획이 우선되어야 한다. 유치원 교육계획은 연간, 월간, 주간, 일일계획안에 이르기까지 각 영역별 목표와 내용을 균형 있게 반영하여 체계적으로 작성하여 운영한다. 현장의 교사들은 국가수준의 누리과정을 기초로 각 유치원의 실정에 맞게 교육과정을 편성하고 운영해야 한다. 교육계획을 수립할 때는 생활주제와 활동명, 활동목표들 간에 연계성이 있도록 계획한다.

1) 주제 선정

주제를 선정할 때는 유아의 관심과 흥미를 고려하여 자유롭게 주제를 선정하고 연간 교육계획의 주제는 고정된 것이 아니라 교육과정을 운영하면서 계속 수정 · 보완할 수 있다. 또한 새로운 주제 선정이 필요하다고 판단될 경우 교사와 유아가 함께 제안할 수도 있으며 제안된 주제는 전체 유아들과의 합의 과정을 거쳐 도입한다. 적절한 주제 선정을 위해 고려해야 할 사항은 다음과 같다(경기도교육청 · 충청남도교육청, 2018).

- 유아들의 일상생활 경험, 흥미로운 사실, 문제 상황, 우연한 사건 떠올리기
- 지역사회의 문화와 가치관
- 발달 수준과 연령에 따른 적합성
- 배울 가치에 대한 유용성
- 다양한 영역에서 깊이 있는 학습의 가능성
- 다른 주제와의 관련성
- 교사의 교육과정 운영 경험에 근거하여 유아들이 공통적으로 관심을 보여 왔던 주제
- 질병, 재해, 중대사건 등의 시사성

새로운 주제의 도입은 다음과 시기와 상황에 맞게 이루어진다. 첫째, 교사와 유아 모두 이전 주제가 충분히 다루어졌다고 인식되는 경우, 둘째, 교사는 "지금 진행 중인 주제가 더 길게 확장 · 전개되는 것이 바람직하겠다"고 기대하였으나, 유아들이 진행 중인 주제에 대한 흥미와 참여 의욕을 상실한 경우, 셋째, 유아들이 매우 흥미롭게 어떤 주제를 전개하다가 그 주제가 확산되면서 다른 주제로 자연스럽게 연결되는 경우, 넷째, 유아들이 새로운 주제의 필요성을 제안하는 경우, 다섯째, 예상하지 못한 흥미상황으로 인해 유아들의 흥미가 순식간에 다른 주제로 옮겨간 경우, 교사의 관찰 및 계획에 의거하여 교사가 주제를 제안하는 경우이다.

'주제 선정의 이유' 작성 방법은 다음과 같다(경기도교육청 · 충청남도교육청, 2018).

- 주제별로 주제 선정 이유를 진술하여 목적의식을 정립해야 한다.
- 주제 선정의 동기, 상황적 배경, 교육적 의미나 가치, 교육적 효과 등을 밝혀 진술한다.
- 지역 및 학급, 유아의 관심, 흥미, 수준 등을 반영하여 작성한다.
- 주제 및 각 연령별 교육과정의 중점 내용과의 관련 등을 진술한다.
- 유아의 이전 경험과 확장 및 연계 경험을 규명한다,
- 지도상 유의점을 진술한다.

그림 5-1 주제 선정 유형

출처: 경기도교육청 · 충청남도교육청(2018). 2019 개정 누리과정 이해 · 실천자료 -유아들의 꿈은 놀이에서 자란다-

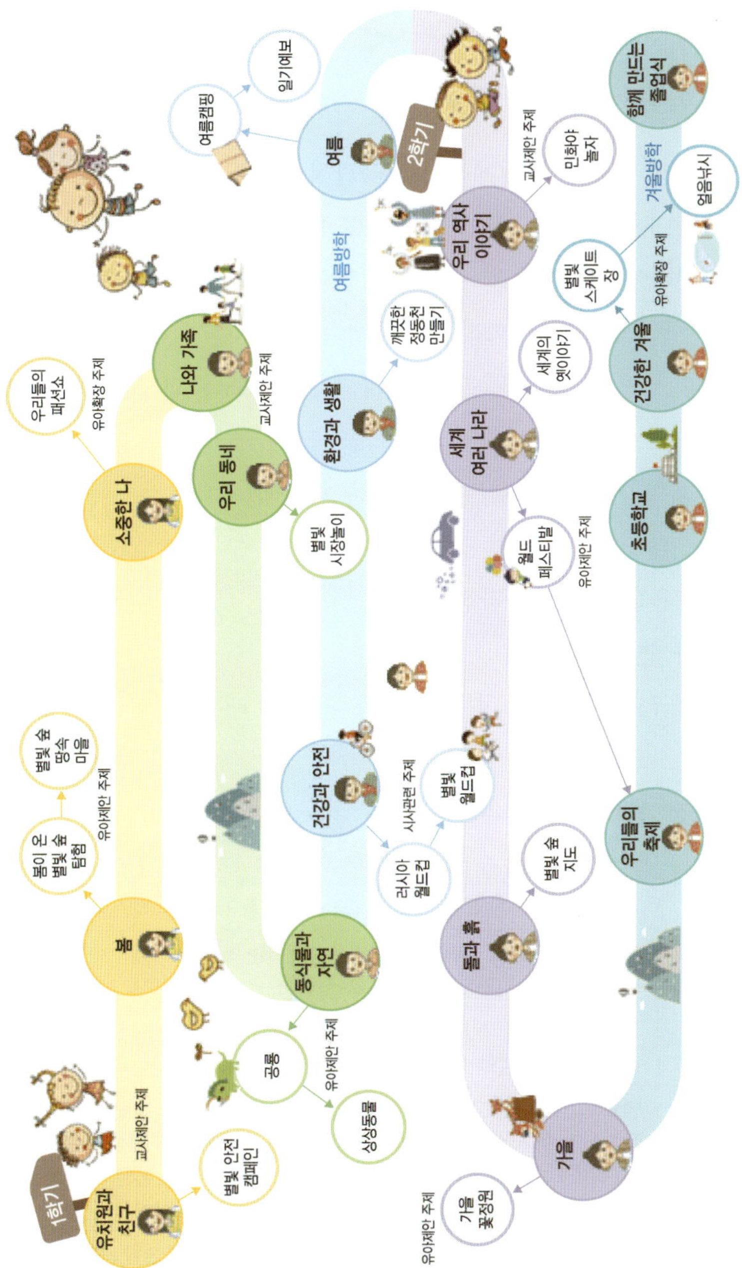

그림 5-2 교사와 유아가 함께 만들어간 연간 주제 전개 예시

출처: 경기도교육청 · 충청남도교육청(2018). 2019 개정 누리과정 이해 · 실천자료 -유아들의 꿈은 놀이에서 자란다-

2) 주요내용

(1) 주요내용 선정

주요내용은 주제와 관련된 전체적인 교육과정 내용을 조망해보는 것이다. 그러므로 주요내용은 교육내용을 좀 더 깊이 있고 구조적으로 이해하며 유아의 현재 발달단계, 흥미수준을 반영하여 교육내용을 구성하기 위해 필요하다. 또한 주요내용을 기술해봄으로써 유아의 개인적 · 사회문화적 측면에서 관심범위를 이해할 수 있고 유아가 가지고 있는 경험을 자연스럽게 배움으로 연계할 수 있도록 교사는 지원한다.

교육과정을 계획할 때 포함할 주요내용은 다음과 같다.

- 지식, 기능, 태도 및 가치의 3가지 내용
- 생활주제와 관련된 범교육과정 내용
- 유아의 삶과 연계된 내용
- 유치원과 학급의 특색교육, 역점교육과 관련된 내용

표 5-1 교육과정 계획 시 포함할 주요내용

구분	내용
지식	• 유아가 습득하게 되는 사실, 개념, 정보 등으로 내용적인 부분
기능	• 지식을 습득하고 적용하는 방법을 찾는 능력 • 필요한 절차나 과정을 시작하고 진행하는 과정을 의미
태도 및 가치	• 가치판단, 감정적인 성향, 학습과정에서 나타나는 태도 및 흥미 • 어떤 일을 수행할 때 나타나는 호기심, 자세, 느낌 등 포함
범교육과정	• 범교육과정 관련 주제는 유치원 실정에 따라 주제별 교육활동에 포함될 수 있도록 전반적인 유치원 교육과정에 통합적이고 체계적으로 편성 · 운영 예) 안전 · 건강교육, 인성교육, 진로교육, 민주시민 · 청렴교육, 인권교육, 다문화교육, 통일교육, 경제 · 금융교육, 환경 · 지속가능발전교육 등
삶과 연계된 내용	• 유아 개인에게 의미 있고 실제적인 가치를 가지는 생활 속 경험 내용 포함

출처: 경기도교육청 · 충청남도교육청(2018). 2019 개정 누리과정 이해 · 실천자료 -유아들의 꿈은 놀이에서 자란다-

3) 교육계획안 작성

(1) 교육계획안 작성

교육과정 계획은 연간 교육계획, 월간 교육계획, 주간 교육계획, 일일 교육계획을 수립하는 것으로 연간 교육계획에는 연간 생활주제, 부모교육계획, 안전교육계획, 행사계획 등 유치원에 따라 중점을 두는 별도의 프로그램에 대한 일 년 동안의 활동이 포함되도록 한다. 연간 교육계획은 당해 연도 교육이 시작되기 전인 매년 2월 말까지 수립하여 모든 교사가 공유하고 있어야 한다. 연간 교육계획에 기초하여 월간 교육계획을 수립하고, 월간 교육계획을 기초로 주간 교육계획을 수립하며, 주간 교육계획을 기초로 일일 교육계획을 수립한다. 교육계획에는 유치원에서 어떤 생활주제를 선정하는지, 주제에 어떤 개념과 내용들을 포함시키는지, 언제 어떤 방법으로 유아들에게 제시하고 지도하는지를 구체적으로 보여준다. 이러한 교육계획은 유치원의 교육활동과 관련된 정보를 집합해 놓은 것이며, 교사의 교육 의도를 체계적으로 조직해 놓은 교육 정보의 총체이다.

일일 교육계획은 하루 동안에 이루어지는 모든 활동들을 순서적으로 계획하며, 생활주제, 교육목표, 활동명과 활동에 관한 각종 정보 및 평가를 기록한다. 일일 교육계획에는 활동의 계획과 평가를 기록하기 때문에 교육이 계획대로 실행되었는지, 어떤 점이 수정·보완되어야 하는지 알 수 있다. 따라서 일일 교육계획은 보다 구체적으로 유아들의 수준에 따라 활동을 전개하고 이전에 보였던 반응이나 상황 변화에 따라 조정하여 진행하는 것이 좋다. 또한 유치원에서의 하루일과를 계획할 때는 교사 주도와 유아 주도 활동, 대·소집단과 개별 활동, 실내활동과 실외활동, 그리고 일상생활과 휴식 등의 균형이 적절하게 이루어질 수 있도록 계획하는 것이 중요하다.

교육계획안 작성 시 고려해야 할 사항은 다음과 같다(경기도교육청·충청남도교육청, 2018).

① 교육적으로 가치 있는 주제를 운영하기 위하여 활동의 분명한 목표를 설정한다.

② 주제를 중심으로 유아의 관심과 경험, 발달적 요구 등 다양한 교육적 고려 대상들이 통합되어 전개되도록 계획안을 구성한다.
③ 다양한 유형의 활동이 연계되도록 계획하여 유아에게 유의미한 배움이 일어나도록 한다.
④ 주제와 활동의 연계, 흥미영역 간 통합, 사전경험-현재활동-확장활동의 연계를 고려한다.
⑤ 주제 관련 활동을 배치하되 소주제 간 활동들의 연계가 이루어지도록 작성한다.
⑥ 흥미영역, 자유선택활동과 대소집단활동, 실내 · 외 활동 간 유기적인 연계와 통합, 심화와 확장이 일어나도록 구성한다.
⑦ 특별한 활동이나 행사 안내, 가정협조 내용을 포함하여 가정연계교육을 실천한다.

(2) 교육계획안 작성에 따른 교사의 역할

통합교육과정을 구성한다는 이유로 많은 내용이 긴밀한 연결을 갖지 못하거나 교육적 의도 없이 나열되는 경우에는 잡동사니 교육과정이 될 수 있다(Jacobs, 1989; 경기도교육청, 충청남도교육청, 2018). 그러므로 통합된 일과에서는 구조화의 중요성과 교사의 수업설계, 수업준비, 관찰과 기록의 필요성이 더 강조되어야 한다. 교육계획안 작성에 따른 교사의 역할은 다음과 같다.

첫째, 유아의 생활과 밀접하고 감각적이며 직접적인 개념 및 활동을 우선 경험할 수 있도록 구성한다.

둘째, 교사의 준비된 계획이 유아 주도와 능동적 참여를 고려하여 계획되고 있는지 되돌아 본다. 계획-실행-평가 과정이 교사의 반성적 사고과정을 통해 순환적으로 이루어지도록 하고 교사의 재계획에 따른 변화와 실천에 대하여 적극적이고 긍정적인 자세를 유지한다.

4) 교수매체

유아교육기관에서 교과교재를 선정하는 절차는 교육적인 효과를 높이기 위해 중요한 부분이다. 교과교재는 학습자의 연령 및 발달수준, 수업의 형태 및 집단의 크기, 학습목표 및 내용, 교수매체의 물리적 속성 및 기능, 학급 공간의 시설 및 환경, 매체 사용의 편리성 등을 고려하여 선정한다. 교사가 유아들과 진행하는 집단활동에서 교수매체를 제시하는 방법은 다음과 같다(나은숙 외, 2018).

(1) 실물자료

① **자료**: 동물, 식물, 일상용품, 돌과 같은 자연물, 전자제품, 음식, 도구 등

② 제시방법

- 가능하다면 가까이에서 볼 수 있도록 제시한다.
- 실물자료를 직접 다루어 보았던 경험을 이야기해 보도록 한다.
- 실물자료의 모양, 움직임, 쓰임새, 속성 등에 대해 탐색할 시간을 충분히 준다.
- 실물자료를 통해 알아보려고 하는 점에 대해 상기시킨다.
- 활동시간 동안의 결과를 요약해 볼 수 있도록 한다.
- 실물자료를 더 탐색할 방법을 협의하고 타 영역의 활동이나 자유선택활동으로 연결시킨다.
- 실물자료의 특성을 고려하여 일정 기간 비치한다.

(2) 모형 자료

① **자료**: 실험자료, 인형, 모조품, 지구본 등의 축소자료 등

② 제시방법

- 모형 자료를 제시하기 전에 구체적인 사실과 개념, 행위 등에 대해 이야기한다.
- 실물경험과 사전지식에 대해 이야기를 나눈다.
- 모형 자료를 보여주며 실물자료와의 차이점, 좋은점, 주의점에 대해 알아본다.

- 모형 자료의 특성을 고려하여 전시하거나 유아들이 직접 다루어 볼 수 있도록 한다.

(3) 그림 또는 사진자료

① 자료: 융판, 자석, 카드, 낱장 그림 또는 사진자료 등

② 제시방법

- 그림이나 사진을 보여주기 전에 이야기를 나눈다.
- 다양한 방법으로 그림이나 사진자료를 제시하고 유아의 경험과 연결시켜 이야기한다.
- 유아가 자료를 통해 자신의 생각을 표현하도록 한다.
- 벽면이나 게시판에 부착하여 자유롭게 볼 수 있도록 한다.

2. 하루일과 운영의 실제

현재 유치원은 1일 4~5시간의 교육과정 운영 시간을 기본과정으로 하고 이후 시간은 방과 후 과정으로 운영하고 있다. 유아의 발달 수준과 학습의 특성을 고려하여 교육의 내용과 시간을 적절히 조절하고 신체운동을 위한 1일 1시간 이상의 바깥놀이(대근육 활동 포함) 시간을 반드시 확보하여 유아들의 스트레스를 해소하고 또래와의 사회적인 관계를 원활히 형성하도록 지도하고 있다(교육부, 2015). 그러나 요즘 미세먼지 등으로 인한 환경오염의 영향으로 바깥놀이 활동이 원활하게 진행되지 못하고 있어 현장에서 융통성 있는 운영이 요구되고 있다.

하루일과 운영에서 주제에 따른 교육목표를 달성하기 위해서는 주제와 연관해서 유

치원 교육과정 각 영역의 내용범주를 다루어야 한다. 즉 교육내용을 균형 있게 안배해야 하고, 같은 연령으로 구성된 학급이라도 유아들의 발달에 따라 Ⅰ수준, Ⅱ수준, 공통 수준으로 모두 제시하여 수준별 교육이 이루어지도록 해야 한다. 유아들이 교육내용을 학습한다는 것은 해당하는 지식, 기술, 태도를 함양하는 것이다. 그러기 위해서는 유아들에게 적합한 방법으로 교육내용을 경험시키는 것이 중요하다.

교육내용은 여러 가지 활동을 통해 유아들이 경험하도록 한다. 유아들에게 적합한 교육활동의 유형들은 이야기 나누기를 비롯해서, 동화, 동시, 게임, 퀴즈, 신체활동, 토의, 요리, 노래 부르기, 견학, 관찰, 실험, 만들기, 꾸미기, 그리기, 편지쓰기 등이 있으며, 개별 또는 소집단으로 활동하는 자유선택활동이 있고, 학급 전체가 동시에 참여하는 대집단 활동이 있다. 하루일과에는 이러한 활동이 고루 안배되어야 하고, 교육과정의 내용체계, 즉 교육내용은 주제를 중심으로 통합하여 경험하도록 한다(이은주 외, 2016).

1) 놀이중심교육과정 운영

교사들은 놀이가 주는 자유로움과 즐거움의 중요성을 인식하고 있다. 또한 놀이가 주는 교육적 효과에 대해서도 공감하고 있으며 표현의 방식이 다를 뿐 교사 스스로가 놀이의 중심에 유아들이 존재한다는 것을 알고 있다. 그러나 현장에서는 어떤 것이 놀이중심교육과정인지 혼란스러워 하면서 놀이에 대한 걱정과 불안에 놀이중심 교육과정을 명확하게 정의내리지 못하고 어려워하고 있다.

놀이중심교육과정을 실천하기 위해서는 유아와 교사, 교육을 다시 들여다보는 것에서 시작하여 유아중심의 교육철학에서 출발한다. 유아중심 교육철학을 실천하는 것이 교사의 개입은 배제하고 유아의 자유를 무한정 부여하고 방임하는 것은 아니다. 교사의 경험을 앞세워 유아에게 특정개념을 전달하는 것이 아니라 어떤 경험을 했고 어떤 방향으로 호기심을 보이는지 무엇을 더 알고 싶어 하는지에 대해 관찰한 후, 이에 적합한 교육적 목표를 고민하고 유아와 함께 결정하는 것이다.

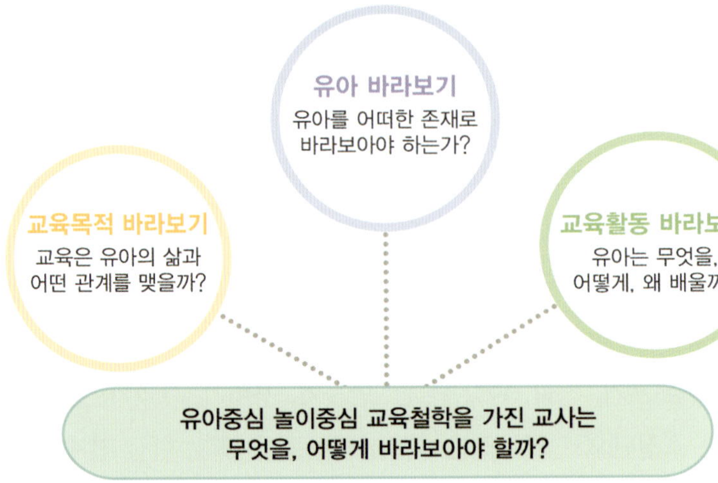

그림 5-3 놀이중심교육과정에서 교사의 역할

출처: 경기도교육청 · 충청남도교육청(2018). 2019 개정 누리과정 이해 · 실천자료.

놀이중심교육과정의 요소를 살펴보면 다음과 같다.

첫째, 놀이중심교육과정은 교육과정 계획과 실행에 있어서 교사의 자율성이 우선되어야 한다. 놀이중심교육과정은 교사가 자율적으로 교육과정을 편성하고 운영하는 것을 중요시한다. 교사는 국가수준 교육과정에서 제시하는 생활주제와 교육활동을 그대로 따라하기보다는 유아의 흥미 중에서 교사의 가치나 유치원의 상황, 교육과정과 연결될 수 있는 주제와 활동을 스스로 찾을 수 있어야 한다.

둘째, 놀이중심교육과정은 유아의 놀이 확장을 위해 교사의 융통성이 발휘되어야 한다. 놀이중심교육과정에서 교사는 유아와 함께 교육과정을 만들어 갈 수 있어야 한다. 교육과정을 만들어 간다는 것은 교사가 계획한 교육내용을 충실히 전개하기 보다는 유아의 흥미와 관심, 교사의 교육적 필요, 유치원 상황에 따라 유아의 놀이 확장을 위해 융통성 있게 사고하고 결정하는 것을 의미한다. 교사는 유아들의 자발적인 놀이를 관찰하면서 흥미와 관심을 파악하고 유아들이 원하는 활동을 제시할 수 있어야 한다.

셋째, 놀이중심교육과정은 유아를 존중하고 유아의 놀이성을 수용해야 한다. 놀이중심교육과정은 학습자를 위한 교육을 중요시하므로 교육의 출발점을 유아의 흥미나 요구에 둔다. 유아를 존중한다는 목적을 달성하기 위해서는 유아의 목소리에 귀기울여야 하며 유아들이 놀이하면서 말하고 행동하는 것을 수용하여 유아들이 다양하게 탐색하고 구성하면서 표현할 수 있도록 교사가 지원해야 한다. 또한 놀이를 통한 경험은 사실적인 정보의 습득뿐 아니라 끊임없는 학습자의 재해석의 과정이고 새로운 의미를 창출하는 것에 의미를 두어야 한다.

넷째, 놀이중심교육과정은 교사의 관찰을 통해 유아의 관심과 흥미가 발현되도록 한다. 놀이중심교육과정은 교사가 유아의 놀이를 확장시킬 수 있어야 한다. 유아의 놀이가 확장된다는 것은 상황에 맞춰 놀이 목표, 놀이 내용, 방법이 어느 상황에서나 변화될 수 있음을 말한다. 교사는 유아들의 흥미를 먼저 발견하고 유아가 무슨 놀이를 어떻게 하는지, 놀이를 하면서 무슨 말을 하는지 관찰하고 유아의 관심과 흥미가 변화되는 놀이 상황을 제공해야 한다.

다섯째, 놀이중심교육과정은 교사의 놀이 탐구에 대한 지속적인 역량 개발이 필요하다. 놀이중심교육과정에서 교사의 놀이역량은 중요하다. 놀이역량에는 유아와 함께 놀이할 수 있는 능력과 유아의 놀이를 제대로 관찰할 수 있는 능력을 의미한다. 교사는 유아들과 함께 놀이하면서 놀이과정과 결과에 대한 유아의 생각을 알 수 있도록 기록하고 주변 교사들과 기록물을 공유하면서 놀이 탐구 능력을 키워야 한다. 그리고 다양한 학습공동체를 구성하여 놀이 활동에 대한 다양한 아이디어를 교환하는 경험을 가져야 한다(경기도교육청, 2018).

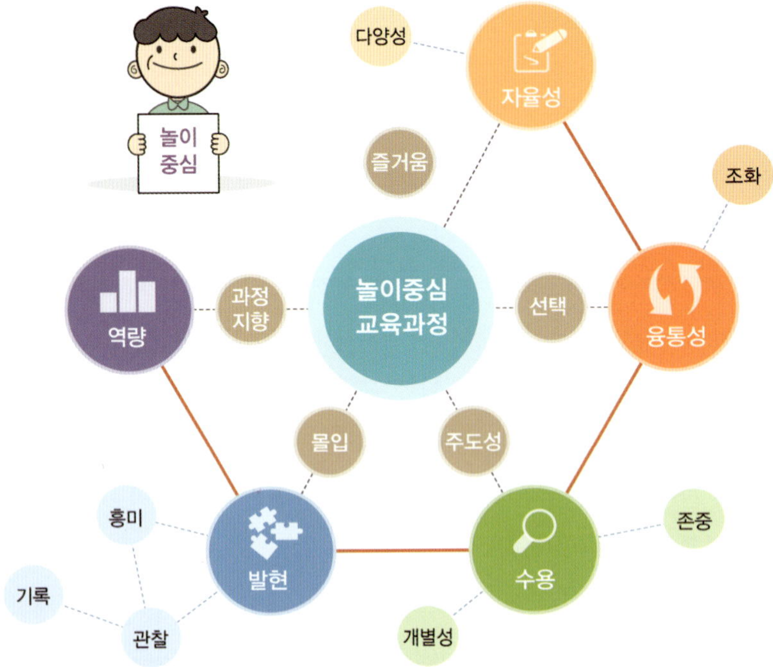

그림 5-4 놀이중심교육과정 요소

출처: 경기도교육청 · 충청남도교육청(2018). 2019 개정 누리과정 이해 · 실천자료.

교사 주도적 활동이라도 놀이적 요인을 최대한 포함시키고자 노력한다면 유아는 활동을 놀이로 인식할 것이다. 놀이적 요인을 반영한다는 것은 특별한 교수기술을 의미하지는 않는다. 놀이중심교육이 이루어지기 위해 교사는 활동계획 및 실행을 하는 동안 유아들로부터 찾은 놀이적 요인인 즐거움, 선택, 주도성, 몰입, 과정지향 등이 반영되도록 해야 한다.

즐거움

- 아이들의 발달수준, 흥미, 특성을 고려하여 수업방법을 개선하는 것
- '아이들은 무엇을 좋아하지?', '어떤 것을 재미있어야 하지?'를 생각해보는 것

선택

- 대다수 아이들의 주의집중이 떨어지면 수업을 마무리하는 것
- 직접 경험해보고, 움직여보고, 말해보고, 만져볼 수 있게 기회를 주는 것
- '내가 해보고 싶다!'라는 마음이 생기도록 이끄는 것

주도성

- 유아의 생각이나 의견을 최대한 반영해주는 것
- 전달자가 아닌 조력자가 되는 것
- '일상과 놀이 속에서 유아의 주도성이 필요한 부분은 어떤 것일까? 생각해 보는 것

몰입

- 놀이적 요인이 충분히 반영되면 저절로 따라오는 것
- 충분한 놀이시간, 관찰과 탐구의 시간이 주어졌을 때 나타나는 것

과정지향

- 기대하는 바를 성취했는지에 중점을 두지 않는 것
- 맞고 틀리고를 지적하지 않는 것
- '놀이 활동 중에 충분히 즐기고 만족하고 있는가?' 생각해 보는 것

그림 5-5 교사 주도적 활동에 놀이적 요인 반영

출처: 경기도교육청 (2018). 놀이 2018 「놀이중심교육과정 실천자료」.

2) 집단활동 운영

집단활동은 개별활동과 대비되는 활동으로 여러 사람이 모여서 각자의 역할에 충실하고 교육활동으로서 의미가 형성될 때 선택하는 유형이다. 대·소집단 활동으로 이루어지는 교육활동의 유형으로는 이야기 나누기, 문학활동, 음악활동, 과학활동, 미술활동, 신체활동 등이 있으며, 필요에 따라서 대집단과 소집단으로 구성하여 실시할 수

있다.

유아들은 집단활동을 통해서 자신의 생각이나 느낌을 다른 사람에게 표출하고 피드백을 받을 수 있고, 다른 사람의 의견 등을 공유할 수 있다. 또한 하나의 목표를 성취하기 위해서 공동으로 노력하는 협동을 통해서 공동체의 일원으로서 다른 사람과 조화로운 관계를 맺을 수 있는 기회를 가질 수 있다. 교사가 집단 활동을 위해서 고려할 점은 다음과 같다.

- 교사가 일방적으로 주도하지 않도록 한다.
- 활동의 유형에 따라 집단의 크기를 조절한다.
- 집단에 참여할 유아들의 구성을 균형 있게 안배한다.
- 활동이 조직적으로 진행될 수 있도록 사전에 계획한다.
- 주의를 환기시키는 간단한 주의집중 활동을 한다.
- 활동의 진행은 도입, 전개, 결말의 절차로 한다.
- 집단활동에 필요한 교구는 사전에 준비해 둔다.
- 유아들의 발표와 참여의 기회를 고루 안배한다.
- 다른 사람의 의견이나 발표를 존중하고 격려해 주는 분위기를 조성한다.
- 활동의 진행 속도를 유아들에게 알맞게 조절한다.

(1) 이야기 나누기

이야기 나누기는 주제에 대해 유아의 생각과 느낌을 표현하는 동시에 다른 사람들의 의견을 경청하고 그에 대한 자신의 생각을 적절한 언어로 표현하는 시간이다. 이야기 나누기는 교사가 교수매체를 제시하고 이에 대해 유아는 자신의 생각을 표현하거나 자신의 작품을 발표하는 시간이 되며 활동에 대한 평가의 시간이 되기도 한다.

이야기 나누기에 대한 효율적인 방법을 제안하면 다음과 같다(박승순, 2004).

첫째, 이야기 나누기 시간에 다룰 주제의 선정은 교사가 제안할 수도 있으나 유아들이 주변 환경이나 문제 상황에 대하여 제안할 수도 있고, 예상하지 못했던 상황이 발생하여 그와 관련된 주제를 제안할 수도 있다. 둘째, 이야기 나누기 활동에서 교사가 주의할 점은 일정한 주제에 대한 정보를 제공할 때 유아를 가르쳐야 한다는 고정관념에서 탈피해야 한다는 점이다. 또한 유아의 주의집중 시간을 고려하여 활동에 대한 유아의 흥미가 남아 있을 때 마무리하는 것이 효과적이다. 셋째, 이야기 나누기 활동을 전개할 때 교사는 유아들과 자유롭게 대화할 수 있는 분위기를 조성하여 유아들의 다양한 질문과 대답, 의견 제시를 장려하고, 활발한 언어적 상호작용이 이루어질 수 있도록 해야 한다. 교사는 이야기 나누기를 시작할 때 유아의 관심이나 흥미를 잘 포착하여 처음에는 모든 유아들이 공통으로 관심을 가질 수 있는 것으로부터 시작해야 하고, 유아들의 계속적인 주의집중을 유지하기 위하여 다양한 실물 자료, 시청각 자료, 상징적 자료 등을 제시하는 것이 바람직하다.

이야기 나누기의 교육적 의의는 다음과 같다. 첫째, 새로운 정보와 사회적 지식을 전달하고 관련된 생각을 나눌 수 있다. 둘째, 구성원의 각 경험이 공유되면서 각자의 지식을 재구성하고 세상에 대한 관심과 지식의 범위를 넓혀간다. 셋째, 자신의 생각이나 느낌을 표현하고 다른 사람의 이야기를 경청하는 태도를 기른다. 넷째, 문제 상황을 해결하기 위한 의사결정 과정에 참여한다(임미선·박성희, 2019). 이야기 나누기 활동의 궁극적인 목표는 유아들의 사고력 증진에 있다. 교사의 계획에 따른 단편적인 지식의 전달보다는 유아들의 반응에 대해 민감하게 귀 기울이면서 자신의 계획과 질문 내용을 재구성해 나가는 융통성이 필요하다(양은하, 2019).

교사의 질문은 창의적 사고를 증진하기 위한 질문과 비판적 사고를 증진하기 위한 질문으로 나눌 수 있다. 이를 위해 교사는 창의적 사고를 위한 질문을 하고 이에 대한 유아의 반응을 들은 다음에 비판적 사고를 위한 질문을 함으로써 유아가 자신의 사고에 대해 평가할 수 있는 기회를 제공하여야 한다. 이야기 나누기 운영을 위한 교사의 역할을 제시하면 다음과 같다(허미애, 2007).

첫째, 교사는 유아와 자신의 이야기 주제를 소개과정에서 질문과 관찰을 통해 유아의 선 경험과 선 지식을 이끌어 내고, 수렴적·개방적 질문, 창의적 사고를 위한 질문·비판적 사고를 요구하는 질문을 적절하게 구사할 뿐 아니라 다양한 교수전략과 실천적 지식을 적용하며 이야기 나누기 전개과정을 이끌어 나갈 수 있어야 한다.

둘째, 교사는 이야기 나누기 시간이 유아가 아는 것과 알아야 할 것에 대해 집요하게 질문하며 확인하고 교사의 질문에 대해 정답 찾기의 학습 분위기로 가지 않도록 주의하며 즐겁고 재미있고 자유롭고 허용적인 분위기를 유지해 나가는 것이 필요하다.

셋째, 교사는 알맞은 속도와 크기의 목소리, 그리고 분명한 발음으로 말하면서도 상황에 따라 변화하는 어조를 통해 유아의 흥미가 유발되고 주의집중이 유지될 수 있도록 도와야 한다.

넷째, 교사는 일단 자신이 계획했던 대로 이야기 나누기를 시작하지만 유아의 반응에 대한 평가결과에 따라 자신의 계획을 수시로 재구성해야 한다. 또한 교사는 이야기 나누기 전개과정을 통해 주제 간, 생활영역 간, 유아 간, 교사–유아 간에 통합적 접근이 이루어지도록 끊임없이 중재해 나가야 한다.

표 5-2 이야기 나누기 단계에 따른 적절한 교사의 역할

단계	교사의 역할
수업 분위기 조성	• 즐겁고 허용적인 분위기 만들기 • 필요시에는 불필요한 갈등상황 예방을 위한 유아의 좌석 조정하기 • 생리적 욕구 해결할 시간 주기
도입	• 본 수업이 시작되는 단계로서 비교적 짧은 시간(5~10분) 안에 이루어지도록 함 • 본 수업과 관련된 이전의 학습 내용들을 회상시켜 관련지어 주기 • 유아가 주제에 대해 호기심과 흥미를 가질 수 있도록 동기 유발하기 (수수께끼/부분 보고 전체 알아 맞추기/비밀주머니/손인형 등장하기 등) • 유아가 무엇에 대해 이야기 나누게 될 것인가? 에 대해 인식할 수 있도록 하기
전개	• 수업의 약 65~70%를 차지하는 단계로서 수업시간은 연령, 유아들의 집중도에 따라 달라져야 함 • 본시의 학습목표 달성을 위한 관찰, 대화와 질문, 유아들이 서로 상호작용하도록 격려하기 • 주제에 따라 발문의 유형(인지적, 확산적, 수렴적, 평가적)을 시의적절하게 구사하기 • 수업을 전개하는 과정에서도 유아의 반응에 대한 평가결과에 따라 자신의 계획을 수시로 재구성하기 • 새로운 정보를 제공하여 유아의 지식과 경험을 확장시키기 • 유아의 이야기를 경청하고 중재하기 • 다양한 교수전략과 실천적 지식 적용하기 • 기본적인 질서 유지하기
평가	• 수업을 마무리하는 단계로서 학습한 내용을 요약정리하고 목표와 관련하여 지도함과 동시에 본시 목표의 달성도를 알아보기 (수업의 목표 달성 여부를 말로 확인하기보다는 평가적 요소가 내포된 재미있는 마무리 활동이나 연관활동을 통해 간접적으로 평가하기) • 유아의 성취에 초점을 맞추어 평가하기 • 이야기 나누기 자체에 대한 평가: 물리적 환경, 수업 분위기, 주제, 교수학습 자료, 교사-유아간 상호작용 등으로 나누어 평가하기 • 수업시간 동안 충분히 다루지 못했던 학습내용이나 유아가 더 알고 싶어 하는 주제에 대한 보충자료나 참고도서들을 언급해서 유아들의 지적 욕구를 충족시켜 주기 • 다음시간에 학습할 내용이나 주제를 함께 정해봄으로써 차시수업에 대한 준비와 기대할 수 있도록 하기
재계획	• 다음날의 이야기 나누기 계획에 대한 평가 결과 반영하기

출처: 충청남도교육연수원(2019).

(2) 문학활동

유치원에서의 문학활동은 유아의 상상력, 창의력, 사회성, 도덕성, 인지 그리고 언어 발달을 증진시킬 수 있으므로 유아의 전인적 발달에 매우 영향을 미치고 있으며, 유아

교육의 목표인 전인교육 및 통합교육과 밀접한 관계가 있다(유승연, 1991).

유아문학 활동의 구체적인 가치를 살펴보면 다음과 같다(김현희·박상희, 2010).

첫째, 유아는 그림책을 보거나 어른이 들려주는 이야기를 통하여 기쁨을 느낀다. 그리고 책을 사랑하고 즐길 수 있게 된다. 그림책을 읽어주고 듣는 과정에서 부모-자녀 간의 상호작용의 질을 높일 수 있는 정서적 교감의 귀한 기회를 제공해 준다.

둘째, 유아의 언어발달 기술, 즉 읽기, 쓰기, 말하기, 듣기의 영역의 발달을 증진시킬 수 있다. 유아기에 좋은 그림책을 가지고 즐거운 경험을 많이 한 유아는 자연스럽게 즐기면서 성공적으로 글자를 익힐 수 있다. 인지발달과 특히 언어발달에 있어서 그림책은 아주 중요한 영향을 미친다고 할 수 있다.

셋째, 상상력을 발휘할 수 있도록 격려하며 창의력을 길러준다. 책은 유아에게 창조적인 활동의 원천을 제공해 준다. 이야기에 나오는 아름다운 어휘들은 독창적인 시를 쓰고 싶게 하고 완성도가 뛰어난 그림책은 그림을 그려보고 싶게 하며 상상력을 자극하게 된다. 또한 책을 통해 일어난 감정을 살려 노래하고 춤추고 이야기로 꾸며 보고 싶은 마음을 갖게 한다.

넷째, 자신이 직면한 문제들을 더 잘 이해할 수 있도록 도와준다. 유아는 책 속에서 자신과 비슷한 문제에 부딪힌 주인공이 문제를 해결해 가는 과정을 봄으로써 자신의 생활에 적용할 수 있게 된다.

다섯째, 다른 사람에 대한 지식을 많이 얻을 수 있다. 유아문학 작품들은 유아가 자신과 다른 사람들을 이해하도록 도와준다. 특히 유아는 다양한 종류의 인물을 이해하는데 한계를 가지고 있다. 따라서 책을 통해 자신과는 다른 환경에서 자라는 아이들의 세계와 다른 여러 문화와 나라에 대해 배울 수 있는 기회를 가지게 된다.

여섯째, 틀에 박힌 일상생활에서 잠시 벗어날 수 있는 기회를 준다. 유아는 옛이야기나 환상동화에 나오는 기적이나 마술이 자신의 실제 생활에서도 일어나리라고 생각한다.

일곱째, 도덕적 기준과 태도를 발견하고 계발할 수 있도록 도와준다. 진정으로 잘 쓰인 책은 유아가 책을 읽는 동안 차원 높은 도덕적 기준을 느낄 수 있도록 해 준다.

여덟째, 국어와 민족에 대한 이해를 도와준다. 책 속에서 표현되고 있는 아름다운

운율과 리듬감이 있는 단어나 구절은 유아들이 언어를 가지고 즐길 수 있는 좋은 기회를 제공한다. 운율적인 아름다움을 가지고 있는 시와 반복적인 어휘나 구절, 상황이 있는 이야기를 듣고 따라해 봄으로써 유아들은 국어에 대한 아름다움을 느낄 수 있다. 또한 옛이야기를 통해 자연스럽게 우리민족이 오늘날까지 어떻게 성장·발달해 왔는지, 우리민족 고유의 정서를 알도록 해 준다.

유아는 문학활동을 통해 과거 역사의 가치, 사고, 경험을 배우고 현재의 문제를 새롭게 보는 시각을 키우면서 미래에 대한 꿈을 키워나갈 수 있게 된다. 또한 새로운 단어에 관심을 갖고 이미 알고 있는 단어의 의미를 깊이 깨닫고 문자의 구조를 배워 자신의 생각을 자유롭게 표현할 수 있는 능력도 기를 수 있다. 다시 말해 유아는 주위의 모든 사람과 모든 사물을 통해 새로운 것을 탐색하려는 기본 욕구가 있는데, 이러한 욕구들을 문학활동을 통해 만족시켜 주고 많은 정보와 지식을 얻어 생활 속에서 나타나는 호기심을 해결해 나가며 유아가 인생의 의미와 뜻을 이해할 수 있도록 해 준다. 또한 이야기를 통해 자신이 좋아하고 사랑하는 주인공을 만나 자신과 동일시하고 이야기 속의 공포, 노여움, 즐거움 등의 정서를 느낄 수 있으며 자신이 현재 직면한 문제를 해결하는 능력도 배울 수 있다(유승연, 1991).

(3) 음악활동

음악을 즐기는 사람은 음악을 통해 일상의 스트레스를 해소하고, 즐거움을 느낄 수 있으며 이를 통해 삶의 활력을 얻는다. 이렇듯 인간의 삶의 질에 있어서 음악을 즐기는 것은 중요하다. 유아기는 음악을 학습하는 데 있어 결정적 시기이며, 또한 음악적 발달에 있어서 매우 중요한 시기로서, 이 시기에 이루어지는 음악적 경험과 교육은 매우 중요하다고 하였다(최지원, 2009).

모든 유아는 음악적 능력을 가지고 있으며 누구에게나 그 잠재력을 발달시킬 수 있는 기회가 제공되어야 한다. 유아기에 경험하는 음악적 경험 정도에 따라 음악적 잠재력이 변화하게 되므로 이 시기에 적절하고 다양한 음악교육을 실시하는 것은 필요하다(충청남도교육연수원, 2019). 유아 음악교육의 목적은 음악전문가나 연주가로 키우기 위한 것이 아니라 유아의 생각과 느낌을 다양한 음악적 활동을 통하여 자발적이며 창의적으로 표현하게 함으로써 정서적 안정감과 심미감을 기를 뿐 아니라, 유아가 음악적 맥락에 대한 구조적인 이해를 가지고 생각하는 능력을 기르는 데 있다고 하였으며 따라서 다양한 음악 활동은 유아의 사고를 촉진하고 상상력을 발달시켜주며, 유아들의 감성을 풍부하게 하여 유아를 인간다운 전인(The whole child)으로 성장시키는 데 필요한 경험을 제공하여 준다고 하였다(최지원, 2009).

유아 음악활동에 있어 교사의 역할은 매우 중요하다. 교사들은 유아가 자신들의 생활 속으로 음악을 가지고 와서 경험하고 음악적 반응을 이해하도록 기회를 제공해 주고 음악에 마음을 열고 다양하고 좋은 음악을 경험하도록 도와주어야 한다. 음악활동을 위한 교사의 역할을 살펴보면 다음과 같다(조영숙, 2019).

첫째, 안내자의 역할이다. 유아교사는 유아들에게 적절한 음악활동을 안내하기 위해 최적의 활동을 계획하고 제공하는 역할을 해야 한다.

둘째, 관찰자의 역할이다. 유아교사는 유아에게 음악적으로 적절하게 상호작용하기 위해 유아의 흥미와 사전지식을 이해하고 비형식적 또는 형식적 방법을 사용하여 계속적으로 유아를 관찰하고 파악해야 한다.

셋째, 환경구성자의 역할이다. 유아교사는 유아의 발달에 적합한 다양한 음악활동을 제공하기 위해 필요한 환경을 구성해 주어야 한다.

넷째, 평가자의 역할이다. 유아교사는 유아의 발달적 수준 및 진보를 평가하여 평가 결과에 기초한 음악교육의 내용을 계획하고 제공할 수 있어야 한다. 유아에게 적합한 프로그램인지 평가하고 이러한 결과를 기반으로 자신의 교수법을 반성하여 음악활동과 음악적 상호작용을 위해 노력해야 한다.

음악활동은 유아들이 음악을 통해 즐거움을 느끼고 자신의 생각과 느낌을 표현하며 타인과 의사소통하고 타인과 즐거움을 공유하고 타인의 음악적 표현을 존중하는 것에 교육적 의의가 있다. 따라서 유아들이 음악활동으로 더 감수성이 풍부하고 음악을 즐기면서 자신의 감정을 자유롭게 표현하도록 돕는 것이 중요하다.

(4) 과학활동

유아에게 적절한 과학활동은 과학과정을 경험할 수 있는 탐구중심의 활동이다. 과학과정이란 과학의 지식을 찾아가는 과정을 의미하는 것으로 관찰하기, 분류하기, 측정하기, 예측하기, 추론하기, 실험하기, 토의하기의 개념을 말한다(김정원 외, 2009; 이경우 외, 1999). 관찰하기, 분류하기, 측정하기, 예측하기, 추론하기, 실험하기, 의사소통하기의 과정은 상호보완적이다. 이러한 개념을 자세히 살펴보면 다음과 같다(안경숙, 2003; 정지혜, 2012).

① 관찰하기

관찰하기는 유아가 주위환경을 이해하는 가장 초보적이고 직접적인 행위이다. 과학의 탐구는 관찰하는 것으로부터 시작된다. 관찰을 함으로써 문제를 발견하고, 관찰에 의하여 문제에 대한 정보를 수집하고, 이것을 처리하여 원리와 법칙을 발견한다. 관찰은 인간의 모든 감각기관을 통하여 자연의 신호를 있는 그대로 받아들이는 것이다. 즉 유아가 주의 집중한 상태에서 오감각을 사용하거나 도구를 이용해서 물체의 특징과 변화를 관찰하여 사물을 인식하는 것으로 정보의 수집과 문제해결의 첫 단계이다.

② 분류하기

분류하기는 관찰한 사물이나 현상에 체계를 세우기 위해 필요한 과정이며 개념을 습득해 가는 행위이다. 여기서 개념이란 여러 대상들이 공통적으로 가지고 있는 속성을 의미한다. 유아에게 분류는 사물들을 그룹 짓고 가려낼 때 시작된다. 그룹을 짓기 위해 유아들은 물체를 관찰하고 비교하며 특정기준(크기, 모양, 색깔, 용도 등)에 따라 분류하는 행동을 하게 된다. 즉 분류는 관찰을 강화시켜 여러 가지 물체나 다양한 정보, 수집된 사물들을 어떤 특정한 준거를 사용하면서 유사점과 차이점에 따라 나누는 것을 말한다.

③ 측정하기

측정하기는 주어진 물체를 길이, 부피, 무게, 온도, 시간 등의 속성을 고려하여 오감각을 이용하거나 도구를 사용하여 정량적으로 관찰하는 것이다. 유아들의 측정은 실제적인 측정단위와 도구의 사용보다는 자신의 신체를 이용하여 '한 뼘', '두 뼘' 식으로 측정하는 등의 임의적인 단위를 사용한 측정부터 시작하여 점차적으로 표준화된 단위를 이해할 수 있게 된다.

④ 예측하기

예측하기는 어떤 행동의 결과로 무슨 일이 일어날 것인지에 대한 추측이므로 자료나 관찰에 기초하여 앞으로 일어날 것을 예상하는 사고과정이다. 즉 어떤 현상을 보고 그 결과가 어떻게 되리라고 일어날 일을 미리 생각해 보는 사고활동이다. 유아에게 어떤 현상이 일어나는 것을 보여주기에 앞서 "만약 ~라면 어떤 일이 생길까?"라는 질문을 통해 생각해 보게 함으로써 그 현상을 보다 주의 깊게 관찰하도록 할 수 있도록 하는 데 효과적이다.

⑤ 추론하기

추론하기는 우리가 어떤 일이 발생하는 원인을 이해하기 위하여 사고할 때 사용하는 과정으로 일어난 일의 원인에 대해 추측하는 것이다. 그러나 어디서 어떻게 그 원인을 정확히 관찰할 수 없지만, 추론에 의하여 왜 그런 일이 발생했었는지에 대한 결론과 이론에 도달하면서 모든 증거들을 고려한다. 사전경험과 관찰한 자료를 가지고 '사물과 상황 간의 관계성을 설명하는 과정'으로 유아 자신의 이론 정립을 위한 가설을 세우고 실험을 하는 데 필요한 요소이다(김자현, 2004).

⑥ 실험하기

실험하기는 궁금한 것을 직접 조작해 보는 활동이다. 유아에게 적절한 실험과정은 교사에 의한 시범보다는 유아가 직접적으로 참여할 수 있어야 한다. 따라서 실험하고자 하는 내용과 실험 방법, 실험 자료 등이 유아의 발달 수준에 적절하게 계획되어야 한다(윤애희 외, 2002).

⑦ 토의하기

토의하기는 자신이 행한 것과 생각한 것을 다른 사람들과 나누기 위해 사용하는 것이다. 과학활동을 하면서 유아와 유아 간 혹은 유아와 교사 간에 언어적 의사소통으로 사물을 정확하게 묘사하기, 생각을 주고 받기, 타인에게 사물 설명하기, 정보교환하기, 질문하기, 조사를 마친 후 해석하기, 다른 사람이 이해할 수 있도록 결과를 제시하기와 같은 행동이다. 또한 의사소통은 자신의 생각을 이해시키기 위해 언어적 행위뿐 아니라 비언어적 행위인 글·그림·그래프·저널쓰기 등도 포함된다.

과학활동의 교육적 의의는 다음과 같다. 첫째, 가설, 검증, 해석, 탐구, 발견과 같은 과학의 과정 자체를 즐긴다. 둘째, 일상생활에서 접하는 모든 사물과 현상, 사건에 대해 호기심을 가지고 탐구하고 문제해결을 위해 노력하는 과학적 태도를 형성함으로써 보다 유능한 사회인으로 성장할 수 있다. 셋째, 과학적 탐구의 방법과 문제해결 기술을 발견함으로써 자신감을 획득한다. 넷째, 시행착오를 극복하는 과정을 통해서 과학적 지식을 구성한다. 다섯째, 일상생활에서 경험하는 모든 문제 상황의 원인과 결과를 예측하고 적절하게 대처한다(임미선·박성희, 2019).

(5) 미술활동

인간은 아름다운 것을 보고 듣고 느끼는 경험을 통해 기쁨을 느끼며 이를 추구하려는 기본적 욕구를 지니고 있다. 또한 자신의 내면세계를 표현하고자 하는 소통의 욕구 역시 가지고 있다. 어려서부터 본능적으로 손과 발을 움직여 활동하기를 좋아하는 활동의 욕구는 유아기에 더욱 강하게 나타난다. 이러한 심리적 욕구를 만족시켜주는 활동은 미술활동을 포괄하고 있다(신금주, 2019).

미술활동의 교육적 의의는 첫째, 미술작품 속의 색, 형태, 질감, 명암 등 미적 요소에 대한 지각과 이해를 통해 심미감을 키울 수 있다. 둘째, 생활 속에서 미술을 즐기고 활용함으로써 아름다움을 추구하는 태도를 기른다. 셋째, 작품을 통해 다양한 정서를 느끼고 표상해 보는 경험을 통해 정서발달에 긍정적인 영향을 미친다(임미선·박성희, 2019).

유아의 미술활동을 위한 교사의 지도 전략을 제시하면 다음과 같다(신금주, 2019).

첫째, 좋은 미술작품을 접할 수 있는 기회를 제공한다. 좋은 미술작품과의 만남은 유아가 생활 속에서 주변의 아름다움을 지각하고 느끼며 미적인 것을 이해하도록 한다.

둘째, 다양한 매체와 표현기법을 사용하여 새로운 미적 가능성을 탐색하도록 한다. 유아들은 다양한 도구, 방법과 매체를 사용해서 새로운 미적 가능성을 발견할 수 있다.

셋째, 유아의 작품에 대하여 적절하게 반응해 준다. 교사는 작품 속에 표현된 유아의 아이디어, 경험들을 유아 스스로 인식할 수 있도록 상호작용을 통해 도와줄 수 있다. 또한 유아의 작품에 대한 단순한 칭찬과 가치 판단적인 표현은 피하고 활동을 하면서 보여준 노력과 투자한 시간에 대한 인정을 해 준다. 교사는 때로는 유아들의 미술활동을 관찰만 하는 것도 필요하다.

넷째, 유아에게 자신의 작품에 대한 평가와 감상의 기회를 제공한다. 다른 유아들에게 자신의 작품을 설명하거나 작품에 대해서 이야기를 할 수 있는 기회를 제공하고 교사는 유아의 작품에 대해 유아 자신의 설명, 작업 일시, 제목 등을 적을 수 있도록 돕는다. 또한 유아들이 활동을 하고 난 후 다른 친구들의 작품을 감상하면서 서로 의견을 주고받는 감상의 기회를 제공해 주어야 한다.

다섯째, 유아들의 미술작품을 전시해 준다. 유아의 미술작품들을 전시해 줌으로써 유아들이 자신의 작품에 대해 자부심을 느끼고 긍지를 갖게 해 준다. 이러한 자부심은 유아들이 자신의 표현력에 대해서 자신감을 갖게 도와줄 수 있다. 또한 전시된 다른 유아들의 작품을 보면서 미적 감수성과 표현력이 발달될 수 있다.

(6) 신체활동

신체활동은 유아가 신체라는 도구를 이용하여 움직이는 과정을 통해 신체적 기술과 운동조절력 등 기본적인 운동 능력들을 발달시킬 수 있고 신체발달뿐만 아니라 나아가 정서적·인지적·사회적 발달을 이룰 수 있도록 도움을 주는 활동이라고 정의할 수 있다. 또한 기본운동 능력이나 기초체력과 같이 일상생활에서 필요한 기본적인 움직임의 기능적인 측면을 중시하는 신체활동과 신체의 움직임을 통해 자신의 생각과 느낌을 창의적으로 표현할 수 있는 능력을 길러주는 신체활동으로 구분하였다(윤수인, 2013).

유아기에 적합한 신체활동으로는 기본운동능력을 중심으로 한 동작활동과 신체표현활동 등이 있다. 대·소집단으로 동작활동을 운영할 때에는 유아 스스로 자신의 몸과 동작에 대한 탐색의 과정을 충분히 가지고 이를 토대로 자유롭고 창의로운 표현활동이 나타날 수 있도록 지도하는 것이 중요하다. 따라서 유아의 연령과 신체발달 수준을 고려하여 적절한 활동을 선정하도록 해야 한다(김정원 외, 2009).

신체활동의 교육적 의의는 다음과 같다. 첫째, 신체를 활용하여 자신의 생각이나 느낌, 지식이나 경험을 재구성하여 표현한다. 둘째, 신체에 대한 만족감과 성취감을 느낄 수 있다. 셋째, 언어적 표현이 서툰 유아들에게 자기표현의 기회를 제공한다. 넷째, 서로의 표현이 다름을 알고 표현의 다양성을 존중한다(임미선·박성희, 2019).

신체활동은 유아가 신체적인 움직임을 통해 주변 환경과 상호작용하면서 자신의 생각, 감정, 느낌을 표현하며 전인적인 발달을 이루는 수단이라고 할 수 있다. 유아 신체활동은 기본동작능력의 발달뿐만 아니라 인지, 사회, 정서, 창의성 발달을 도와주어 균형 있고 조화로운 전인교육을 가능하게 하므로 대단히 중요하게 고려된다(전인옥·이영, 2013).

3. 하루일과 운영의 평가

하루일과의 마무리는 교사가 하루를 어떻게 진행했는지 반성하는 평가의 시간이다. 교사 자신이 계획했던 것과 달리 수정되거나 변경된 것은 없는지, 수업을 하면서 계획보다 잘 이루어진 것은 어떤 점인지, 또는 개선해야 하는 부분은 무엇이었는지 충분히 검토할 필요가 있다. 이렇게 이루어진 하루일과의 평가는 일일교육계획안에 자세히 기록하여 다음 계획에 반영하는 것이 중요하다. 하루일과의 운영 평가에서 유의할 점을 유치원 운영평가, 교원능력개발평가, 유아평가로 나누어 살펴보면 다음과 같다.

1) 유치원 운영평가

교사는 국가 수준의 교육과정에 대한 이해를 토대로 연간, 월간, 주간, 일일계획안(교육활동 일지 포함)을 작성하고, 자신이 담당하는 유아의 연령, 발달수준, 개인차에 맞게 수정·적용함으로써 모든 유아가 동일한 수준의 교육을 받을 수 있는 기회를 제공한다. 각 학급에서는 국가에서 제시하고 있는 교육과정인 누리과정이 적절하게 운영될 수 있도록 목표를 설정하고 계획하여야 한다. 교사는 누리과정에 근거한 다양한 교육활동을 제공함으로써 유아의 균형 있는 전인발달을 돕는다(충청남도교육청, 2019).

(1) 균형적 일과운영

유아에게 지속적인 놀이 시간의 제공과 서로 다른 집단 크기와 유형의 활동에 참여하는 기회를 제공하는 것은 유아의 인지, 사회, 정서, 신체, 언어발달에 매우 중요하다. 잘 계획되고 안내된 일상의 생활은 유아에게 자조기술과 영양 및 안전을 학습할 수 있는 기회를 제공한다. 일과를 계획하여 이에 따라 운영함으로써 유아로부터 시간에 따른 일과활동을 예측할 수 있도록 지원하는 것이 중요하다. 또한 유치원에서 오랜 시간을 보내는 유아에게 놀이, 활동, 일상생활 경험은 모두 필요하므로 고르게 충족할 수 있도록 균형 있게 운영되어야 한다.

(2) 통합적 일과운영

일과의 통합적 운영은 유아 발달에 적합하며 유아가 유치원 생활에 편안함과 안정감을 느낄 수 있다. 또한 필요에 따라 일과를 융통성 있게 조정함으로써 유아에 대한 개별적인 배려가 가능하다. 유아에게는 시간을 분절한 교과목 형태의 활동보다는 시간의 흐름에 따라 통합적으로 활동을 진행하는 일과를 제공하여야 한다. 즉 유아는 자연스럽고 통합적인 일과를 경험함으로써 유치원에서의 생활에 안정감을 느낄 수 있다.

표 5-3 유치원 평가 지표

<table>
<tr><th>평가영역</th><th>평가지표</th><th>평가항목</th></tr>
<tr><td rowspan="5">Ⅰ. 교육과정</td><td rowspan="3">교육계획 수립</td><td>국가 수준의 공통 교육과정을 바탕으로 각 유치원의 실정을 반영한 교육계획을 수립한다.</td></tr>
<tr><td>유아의 발달과 장애 정도를 고려하여 교육계획을 수립한다.</td></tr>
<tr><td>가정과 지역사회와의 협력과 참여를 포함하여 교육계획을 수립한다.</td></tr>
<tr><td rowspan="2">방과후 과정 운영</td><td>방과후 과정을 계획하여 운영한다.</td></tr>
<tr><td>방과후 과정을 위한 환경을 갖추고 있다.</td></tr>
<tr><td rowspan="7">Ⅱ. 교육환경 및 운영관리</td><td>놀이 공간의 다양성</td><td>다양한 놀이와 활동이 가능하도록 실내외 공간을 구성한다.</td></tr>
<tr><td>시설 · 설비의 적합성</td><td>실내외 시설 · 설비가 유아의 발달 수준에 적합하다.</td></tr>
<tr><td rowspan="2">놀이 자료의 구비 및 관리</td><td>다양한 놀이와 활동이 가능한 놀이 자료를 구비한다.</td></tr>
<tr><td>놀이 자료 및 비품을 보관하는 공간이 있고 체계적으로 관리한다.</td></tr>
<tr><td rowspan="3">행 · 재정관리</td><td>유치원 운영위원회를 구성 · 운영한다.</td></tr>
<tr><td>유치원생활기록부 작성 및 관리지침에 따라 생활기록부를 작성 · 관리한다.</td></tr>
<tr><td>유치원 예산 · 회계를 체계적으로 관리한다.</td></tr>
</table>

평가영역	평가지표	평가항목
Ⅲ. 건강 · 안전	시설 및 환경	실내 · 외 공간을 청결하고 안전하게 관리한다.
		수도시설 공간을 청결하고 안전하게 관리한다.
		전기 및 가스를 안전하게 관리한다.
		안전시설 및 용품을 충실히 관리하고 사용법을 숙지한다.
	건강 및 안전 증진	질병 및 상해 관리가 적절히 이루어진다.
		의약품 등을 철저하게 관리하고 있다.
		건강 및 안전 증진을 위한 예방 관리와 교육을 충실히 실시한다.
	급 · 간식 건강 및 안전	균형 잡힌 급 · 간식 계획을 수립 · 제공하며, 식자재 관리를 적절하게 한다.
		조리 및 배식과정이 안전하고 위생적이다.
		급 · 간식 운영 및 사후 관리가 위생적으로 이루어진다.
	등 · 하원 안전	등 · 하원 계획 및 지도가 안전하게 이루어진다.
		어린이통학버스 관리 및 운행이 안전하게 이루어진다. (※통학버스 미운영 유치원 제외)
Ⅳ. 교 직 원	원장의 전문성	원장은 전문성을 갖고 조직을 운영하고 지역사회와의 협력을 위해 노력한다.
		원장은 전문성을 갖고 수업을 지원하기 위해 노력한다.
	교직원의 전문성	교직원은 교수 · 학습에 대한 전문성 개발 등을 위한 다양한 연수에 적극적으로 참여한다.
	교사의 업무지원	교사는 교육과정 준비를 위한 시간을 확보하고 있다.
	교직원 복지	교직원의 직무공간에 원활한 업무 수행을 위한 적절한 설비가 있다.
		교직원 처우에 대한 규정이 있으며 이에 따라 교직원의 복지를 향상시키기 위해 노력하고 있다.

출처: 충청남도교육청(2022).

2) 유치원 교원능력개발평가

유치원 교원능력개발평가는 공정하고 체계적으로 교원의 역량을 점검하고 이를 통해 교원의 지도능력 및 전문성 강화로 교육의 질을 확보하고 학부모만족도를 향상시키기 위한 평가제도이다. 유치원 교원능력개발평가는 유치원 교원의 전문성을 진단하고 부족한 부분의 역량을 제고하기 위한 것이다. 공정하고 신뢰할 수 있는 교원능력개발평가를 위해 평가 기준을 마련해 매년 유치원 구성원이 참여하는 교사자기평가, 동료교원평가, 학부모만족도조사를 실시한다. 그 결과를 반영해 교사들은 전문성 향상을 위한 다양한 노력을 기울이게 된다.

유치원 교원능력개발평가에서 학부모만족도조사는 교사들이 전문성을 객관적으로 성찰하기 위한 교원능력개발평가의 일환으로 자녀의 유치원 생활에 대한 학부모의 만족도를 조사하는 것이다. 학부모만족도조사는 참여자의 익명성이 보장되며 교사들의 전문성 함양에 초석이 될 수 있다.

유치원 교원능력개발평가는 유치원 교원의 전문성 신장을 위해 「교원 등의 연수에 관한 규정」 제18조~제23조(교원능력개발평가), 「교원능력개발평가 실시에 관한 훈령」 교육부 훈령 제217호에 법적 근거를 두고 시행한다.

표 5-4 유치원 교원능력개발평가 지표(원장 · 원감)

평가영역	평가요소	평가지표	
		원장	원감
유치원 경영	유치원 교육 계획	• 유치원 경영 목표 관리 • 교육과정 편성 · 운영 • 창의 · 인성 원아관리	• 유치원 경영 목표 관리 지원 • 교육과정 편성 · 운영 지원 • 학사업무 관리
	원내 장학	• 교실수업개선 • 자율장학운영	• 교실수업개선 지원 • 자율장학 지원
	교원인사	• 교원인사관리	• 인사업무 수행
	시설 및 예산 운용	• 시설 관리 • 예산 편성 · 집행	

출처: 울산광역시교육청(2021).

표 5-5 유치원 교원능력개발평가 지표(일반교사)

평가영역	평가요소	평가지표
학습지도	수업준비	• 교과내용 분석 • 수업계획 수립
	수업실행	• 학습환경 조성 • 교사 발문 • 교사-유아 상호작용 • 학습자료 및 매체 활용
	평가 및 활용	• 평가내용 및 방법 • 평가결과의 활용
생활지도	상담 및 정보 제공	• 개별유아 특성 파악
	문제행동 예방 및 지도	• 유치원 생활적응 지도 • 건강 · 안전지도
	생활습관 및 인성지도	• 기본생활습관지도 • 인성지도

출처: 울산광역시교육청(2021).

(1) 온라인 평가를 원칙으로 하고 스마트폰 참여 가능

학부모만족도조사에서 동료교원평가 순으로 분산 실시 권장하고 학부모의 참여방식 선택권 보장하고자 온라인시스템 및 스마트폰 방식을 병행한다. 평가는 익명성 보장되어 있다.

(2) 교원의 교육활동 소개자료 적극 권장

평가자가 평가문항에 대해 판단하는 데 참고할 수 있는 교원별 연간 교육활동계획 또는 학급운영계획, 이에 대한 활동(추진)실적과 자가 진단 결과 등을 평가참여자(동료, 학부모)에게 제공한다. 또한 교원의 교육활동 소개 자료에 대한 구체적인 제시 방법은 유치원 평가관리위원회의 심의를 거쳐 유치원에서 결정할 수 있다.

(3) 학부모에 대해 교육활동자료 등 다양한 정보 제공

학기초 학부모회의 등을 통해 단위유치원 교원능력개발평가 운영 계획 안내, 수업참관 및 교사 면담 등의 계획 공지 등으로 유치원과 교사의 교육활동에 대한 정보 제공을 활성화하여 적극적으로 유도한다. 수시로 유치원 또는 개인별 각종 교육활동 계획, 관련 활동자료, 추진 실적 등을 유치원 홈페이지에 탑재하는 방법, 공개수업 시 제시하는 방법, 상담활동 시 안내하는 방법 등을 통하여 판단할 수 있는 정보를 제공하는 것이 원칙이다.

3) 유아평가

유아평가의 목적은 교육활동의 영향, 유아 개인의 능력 및 특성을 평가하여 교육에 반영시킴으로써 유아에 대한 이해를 통해 개인 발달을 최대화하기 위한 것이다. 따라서 유아를 평가할 때는 설정한 목표에 적합한 것이어야 하며, 평가 방법이 유아의 발달과 경험에 적합하고, 평가의 목적과 본질이 유아에게 유익함을 주어야 한다는 점을 유념해야 한다. 유아교육기관에서 유아평가의 필요성은 다음과 같다(이은주 외, 2015; 최미현, 2000).

첫째, 평가를 통하여 유아들의 현재 발달 상황을 제대로 이해하고, 그들의 바람직한 지식, 태도, 성격 등을 살펴볼 수 있기 때문에 유아에게 꼭 필요하다. 이는 점수화, 수량화, 등급화로 영유아들이 어느 정도 능력을 가졌는가에 초점을 두는 것이 아니라 유아의 현재 정보를 바르게 파악하고, 그들의 전인적인 발달에 도움을 주고자 하는 데 있다.

둘째, 교육목표가 제대로 성취되었는지를 밝혀 전반적인 교육 활동을 개선하기 위해서는 교육의 전반적인 과정에 대한 평가가 필수적이다. 특히 교육활동이 설정된 목표에 어느 정도 도달하였는지, 만약 제대로 도달하지 않았다면 그 요인은 무엇이며 어떻게 수정 보완해야 할 것인지에 대한 합리적 근거를 평가에서 찾을 수 있으므로 평가

과정이 필요하다. 유아교육기관에서 제공하는 프로그램의 목표 성취 여부를 확인하기 위해서는 그 목표에 의해 선정된 내용, 계획과 방법, 환경구성, 교사와 유아들의 상호작용 형태 등 프로그램의 전반적인 영역을 평가하여야 한다.

셋째, 유아 발달 상황은 교사뿐 아니라 부모도 알아야 하며, 이는 가정과의 연계를 실시하게 되는 하나의 매개 역할로 그들의 발달 상황을 과학적이고 체계적으로 입증하기 위해 절대적으로 필요한 것이다.

유아평가를 할 때 유의점은 다음과 같다. 첫째, 누리과정의 목표와 내용에 근거하여 영·유아의 특성과 변화 정도를 평가한다. 둘째, 지식, 기술, 태도 등을 평가한다. 셋째, 일상생활과 교육과정 활동 전반에 걸쳐 평가한다. 넷째, 관찰, 활동 결과물 분석, 부모면담 등 다양한 방법을 사용하여 종합적으로 평가하고, 그 결과를 기록한다. 다섯째, 평가 결과는 영·유아에 대한 이해와 누리과정 운영 개선 및 부모 면담 자료로 활용한다.

06

CHAPTER

유아생활지도

배울내용

1. 사회변화와 유아교육
2. 기본생활습관 지도
3. 유아의 문제행동 지도

학습목표

1. 사회와 유아교육의 변화를 이해하고 앞으로의 변화에 대해 예측할 수 있다.
2. 기본생활습관 지도의 구체적인 기법들을 익히고 활용할 수 있다.
3. 유아의 문제행동 지도의 구체적인 기법들을 익히고 활용할 수 있다.

CHAPTER 06

유아생활지도

1. 사회변화와 유아교육

1) 사회의 변화

유아교육은 유아를 바라보는 시각과 발달연구의 변화에 의해 영향을 받지만 사회의 변화에도 밀접하게 관련되어 있다. 구체적으로 과거의 유아들은 공동체감과 소속감, 정서적이고 사회적인 유대감, 공동으로 양육됨으로써 얻을 수 있는 안전함 등에 대한 욕구를 확대가족이나 더 큰 공동체를 통해 충족시킬 수 있었다(Katz & McClellan, 2003). 그러나 우리나라의 경우 1960년대와 1970년대의 급속한 산업화와 도시화, 서구화 등이 진행되면서 가족 구조에도 커다란 변화를 경험하고 있다. 특히 여성의 사회진출과 경제활동이 늘어나면서 핵가족화가 가속화되었으며, 점차적으로 가족 세대가 분화되게 되었다. 또한 최근에는 가족의 유형이 다양화되었는데, 즉 이혼가족, 한부모가족, 재혼가족 및 다문화가족이 증가하게 되었다(김이영 외, 2019).

더불어 전 세계적으로 노인인구의 증가와 저출산 현상이 나타나고 생산 가능 인구가 감소되면서 사회·경제 및 정치적 구조도 변화하게 되었다. 특히 우리나라는 저출산 현상으로 인하여 '한두 자녀 시대'에 접어들면서 가정에서 형제 간 우애나 다른 사람을 배려하는 마음을 배우고, 상부상조의 관계를 경험할 수 있는 기회가 부족해지게 되었다.

한편 의학기술의 발달로 평균수명이 길어지고, 컴퓨터와 정보통신기술의 발달로 전 세계가 네트워크를 형성해 지구촌이 하나 된 환경으로 변화되고 있다. 이에 최근 미래학자들은 창의적이고 능동적이며 유연한 사고를 할 수 있는 인재, 타인을 존중하고 배려하며 소통 및 협력할 수 있는 인재 등을 길러낼 것을 제안하고 있다(김애자 외, 2012). 반면 스마트폰을 비롯한 디지털 문화가 우리의 일상이 되면서 뇌 발달 저해, 정서 불안, 집중력 감퇴, 자아통제력 약화 등에 대한 우려의 목소리도 커지고 있는 실정이다(이정주, 2014). 왜냐하면 아이가 태어나 최초 6년 동안은 신체 및 인지 발달과 더불어 사회·정서 발달을 위한 대부분의 틀이 완성되는 중요한 시기이기 때문이다(Furman, 1995; Hyson, 1994; Mayer & Salovey, 1997). 특히 두뇌와 정서발달이 제대로 이루어지기 전 디지털 세상에 무한정 노출되는 것은 어린 유아에게 더욱 치명적일 수 있다.

이상과 같이 급속한 사회의 변화는 유아교육에도 영향을 미치고 있다. 앞으로 우리나라도 유아교육의 필요성 및 중요성을 인식하여 국가 수준에서 관심을 두고 여러 지원책을 지속적으로 펴나가야 할 것이다.

2) 유아교육의 변화

"세 살 버릇 여든 간다"는 옛말은 유아의 올바른 습관형성을 위한 교육이 매우 중요함을 강조하는 말이다. 그러나 예전의 교육은 형식적인 교육기관인 서당이나 초등학교에 입학하여 글을 읽고 쓰는 등의 지식위주의 학교교육을 생각하였기 때문에 과거 유아교육은 보육, 육아, 훈육, 아이돌보기 등의 범주에서 다루게 되었다. 다시 말해 유아교육이 가정교육이라는 테두리에서 이루어졌다고 할 수 있다. 그러나 20세기의 교육학, 심리학, 생물학 등의 연구결과, 인간의 기본적 행동은 유아기에 대부분 형성되어 평생을 지배하게 된다는 것이 과학적으로 확인되고 입증됨으로써 유아교육에 대해 많은 관심과 중요성이 강조되게 되었다. 유아교육의 중요성이 강조된 이유를 살펴보면 〈표 6-1〉과 같다.

표 6-1 유아교육의 중요성의 근거

구분	내용
교육관의 변화	전통적 교육에서는 문자를 통한 지식을 주로 교육하였으나 듀이(Dewey)의 "교육은 생활이다"라는 주장과 피아제(Piaget)의 인지적 학습이론 등은 학교 이외의 유아의 환경적 자극으로 행동변화를 제공하여 학습이 이루어진다는 것으로 교육관이 변화하는 계기가 되었다.
사회의 급변	현대의 산업화로 인한 도시화 경향은 부모들의 사회진출을 높여 유아를 돌볼 시간은 적어지고, 핵가족화는 인생경험이 풍부한 조부모와 따로 살게 됨으로써 유아교육의 필요성을 촉진하게 되었다.
지능개발	심리학과 교육학의 연구결과는 지능개발 촉진이 유아기에 가장 효과적이라는 것이 터만(Terman), 에릭슨(Erikson), 부룸(Bloom) 등의 연구로 입증되었다. 또한 임신 중 어머니의 식생활이 아이의 지능에 영향을 준다는 것이 입증되었고, 미국에서 1965년 지능개발 프로그램(Head Start Program)으로 위대한 국가 건설에 효과를 거두게 되었다.
행동의 결정시기	지능은 물론 기타의 모든 행동은 유아기에 발달가능성이 가장 풍부하여 도야성(陶冶性) 또는 가소성(可塑性) 등이 가장 좋아진다. 프로이트(Freud)는 인성의 바탕이 되는 성격은 3세 전에 대부분 형성된다고 주장하고 있다.
문화발달과 지식의 폭발	현대는 정보화시대로 지식의 폭발적 증가는 문화발달을 가속화시켜 유아가 환경적 영향에서 문화실조가 되면 가역성(reversibility)이 있어서 회복하기가 어렵다. 베스터(Vester)는 환경의 자극조건이 뇌세포 발달에 결정적 영향을 주어 행동발달의 척도가 된다고 주장하면서 유아초기에 조직적인 유아교육의 필요성을 강조하였다.
유아교육의 재평가	유아의 발달이 촉진되고 있고, 유아의 가능성과 능력(capacity)이 재인식되고 있으며, 지식의 폭발적 증가로 인하여 인간능력개발에 관심이 높아졌다. 새로운 개발방법의 발견과 조성만 잘해 주면 무한한 발전이 가능하다는 것을 알게 되었다. 미래학자 토플러(Toffler)는 유아교육 전문가가 어머니를 대신하여 아이들의 양육과 교육을 책임지게 될 것이라고 전망하였다.

3) 4차 산업혁명과 유아교육

유아교육은 시대에 부합한 인재를 육성하는 데 의의가 있다. 최근 4차 산업혁명의 용어가 등장하였고, 시대에 부합된 교육의 방향을 찾을 수 있기 위해서는 무엇보다

4차 산업혁명의 특성과 본질을 이해하는 것이 필요하다. 기존의 정보전달과 암기위주의 지식습득은 더 이상 4차 산업혁명시대의 교육으로 적합지 않다. 따라서 4차 산업혁명 시대에서의 교육환경은 시간과 공간의 제한을 받지 않는 유비쿼터스 학습, 온라인 학습과 오프라인 학습을 결합한 블렌디드 학습, 학습자가 스스로 제안한 과제를 다른 학습자들과 서로 협력해 해결하는 프로젝트 수업이 주를 이룰 것으로 예상되고 있다. 또한 학습내용도 학생들이 학습의 내용을 직접 만들고 창작하는 크리에이터(creator) 교육과 학문 간 통합교육으로 전환될 가능성이 높다.

스위스 세계경제포럼의 창립자이자 회장인 클라우스 슈밥(Klaus Schwab)은 '제4차 산업혁명(2016)'이란 저서에서 4차 산업혁명 시대의 인재는 상황맥락지능(정신), 정서지능(마음), 영감지능(영혼), 신체지능(몸) 등의 4가지 지능을 갖춰야 한다고 주장하고 있다. 구체적으로 상황맥락지능(정신)은 인지한 것을 잘 이해하고 적용하는 능력을 의미하고, 정서지능(마음)은 생각과 감정을 정리하고 결합해 자기 자신 및 타인과 관계를 맺는 능력을, 영감지능(영혼)은 변화를 이끌고 공동의 이익을 꾀하기 위해 개인과 공동의 목적, 신뢰성 및 여러 덕목 등을 활용하는 능력이며, 신체지능(몸)은 개인에게 다가올 변화와 구조적 변화에 필요한 에너지를 얻기 위해 자신과 주변의 건강과 행복을 구축하고 유지하는 능력을 의미한다.

불확정성과 불안정성으로 대표되는 4차 산업혁명 시대를 대비하기 위해 앞으로 초점을 두어야 할 유아교육의 내용은 〈표 6-2〉와 같다.

표 6-2 4차 산업혁명 시대 유아교육의 초점

구분	내용
최대한 많이 놀게 해야 한다.	어린 시절의 자유로운 놀이경험은 타인과의 상호작용을 촉진시켜 공감능력과 표현능력을 기르게 한다. 재미있는 놀이를 하는 과정에서 '몰입(flow)'의 상태를 경험하게 되고, 이러한 몰두의 경험은 창의력과 문제해결력을 증진시킬 수 있다. 또한 몰입의 순간에 유아들은 기쁨과 성취감을 느끼게 되고 집중력을 향상시킬 수 있다.
도전할 수 있는 기회를 많이 줘야 한다.	예를 들어 유아가 혼자의 힘으로 숟가락을 잡으려 한다면 음식을 흘리고 숟가락을 떨어뜨린다 해도 손에 숟가락을 계속해서 쥐어줘야 한다. 실패를 알아야 성공

구분	내용
	의 기쁨을 알게 되고 도전과 용기를 배우게 된다. 어리다는 이유로 모든 걸 부모나 교사가 다 해결해 주려고 하는 순간 앞으로 아이는 아무것도 하지 않을 것이다. 새로운 도전을 많이 하도록 기회를 주고 아이가 실패해도 느긋하게 지켜보며 응원해 줄 수 있는 인내력을 발휘해야 한다. 4차 산업혁명 시대에는 스스로 직업을 만드는 역량을 갖춘 창의적인 인재를 필요로 한다. 이러한 창의성 발휘는 끊임없는 도전정신이 뒷받침되어야 가능하다.
일상생활에서 유아가 스스로 결정(선택)할 수 있도록 해야 한다.	비가 오는 날 어떤 우산을 쓰고 갈 것인지, 어떤 색의 양말을 신을 것인지 등등 사소한 것에서부터 스스로 결정할 수 있도록 기회를 줘야 한다. 작은 일 하나라도 본인이 선택을 하게 되면 책임감과 의사결정능력이 발달하게 된다. 또한 선택의 과정에서 '생각하는 힘'이 향상된다. 이와 같은 생각하는 힘은 모든 학문탐구의 기초가 된다.

2. 기본생활습관 지도

1) 기본생활습관의 중요성

영유아들의 성장과정에는 일정한 발달단계가 있으며, 각 단계에는 반드시 배워야 할 과제들이 있다. 이러한 과제들은 그 시기를 놓치게 되면 다음에 쉽게 배울 수 없으므로 각 시기에 맞추어 적절히 배워야 하는데 영유아기에 배워야 할 과제 중에 가장 중요한 것이 기본생활습관이다(김해영, 2001). 기본생활습관이란 혼자서 옷을 입고 벗으며, 물건을 아껴 쓰고, 줄을 서서 차례를 지키는 등 사람들이 많은 곳에서 지켜야 할 예절을 알고, 다른 사람을 만났을 때 인사하는 것과 같이 우리 생활에 필요한 기본적인 예의범절을 몸에 익혀 습관화하는 것을 말한다(문금숙, 2018).

이러한 기본생활습관은 어린 시절의 학습과 생활훈련을 통해 주위 환경에 적응해 가는 일정한 생활행동의 반복으로 형성되는데, 한번 습관화된 행동은 쉽게 변화하지 않으며, 무의식적이고 기계적으로 이루어지게 되며, 그 습관의 틀은 아이의 인격형성에 기초가 된다(김민정, 2007; 안나영, 2012).

2) 기본생활습관 형성을 위한 지도방법

영유아의 기본생활습관 지도는 자율적이고 자주적인 생활습관을 형성하도록 돕는 것이기 때문에 영유아의 기본생활습관의 지도원리도 영유아의 자율성이 최대로 발휘되도록 해야 한다. 따라서 영유아의 기본생활습관의 형성은 자율성 신장과 관련됨으로써 영유아의 자립성과 독립성을 기르고, 나아가 인간다운 생활을 영위하도록 하는 데 있어 그 기초를 마련할 수 있다. 한번 잘못 형성된 생활습관은 평생을 두고 고치지 못하는 경우가 많으므로 적절한 시기에 알맞게 적절한 생활습관을 형성시키는 일은 매우 중요하다. 영유아기가 바로 기본생활습관을 지도할 수 있는 가장 중요한 시기이며, 구체적인 기본생활습관의 지도방법과 내용은 〈표 6-3〉과 같다(김이영 외, 2019; 박경애, 2014).

표 6-3 기본생활습관의 지도방법과 내용

구분	내용
구체적인 행동과 시범으로 모범을 보이며 직접적으로 지도한다.	부모나 교사 또는 주위 어른들은 행동으로 모범을 보여야 한다. 일반적인 지시나 훈육은 유아들의 생활습관형성에 도움이 되지 못하며 언어와 행동을 통한 기본적인 생활습관에 대한 좋은 모델링이 유아에게 주어질 때 비로소 유아는 학습을 통해 좋은 습관을 몸에 지니게 된다. 옳고 그름, 기대하는 기본생활습관이나 제한하는 기본생활습관을 직접적이고 구체적인 시범을 통해 가르친다.
영유아 개개인의 발달단계나 습관형성의 시기를 충분히 고려하여 칭찬과 기타 긍정적인 방법을 사용하여 지도한다.	바람직한 기본생활습관이 나타날 경우 그것에 대해 칭찬을 해 주거나, 잘못된 생활습관이 나타날 경우 이유를 설명해 주고 필요한 경우 대안을 제시하되 연령별 발달상황에 적합하게 적용하여야 한다.
유아가 스스로 하고자 하는 동기유발을 통해 자율적으로 할 수 있도록 지도한다.	성인의 무리한 강요가 아닌 유아의 흥미가 충분히 고려될 때, 유아 스스로가 좋은 습관을 형성하겠다는 동기유발이 형성된다. 또한 유아가 스스로 바람직한 행동을 나타냈을 때, 성인은 아낌없이 칭찬을 해 주어야 한다.

구분	내용
가정과 연계하여 꾸준히 지도하여야 한다.	유아가 올바른 기본생활습관을 형성하기 위해서는 무엇보다 성인의 인내심이 요구되며 끊임없는 지도와 격려가 필요하다. 때로 영유아의 기본생활습관은 실수와 퇴보, 성공의 연속과정으로 일관성 있는 반복을 통해 지속적이고 체계적인 활동이 되어야 한다.
토론을 통하여 바람직한 규칙을 스스로 정하고 지키게 한다.	독서영역의 규칙, 조형영역의 규칙, 쌓기영역의 규칙 등 '규칙 만들기' 토론 활동을 통해 자신들이 만든 규칙을 스스로 지킬 수 있도록 책무성을 부여하는 것이 좋다. 교사나 부모가 제시하는 규범보다 스스로 만든 규칙, 약속이기 때문에 설득력과 실천력이 높게 나타난다. 또한 규칙을 지키지 않을 시 어떤 불이익을 줄 것인가도 영유아와 함께 정한다.
다양한 매체를 사용하여 지도한다.	기본생활습관 교육을 인형극, 동화를 이용해 경험하거나 문제상황, 갈등상황을 제시하여 역할극, 동극으로 표현하여 다른 사람의 입장이 되어보며 감정이입의 과정을 통해 스스로 문제해결방법을 찾게 한다.

기본생활습관지도는 유아교육기관의 특별한 교육적 기능으로 취급해서는 안 되며, 교육과정 속에 포함시켜 학습지도와 생활지도가 일원화 될 수 있도록 유아교육기관의 모든 교육 활동 속에서 이루어져야 한다. 그리고 기본생활습관은 개인 생활뿐만 아니라 가정생활, 사회생활 등 전반에 걸친 것이기 때문에 유아교육기관뿐만 아니라 가정, 사회가 함께 지도하는 것이 가장 바람직하다.

3) 하루일과 속에서의 기본생활습관 지도법

유아교육기관은 영유아에게는 제 2의 집이며, 유아교사는 제 2의 어머니라고 할 수 있다. 내 집과 내 어머니 같은 편안하고 안락한 분위기를 만들기 위해서는 유아교사의 역할이 매우 크다. 즉 유아교사는 영유아와의 긍정적인 관계를 형성하고 서로 존중하며 끊임없이 상호작용을 해야 한다. 또한 유아교사는 영유아의 올바른 기본생활습관 형성에 책임감을 가지고 영유아들과 생활을 하여야 하며, 하루일과를 규칙적이고 상황에 따라 융통성 있게 운영할 수 있는 능력이 필요하다. 하루일과 속에서의 기본생활습관 지도에 대해 살펴보면 다음과 같다(박경애, 2014).

(1) 등원 및 맞이하기

표 6-4 등원 및 맞이하기 상황별 지도내용

구분	내용
인사하기(현관)	상황에 맞는 인사말 지도 • 여러 교사와 부모님께 인사한다. • 유아의 기분과 건강에 관한 정보를 나눈다.
신발 정리하기	• 개인 신발장 표시를 해 두어 개인 신발을 정리하는 위치를 알 수 있게 한다. • 연령에 따라 사진–그림–기호–글자(이름) 순서로 표시해 준다. • 개인 신발장의 표시된 곳에 신발 뒷부분이 보이게 정리한다.
문 열고 닫기	• 문의 손잡이 옆에 손바닥 그림을 붙여놓는다. • 소리 나지 않게 손잡이를 돌려 문을 열고 닫는다.
인사하기(교실)	상황에 맞는 인사말 • 담임교사와 반 친구들에게 다양한 말로 인사한다.
겉옷 벗어 정리하기	• 대집단으로 진행하기보다는 매일 3~4명씩 개별적으로 상호작용한다. • 한 쪽 어깨에서 벗기 시작하여 뒷손으로 반대쪽의 소매를 끌어당겨 벗는다. ☞ 사전활동으로 지퍼, 단추, 똑딱이 등의 소근육 활동자료를 비치하여 연습할 수 있게 돕는다. • 옷의 종류에 따라 적절히 정리하여 사물함에 보관한다.
수첩 · 가방 정리하기	• 수첩을 꺼내두는 위치에 바르게 정리한다. • 가방은 개인 사물함에 단정하게 정리정돈한다.

(2) 오전 자유선택활동

표 6-5 오전 자유선택활동 상황별 지도내용

구분	내용
교구(물건) 운반하기	• 교구바구니, 교구쟁반, 의자, 책상 등을 소리 나지 않게 옮긴다. – 의자 운반하기: 한 손은 의자의 등받이를 다른 한 손은 의자의 앉는 부분을 잡고 적당한 높이로 들어 운반한다. – 책상 운반하기: 두 사람이 함께 마주보고 옆으로 걸으면서 조용하게 운반한다. • 수시로 시범을 보이며 지도한다.
다른 사람을 보는 태도(상대방을 불편하게 하지 않기)	• 놀이하는 친구를 참견(방해)하지 않는다. • 적당한 거리를 유지한다. • 먼저 사용하고 있는 친구에게 허락받고(물어보고) 사용한다.

구분	내용
목소리 조절하기	• 상황에 따른 『목소리 조절판 교구』를 이용하여 다른 사람에게 방해되지 않게 목소리를 조절하는 훈련을 한다.
위험한 물건 주고받기	• 수시로 직접 시범을 보이며 지도한다.
교실 내에서 걷기	• 느린 걸음으로 사람이나 물건에 부딪히지 않게 이동한다. – 의자, 책상 사이를 지날 때 – 교구나 친구 옆을 지날 때 • 시범을 보이며 수시로 지도한다.

(3) 정리정돈 및 화장실 다녀오기

표 6-6 정리정돈 및 화장실 다녀오기 상황별 지도내용

구분	내용
정리정돈하기	• 전체 집단에게 정리정돈을 알릴 때에는 음악, 벨소리, 피아노 소리 등을 사용하여 정리시간에 익숙해지도록 한다. • 놀잇감 사진이나 밑그림, 기호 등을 붙여주어 놀잇감 정리를 돕는다. • 정리시간이 5분 정도 남았다는 것을 시곗바늘의 숫자로 모든 유아들에게 알려주어 새로운 놀이를 시작하지 않고 스스로 놀이를 마무리할 시간을 주도록 한다. • 정리할 것이 많은 유아에게는 개별적으로 언제쯤 치우는 시간인지를 미리 알려주어 더 확장되지 않도록 한다. • 정리정돈을 위한 시간이 많이 필요한 영역이 있을 경우, 교사가 도와주되 전체 교실의 정리정돈이 되어가는 상황을 수시로 체크하여 서로 도와 줄 수 있도록 격려한다. • 유아가 사용하기 적합한 크기의 걸레, 빗자루 등을 준비해 둔다. – 미술영역에 동그라미 테이프를 붙여두고 바닥에 떨어진 활동 부스러기들을 쓸어 모아 처리한다. – 교구쟁반 안에 네모 모양의 테이프를 붙여주고 색종이, 종이조각 등을 제공하여 쓸어 모으는 활동을 연습한다.
화장실 다녀오기	• 영유아들의 배변활동(훈련)은 유아교육기관을 이용하면서 지속되는 과정이다. 따라서 교사는 현재 영유아가 어느 부분까지 할 수 있고, 어떤 부분에 대해서 배울 필요가 있는가를 잘 관찰해 두어야 한다. • 사용 후 물을 반드시 내릴 수 있도록 지도한다. • 화장실 신발을 정리정돈하는 습관을 지도한다. – 발모양의 스티커를 화장실 바닥에 부착해 두어 정리할 수 있게 한다. – 다음 사람이 사용하기 편리하게 신발을 돌려서 정리해 둔다. • 사용 가능한 휴지 길이를 표시해 두어 절약하는 습관을 기르도록 돕는다.

(4) 오전간식

표 6-7 오전간식 상황별 지도내용

구분	내용
책상 닦기	• 유아반 친구들은 도우미 활동으로 책상 닦기를 도울 수 있도록 지도한다. – 책상 위 왼쪽에서 오른쪽 가로방향으로 닦는다. • 걸레는 바구니 안에 사용 전과 사용 후로 구분하여 넉넉하게 비치해 둔다.
우유 · 물 마시기(따르기)	• 사전 『붓기 활동』으로 눈과 손의 협응력을 키우는 연습을 하면 효과적이다. – 붓기 활동: 쌀, 콩, 마카로니, 물 등 쉬운 재료부터 시작하여 흘리지 않고 붓는 (따르는) 교구활동 • 개별적으로 간식을 덜어서 먹을 경우, 그날의 간식 내용과 양을 표시해 두어 유아 스스로 양을 조절할 수 있도록 한다.

(5) 대 · 소집단 활동

표 6-8 대 · 소집단 활동 상황별 지도내용

구분	내용
바르게 앉기	• 신학기에는 앉을 자리를 선으로 표시하여 안정된 분위기를 만든다. • 만 5세반 친구들에게는 의자를 사용할 기회를 제공해 준다.
준비활동	• 무음이나 아주 작은 소리로 이름(출석)을 부르며 주의 집중한다. • 칠판에 『조용히』라고 쓰면서 유아들의 관심을 집중시킨다. • 모이는 시간에 유난히 뛰어다니는 친구들은 도둑게임을 통해 사뿐히 걷는 것을 연습한다. – 도둑게임: 종을 소리 나지 않게 옮기거나, 숟가락 위에 작은 물건을 얹고 떨어뜨리지 않고 걷는 활동들을 말한다. • 『목소리 조절판 교구』를 이용하여 큰 소리로 말해야 할 때와 작은 소리로 이야기를 해야 할 때의 상황을 이해하고 목소리 조절을 적절히 할 수 있다.

(6) 실외활동

표 6-9 실외활동 상황별 지도내용

구분	내용
상황에 맞는 인사법 지도	• 실외로 나가기 전에 교사는 항상 구급약과 수건, 호루라기를 준비한다. • 상황에 따른 인사법을 지도한다. – "놀이터 다녀오겠습니다" / "재미있게 놀고 오겠습니다" 등

구분	내용
계단과 복도 이용하기	• 사전에 다양한 방법으로 선 따라 걷기 활동을 미리 연습하면 효과적이다. – 다양한 방법: 한 줄로 걷기 / 모양 따라 걷기 / 팔 벌리고 걷기 / 머리에 손 얹고 걷기 등 • 계단 중앙에 그림이나 선을 그어두거나, 작은 화분을 두어 천천히 우측 보행으로 계단을 오르내릴 수 있도록 지도한다.
신발신기	• 교실 역할영역에 신발을 비치하여 신고 벗기 연습을 즐겁게 할 수 있도록 지도한다. • 모둠별로 혹은 교실에서 정한 순서대로 순차적으로 신발을 신도록 한다.
주변 살피며 걷기	• 앞 친구 허리를 잡거나 여러 명이 너무 바짝 붙어서 줄을 서서 이동할 때, 함께 넘어지거나 다칠 우려가 있으므로 앞, 뒤 간격을 어느 정도 일정하게 유지하며 걷는다.

(7) 점심식사 및 이 닦기

표 6-10 점심식사 및 이 닦기 상황별 지도내용

구분	내용
배식하기	• 교사는 영유아의 수유나 식사, 간식시간의 전반적인 분위기를 편안하고 즐겁게 이끌며 개별적인 상호작용을 한다. – 예: 개별 영유아의 이름을 부르며 간단히 이야기 나눈다. 식습관을 격려하고 칭찬해 준다. • 유아반 친구들은 도우미 활동으로 책상 닦기를 도울 수 있도록 지도한다. • 기다리는 동안 함께 할 수 있는 활동으로 지루하지 않게 한다. • 그날 식사 메뉴의 이름이나 특징 등을 간단히 이야기하여 즐겁게 식사에 관심을 가질 수 있도록 한다. • 영유아 개인의 식사량을 파악하여 배식하며 좋아하는 음식을 미리 알아 개별적인 상호작용을 한다.
양치질하기	• 사전에 과학영역에 치아모형과 칫솔을 준비하여 미리 활동하면 좋다. • 도움 받아 치약 짜기, 치약 적당히 짜기를 반복적으로 연습한다. • 양치 컵 사용 전 후로 구분하여 정리하게 한다.
식사 뒷정리하기	• 용기를 종류별로 정리한다(식판, 국그릇, 수저 등). • 식사 후에는 흘린 음식물을 적당량의 휴지를 사용하여 줍고 스스로 주변을 정리할 수 있게 지도한다. • 식사시간이 빠른 친구와 느린 친구의 시간 차이를 적절히 조정해 나갈 수 있도록 지도한다.

(8) 귀가지도

표 6-11 귀가지도 상황별 지도내용

구분	내용
가방(소지품) 챙기기	• 친구와 수첩 및 가방이 바뀌지 않도록 개인 소지품을 챙기는 연습을 반복적으로 연습한다. • 겉옷을 바르게 입도록 지도한다
인사하기	• 상황에 따른 인사말을 반복적으로 지도한다 • 개별 영유아들이 하루의 일과를 조용히 정리하고 즐거운 마음으로 귀가할 수 있도록 정서적 지지를 해 준다.

3. 유아의 문제행동 지도

유아의 문제행동이란 한 사회문화권 안에서 바람직하지 않게 여기는 유아의 행동을 의미한다. 즉 한 문화권 내의 일정한 연령 단계 아동들에게 일반적으로 기대하지 않는 행동이나 일반적으로 그 연령 단계의 유아들에게 나타나는 것이지만 그 양과 정도가 지나친 행동 또는 그 연령 단계에서 기대되는 행동이 전혀 없거나, 정도가 아주 빈약한 경우와 어느 연령 수준에서도 기대하지 않는 전혀 엉뚱한 행동을 말한다. 문제행동은 부적응 행동이라는 말로도 표현되는데, 이는 유아가 자신의 생활을 적응적으로 원만히 이끌어 가지 못하는 행동을 의미한다. 유아의 문제행동을 구체적인 상황별로 살펴보면 다음과 같다(김이영 외, 2019; 오은영, 2010; 하정훈, 2007).

1) 자주 토하는 유아

밥 혹은 간식을 먹을 때 먹자마자 먹은 것을 토하고, 일부러 손을 넣어 토하는 시늉을 하는 아이들이 있다. 유아교육기관에서도 신체적 이상이 없는데도 불구하고 자주 토하는 유아들을 종종 볼 수 있다. 이런 상황에서 교사는 먼저 유아의 심리적 원인에 대해 살펴볼 필요성이 있다. 성인의 경우 자신의 감정을 언어로 표현할 수 있는 능력이 있지만 유아들의 경우 자신의 욕구불만을 표현하지 못하고, 자신에게 보이는 스트레스를 잘 해결하지 못해 그 결과 긴장감이 높아지고, 구토 등을 하려는 행동을 보이는 경우가 많다. 게다가 계속 토하면 원인이 무엇이든지 토한 것이 호흡기를 자주 자극해 흡입성 폐렴에 반복해서 걸릴 수 있으며, 잘 먹지 못해 성장장애를 보일 수 있다. 자주 토하는 유아에 대한 지도방법은 〈표 6-12〉와 같다.

표 6-12 자주 토하는 유아의 지도방법

- 특별한 신체적인 이상이 없다면, 세심한 관찰과 행동패턴, 성격, 가족의 분위기, 유아교육기관에서의 친구와의 관계 등 모든 상황을 종합해서 판단하는 것이 중요하다.
- 가정에서의 생활과 식사할 때의 행동, 누구와 주로 식사를 하는지 등을 부모상담을 통해 알아보아야 한다.
- 토하는 원인에 따라 문제가 있으면, 바로 치료해 주는 것이 아이들이 건강하게 성장하는 데 도움이 된다.

2) 밥 먹기를 싫어하는 유아(식욕부진)

유아들은 음식을 가려 먹거나 장난치고 돌아다니면서 먹는 등 식습관이 올바르지 못한 경우가 많다. 유아가 밥을 먹기 싫어하는 것은 밥을 먹기 전에 당분이 많은 간식(초콜릿, 사탕, 과자 등)의 섭취로 인한 식욕 감소, 운동부족으로 식사량에 비해 열량의 소모가 적은 경우에 발생할 수 있다. 또한 부모가 유아의 식사에 지나치게 과민한 반응을 보일 때, 유아는 이것을 무기로 자신의 다른 욕구를 충족시키려고 밥을 먹지 않으려는 경향을 보일 수도 있다. 유아들이 음식을 먹지 않으려는 가장 큰 이유 중의 하나는 양육자가 지나칠 정도로 먹는 것을 강요하기 때문이다. 유아들은 양육자가 강요할수록 그것에 맞서 점점 더 먹는 것에 저항을 하고, 먹지 않으려고 한다. 양육자가 유아의 먹는 문제에 지나치게 집착하고, 너무 중요하게 생각해서 강제로라도 먹이려고 하면 할수록 아이와 밥 먹는 문제로 매일 전쟁을 치르듯 실랑이를 벌이게 된다. 유아들의 올바른 식습관 형성을 위한 지도방법은 〈표 6-13〉과 같다.

표 6-13 밥 먹기를 싫어하는 유아의 지도방법

- 음식은 배고플 때 먹는 것임을 알게 한다.
- 시간에 맞춰 간식을 먹인다.
- TV를 보면서 음식을 먹지 않도록 한다.
- 어른이 올바른 식습관의 모범을 보여준다.
- 건강에 도움이 되는 음식을 준비한다.
- 식사하는 시간과 장소, 방법 등을 가르친다.
- 규칙적인 운동을 한다.
- 식사 준비과정에 참여시킨다.
- 다양한 식단과 조리법을 사용한다. 만일 유아가 채소를 좋아하지 않는다면, '요리활동'시간에 채소를 이용한 요리를 해본다.
- 유아에게 죄의식을 갖게 하지 않는다. "조리사 선생님이 이 음식을 만드시느라 얼마나 고생하셨는지 아니?", "아프리카 아이들은 다 굶어 죽는데, 너는 왜 밥을 안 먹니?"와 같은 말들은 도움이 되지 않는다. 그 대신 "선생님과 친구들은 맛있는데, 너는 맛이 없니? 이 음식들이 네 입맛에 맞는지 안 맞는지 지금 맛을 봤으면 좋겠는데" 등으로 유아에게 공감을 표현하면 유아는 거부했던 음식이라도 먹어보려는 의지를 갖게 되고, 새로운 음식이 나오더라도 맛을 보려는 도전 자세를 갖게 된다.
- 유아의 현재 상태를 고려한다. 배가 고프거나, 지칠 때 협조하기 싫어하는 것은 정상적인 일이다. 밥을 먹을 시간이 되어서도 고집이나 심통을 부릴 수 있다는 사실을 고려한다.

3) 손가락을 빨거나 손톱을 물어뜯는 유아

2개월 정도의 영아들은 배고프거나 졸리거나 엄마나 성인을 그리워 할 때 손가락을 빨면서 자신들만의 감정을 표현한다. 그런 경우 아이들은 나름대로 만족한 표정을 짓는 것을 볼 수 있다. 그러나 만 3~5세 유아들이 손가락을 빨거나 손톱을 물어뜯는 경우가 있다. 이런 행동들은 주로 긴장하거나 정서적으로 불안하거나, 욕구불만 등을 느끼는 유아에게서 나타난다. 그들은 이런 행동을 통해 불안이나 긴장을 해소한다. 손가락을 빨거나 손톱을 물어뜯는 유아에 대한 지도방법은 〈표 6-14〉와 같다.

표 6-14 손가락을 빨거나 손톱을 물어뜯는 유아의 지도방법

- 주의 깊은 관찰을 해야 하는데, 유아가 언제 불안감과 긴장을 느끼는지를 파악해야 한다. 교사는 자신이 심리적인 긴장을 주고 있는 것은 아닌지 혹은 가정에서 부모가 심리적인 긴장을 주는 것은 아닌지를 파악해야 한다.
- 유아 스스로 자신의 감정을 표현할 줄 아는지 파악해야 한다. 자신이 하고 싶은 것, 먹고 싶은 것, 친구와 사귀고 싶은 것 등 제대로 만족되지 않았을 때, 유아기의 본능적인 이러한 행동들이 습관으로 굳어지는 경우가 있다.
- 유아가 정서적으로 안정감을 가지도록 도와주어야 한다. 물론 가정과의 연계교육으로 가정에서도 유아가 안정감을 가질 수 있도록 학부모와 상담을 해야 한다. 교사나 부모가 유아에게 너무나 많은 기대감이나 부담감을 준다면 유아도 긴장감과 부담감이 생기게 된다.
- 유아가 손톱을 물어뜯는 행동 자체를 문제화하여 손톱 뜯는 행동에만 지나치게 초점을 맞추지 않는 것이 좋다. 즉 유아가 무료할 때 손톱을 뜯는 경우가 많다. TV를 시청할 때나 누군가의 설명을 들을 때처럼 손이 심심해서 무의식적으로 손톱을 물어뜯을 때가 있는데, 이럴 경우 손에 쥐었다 놓았다 할 수 있는 말랑말랑한 고무 공 같은 것을 쥐여 준다든가 하는 방법으로 손을 심심하지 않게 해 주면 손톱 뜯는 행동을 줄일 수 있다.

4) 유아교육기관에 가지 않으려는 유아

아침에 잘 일어나는데도 유아교육기관에 갈 시간이라고 하면 가지 않는다고 하는 유아, 실제로 배가 아프지도 않은데 배가 아프다고 하는 유아, 울면서 엄마나 할머니와 같이 있겠다는 유아들을 볼 수 있다. 이런 유아들의 경우 보호자의 과잉보호로 독립심이 발달되지 않았거나, 낯선 환경에 대한 불안감을 가지고 있거나, 과거 부모와의 분리불안의 경험으로 이런 행동을 보이는 경우가 흔하다. 그 외에 학업상에 문제가 있거나, 또래관계 등의 사회적 적응에 문제가 있을 때, 또 유아교육기관에 있는 동안 집에 무슨 일이 일어나지는 않을까 걱정하는 경우도 있다. 특히 부모가 자주 싸우거나, 가족 중 누군가가 기분이 좋지 않을 때 더욱 그런 행동을 보이게 된다. 유아교육기관에 가지 않으려는 유아에 대한 지도방법은 〈표 6-15〉와 같다.

표 6-15 유아교육기관에 가지 않으려는 유아의 지도방법

- 유아가 유아교육기관을 다니기 전에 부모와 떨어져 지내는 연습을 시키고, 부모는 꼭 돌아온다고 말해 준다. 유아가 이 사실에 익숙해지도록 기관에 대한 적응 시기에는 평소보다 빠른 시간에 부모나 양육자 성인이 올 수 있도록 한다.
- 이 상황에서 부모가 너무 강압적으로 대응하지 않도록 교사는 부모나 가족에게 협조를 구해야 한다.
- 인내심을 갖고 시간 여유를 두고 봐야 하는데, 가장 중요한 것은 부모의 마음과 대응 태도이다.
- 유아가 일부러 안 가는 것 같지만 사실은 못간다는 사실을 이해하는 것이 중요하다.
- 윽박지르면 안 되며, 그렇다고 장기간 집에만 있게 하는 것도 바람직하지 않다. 왜냐하면 유아가 경험해야 할 사회성과 모든 발달적 측면에서 손해가 크기 때문이다.
- 교사나 전문가와의 상담을 통해서 유아가 절대 가지 않으려는 원인과 그 마음을 이해하는 것이 중요하다.
- 수업 후에도 시간에 되면 유아교육기관에 놀러가거나, 아빠가 퇴근 후에 저녁에 유아교육기관 주변을 산책하고, 유아교육기관의 하루생활 등에 대해 물어보는 등 기관에 대한 심리적인 부담을 줄여준다.

5) 놀잇감을 정리정돈 못하는 유아

모든 것과 마찬가지로 정리정돈 역시 "세 살 버릇이 여든까지 간다"고 해도 무리는 아니다. 대부분은 하나하나 교사가 가르쳐야 하는 부분들이다. 예를 들어 동화책을 정리하는 것도 도서영역에 표시가 같은 곳에(예: 동그라미) 정리를 할 수 있다는 것은 일대일 대응을 자연스럽게 하는 것이다. 만 3세 유아의 경우에는 어디서부터 정리를 시작해야 하는지 알려주어야 한다. 하지만 만 5세 유아들은 정리의 개념을 잘 이해하며, 줄곧 연습을 했다면 실천에 옮길 수 있다. 이런 행동은 교사 혹은 부모가 정리하는 것을 대신해 주지는 않는지, 정리해야 할 양이 너무 많지는 않은지, 적절한 수납장이 있는지를 주의 깊게 살펴보아야 한다. 놀잇감을 정리정돈 못하는 유아에 대한 구체적인 지도방법은 〈표 6-16〉과 같다.

표 6-16 놀잇감을 정리정돈 못하는 유아의 지도방법

- 학기 초에 어디에 무엇을 정리해야 하는지 하나하나 알려준다. 세모로 표시된 바구니에서 놀잇감을 꺼냈다면 교구장 바닥에도 세모로 표시해 주고 그곳에 나중에 세모로 표시된 바구니를 놓게 돕는다.
- 정리정돈을 교사도 같이 해서, 정리정돈은 모두가 즐거운 시간임을 알게 한다.
- 규칙을 통해 유아가 협조하게 한다. 유아는 정돈과 질서는 중요하다는 것을 깨우치게 된다.
- 정리정돈을 잘 한 경우 칭찬과 격려를 해 준다.
- 수납장과 바구니에 놀잇감의 그림을 붙여 정리정돈을 쉽게 할 수 있도록 해 준다.
- 유아에게 무턱대고 장난감을 치우라고 하면 안 된다. 특히 산만하고 집중력이 떨어지는 유아는 정리를 하고 싶어도 할 수가 없다.

6) 이를 닦지 않으려는 유아

점심식사 후에 이를 닦지 않으려는 유아들을 흔하게 볼 수 있다. 이를 닦으라고 하면 이를 닦았다고 거짓말을 하기도 한다. 부모와 이 문제에 대해 의논을 하면, 집에서도 이를 잘 안 닦으려 한다고 말하는 경우가 흔하다. 이런 경우 교사는 이를 닦은 유아는

직접 이름표에 찍찍이 보슬이를 붙이도록 한다. 또한 교사나 부모는 건강한 치아와 잇몸을 유지하는 것은 중요하다는 것을 일상생활에서 자연스럽게 알려주어야 한다. 이를 닦지 않으려는 유아에 대한 구체적인 지도방법은 〈표 6-17〉과 같다.

표 6-17 이를 닦지 않으려는 유아의 지도방법

- 칫솔을 유아가 좋아하는 색깔로 나만의 표시를 하게 한다. 치약도 교사가 도와주어 같이 짜게 한다.
- 교사도 이를 닦는다는 것을 보여준다.
- 지역사회 치과의사를 초청하여 올바른 치아위생을 가르쳐 줄 수 있도록 한다.
- 지역의 보건소와 연락하여 만 5세는 불소도포를 해 줄 수 있는지 알아보고, 재미있는 치아 관련 동화를 들려주게 할 수도 있다.

7) 약을 먹지 않으려는 유아

유아교육기관의 현관 앞에서 학부모는 투약의뢰서를 작성하여 약과 함께 바구니에 넣는다. 그런 다음 다시 전화를 걸어 교사에게 알려주기도 한다. 교사는 약을 먹이고 투약보고서를 작성하여 학부모에게 전해 준다. 그러나 교사에게는 약을 먹이는 것이 여간 힘든 일이 아니다. 보통은 약을 먹으려 하지 않기 때문에 입을 벌리고 손을 잡고 약을 억지로 먹일 수도 없는 일이다. 약을 먹지 않으려는 유아에 대한 구체적인 지도방법은 〈표 6-18〉과 같다.

표 6-18 약을 먹지 않으려는 유아의 지도방법

- 만 3세 이상의 유아들에게는 약과 건강의 연관성을 이야기 나누기 한다.
- 평소 때보다 더 많이 안아준다. 유아의 감정을 이해할 수 있도록 유아의 입장이 되어보려고 노력한다.
- 약에 대한 두려움을 다소 없애기 위해 약의 모양과 형태를 보고 함께 이야기를 나눈다.
- 약을 강제로 먹이려고 하지 말아야 한다. 약을 줄 때는 유아가 재미있고 맛있는 것을 먹는다는 느낌을 갖도록 해야 한다. 진짜 힘들어서 안 될 때까지는 유아를 달래고 맛있는 것을 섞어서 주기도 하는 등 여러 가지 방법을 생각해 보아야 한다.

8) 자기 마음대로만 하려는 유아

유아는 아직 자신의 생각 외에 다른 생각을 받아들이고 그것을 적절히 소화하는 능력이 부족하고, 자기 뜻대로 되지 않으면 불안하기 때문에 고집을 부리는 경우가 많다. 또한 아직 자기 자제력이 부족한 유아들은 무엇이든지 자기 마음대로 하려고 한다. 물론 스스로 하려고 하면 기특하겠지만 막무가내로 자기 마음대로만 하려는 유아들이 있다. 먼저 유아의 성숙도와 책임감의 한계를 명확히 파악해야 한다. 자기 마음대로만 하려는 유아에 대한 구체적인 지도방법은 〈표 6-19〉와 같다.

표 6-19 자기 마음대로만 하려는 유아의 지도방법

- 교사나 학부모는 일관성을 지켜야 한다. 아이가 혼돈을 일으키면 더욱 무엇이든지 자기 마음대로 하려고 한다.
- 기관에서는 혼자만 생활하는 것이 아니라 동생반, 친구들, 형님반이 있어서 함께 생활해야 한다는 것을 동화나 이야기를 통해 알게 해 준다. 내가 마음대로 했을 때 어떤 일들이 일어나는지 언어활동도 해 보게 한다(만일 내가 교실에서 이리저리 뛴다면 어떤 일들이 일어날까? 만일 내가 미술도구 등을 아무 곳에나 갖다 놓는다면 어떤 일들이 일어날까?).
- 자유의 한계를 분명히 정해 준다. 유아에게 미리 주어진 자유의 한계를 알게 한다. 해도 되는 것과 해서는 안 되는 것의 한계를 교사와 유아가 서로 이야기한 후 약속을 정한다.
- 무섭고 두려워서 고집을 부릴 때는 문제상황에 대해 유아에게 설명해 주고, 어떻게 해야 할지 해결책을 함께 고민해 본다.
- 변화에 대한 저항으로 고집을 부릴 때는 유아에게 예상되는 상황을 충분히 설명해 주어, 유아의 관심과 흥미를 자극해서 유아가 자발적으로 참여하게 하는 것이 좋다.
- 단순한 반항으로 고집을 부릴 때는 사정하거나 부탁을 하지 않아야 한다. 또한 교사의 말을 듣지 않았을 때 생기는 결과에 대해서도 설명해 주고, 꼭 해야 할 일은 하도록 요구해야 한다.

9) 자주 짜증을 내고 화를 내는 유아

화는 외부에서 온 자극이나 내적인 자극에 의해서 흥분된 상태를 말한다. 또한 자신이 원하는 목표를 이루려는 과정에서 방해물이 있을 때도 화가 나며, 원하는 것을 얻지 못했을 때 그 좌절감이 화로 표현되기도 한다. 그리고 유아교육기관에 와서 자주 짜증을 내고 화를 내는 유아들이 있다. 이런 유아들에게는 친구들이 쉽게 접근을 하지 않으려는 경향이 매우 강하다. 그 이유를 물어보면, 그 친구가 매일 짜증을 내고 화를 낸다는 것이다. 아마 어른들도 주변의 사람이 이렇게 나오면 쉽게 접근을 못할 것이다. 교사와 부모는 유아가 아무 때나 이런 현상을 보이지 않도록 감정을 다스릴 줄 아는 유아로 변화시키는 것이 중요하다. 자주 짜증을 내고 화를 내는 유아에 대한 구체적인 지도방법은 〈표 6-20〉과 같다.

표 6-20 자주 짜증을 내고 화를 내는 유아의 지도방법

- 짜증내고 화를 내는 것이 어떤 행동을 의미하는 것인지 알려주고, 그렇게 하지 않고 원하는 것을 이야기하거나 부탁하는 법을 가르쳐 준다. 이때 동화자료를 활용하면 도움이 된다.
- 유아가 짜증내거나 화내지 않고 이야기하거나 부탁하면 칭찬해 준다.
- 무엇인가 감정을 발산해야 한다면 교실에만 있지 말고, 야외로 데리고 나가서 감정을 발산할 기회를 준다.
- 화라는 것은 좌절감에 의한 아이의 일시적인 감정 상태이므로 심각한 문제행동이라는 시각으로 볼 필요는 없다. 따라서 화를 내는 이유를 잘 파악해서 그 상황에 맞게 다루어 주고, 심각한 정도를 따져 보아야 한다. 단, 다른 사람을 다치게 하거나 기물을 파손하는 등의 의도적인 공격성이 드러나는 경우와는 구분을 해야 한다.

10) 남과 나눌 줄 모르는 유아

"내꺼야!"라는 말은 만 3세 초기 유아들이 종종 사용하는 말이다. 그 이유는 발달단계 상 자기중심성이 매우 강한 시기이기 때문에 그런 행동을 보일 가능성이 높기 때문이다. 하지만 자기 것이라는 소유력은 점점 더 강해서 만 4~5세 반에서도 자기 것이라

고 하다가 종종 친구들과 싸우는 경우를 흔히 볼 수 있다. 대부분의 아이들은 만 3세 이후가 되면 마음에 드는 친구를 가려 사귈 줄도 알게 되고, 본격적으로 또래와 어울려 놀기 시작한다. 그렇지만 아직은 자기중심적인 사고에서 벗어나지 못하는 시기라서 자기가 생각하는 대로 상대로 똑같이 생각할 것이라고 여기고 행동을 하게 된다. 유아가 자기 물건에 집착을 보이고 욕심을 부리는 것도 다 이런 자기중심적 사고에서 비롯된 것이라고 할 수 있다. 남과 나눌 줄 모르는 유아에 대한 구체적인 지도방법은 〈표 6-21〉과 같다.

표 6-21 남과 나눌 줄 모르는 유아의 지도방법

- 절대로 강압적으로 유아에게 요구해서는 안 된다. 유아가 장난감을 움켜잡고 있다고 해서 그것을 빼앗아 다른 유아에게 준다든가, 교사가 권위를 내세워 큰 소리로 명령을 한다면 유아는 심한 배신감과 모멸감, 분노, 저항감 등의 부정적인 감정을 느끼게 된다. 절대로 압박감을 주거나 강요하지 말고, 나눔의 가치를 배울 수 있는 기회를 만들어 주거나 실제로 경험하게 하는 것이 바람직하다.
- 알람시계나 모래시계를 활용하여 나누어 놀게 한다. 교실에서는 내 것만이 아니라 우리 모두가 같이 한다는 것을 알려준다.
- 혼자 가지고 놀 수 있는 것과 나누어서 놀아야 하는 것에 대해 알려준다. 이야기 나누기 시간에 우리 기관에 있는 물건은 무엇이 있는지 알아보는 시간도 좋은 방법 중의 하나이다. 그리고 그 물건과 대상을 짝짓는 것에 대해 놀이화하면 도움이 된다.
- 나눈다는 행동이 얼마나 좋은 것인지 교수매체를 통해 보여준다. 나눈다는 것이 사람의 감정까지 좋게 한다는 것을 알게 되면 도움이 된다.
- 매일 도우미를 2명 정도 정해서 간식이나 미술활동재료 등을 친구들에게 나누어 주는 사람으로 정한다. 자연스럽게 나눈다는 것을 배우는 기회가 된다.

II) 폭력적인 행동을 하는 유아

유아들의 과격한 행동은 대부분이 소리를 지르고, 물건을 집어 던지는 등의 파괴적인 행동으로 나타난다. 이러한 행동 대부분은 화가 났을 때 자신의 행동을 어떻게 다스려야 하는지 잘 모르기 때문이다. 이런 이유로 공격적인 성향이 나타나지 않는 1~2세 이후의 아이들 중에서도 이러한 행동을 하는 경우가 많다. 공격적인 성향을 가진 아이들은 2세 정도가 넘어가면 과격한 행동을 보이기 시작하는 것이 일반적이며, 또한 폭력을 행사하는 아이들도 있다. 대부분의 아이들은 호기심으로 다른 사람들이 이런 행동을 했을 때 어떤 반응을 보이는지가 궁금해서 시작하는 경우도 많지만, 이런 폭력적인 행동으로 인해 원하는 장난감을 얻거나 부모의 관심을 얻는 등의 보상이 따를 경우 더욱더 반복적으로 폭력적인 행동을 하게 되는 경우도 있다. 폭력적인 행동을 하는 유아에 대한 구체적인 지도방법은 〈표 6-22〉와 같다.

표 6-22 폭력적인 행동을 하는 유아의 지도방법

- 유아들에게 있어 공격적인 행동은 일반적이고 정상적인 발달과정의 하나이다. 특히 만 4세 이전의 아이들은 아직 자신의 충동을 잘 조절하지 못해서 때리거나 발로 차거나 깨물거나 하는 난폭한 행동을 보인다. 이처럼 일정한 시기에 나타나는 폭력적인 행동은 대부분 성장하면서 없어진다. 따라서 교사가 해야 할 일은 아이가 왜 때리는 행동을 하는지 그 이유를 알고 이해하는 것이다. 그리고 유아에게 때리지 않고도 자신의 감정을 표현하는 방법을 가르쳐 주어야 한다.
- 유아의 부모와 상담을 한다. 가정에서의 생활은 어떤지, 부모의 양육방식은 어떠한지에 대한 정보를 수집한다. 폭력적일 수밖에 없는 환경이라면 전문가를 통해서라도 바꿀 수 있도록 노력해야 한다.
- 친구의 기분을 배려하는 마음을 가르친다. "만일 친구가 일부러 던진 공에 맞으면 기분이 어떨까?" 라고 물어봄으로써 잘못된 행동이 친구의 몸과 마음에 상처를 줄 수 있다는 것을 알게 하고 다른 사람의 입장에서 생각하도록 하는 출발점을 만들어준다.
- 어울려서 함께 할 수 있는 놀이를 권한다. 친구와 함께 만들기하고 좋아하고 나눌 줄 아는 유아는 폭력적인 놀이를 할 가능성이 낮다.
- 폭력적인 매체로부터 보호한다. 가정통신문을 통해 학부모에게도 당부시킨다.
- 유아의 말에 귀를 기울이고, 어른이라도 잘못했으면 유아에게 사과를 하고, 유아를 존중해 준다면 폭력적인 유아도 점점 변화하게 된다.

12) 기다릴 줄 모르는 유아

기다릴 줄 모른다는 것은 고집이 세고 자기 통제력이 약한 것으로 볼 수 있다. 어떤 일이 마음대로 되지 않으면 그 결과를 받아들이지 못하고 생떼를 부리고 내키는 대로 행동을 한다. 모든 일을 자기 뜻대로 하려고 하고 욕구가 좌절되었을 때 절망적인 상태가 된다. 정서적으로 자기중심성이 강하여 주변을 살피지 않고 제 고집대로만 하려고

하기 때문에 또래들과의 단체생활도 원만하지 않을 수도 있다. 대부분 또래와의 관계에서도 기다림이 부족하여 분쟁이 생기는 경우가 많다. 기다린다는 것을 사소하게 생각할 수 있지만 사회생활에서 꼭 필요한 것이다. 기다릴 줄 모르는 유아에 대한 구체적인 지도방법은 〈표 6-23〉과 같다.

표 6-23 기다릴 줄 모르는 유아의 지도방법

- 교사가 유아와 함께 놀이를 하면서 차례를 지키는 것이라든가, 게임의 규칙을 지키는 것을 가르쳐 주면서 인내심을 길러 주는 것이 좋다. 그러면서 규칙을 지키고 차례를 지키는 것은 자신만이 아니라 다른 사람들도 다 그렇게 한다는 것을 강조해 주어 유아가 자기만 그러는 줄 알고 억울한 감정이 들지 않도록 세심하게 신경 쓰는 것이 좋다. 또한 짧고 명확하게 그 상황에 대해 설명해 주는 것이 좋다.
- 유아의 참을성을 칭찬해 준다. 동화를 활용해도 좋고 매사에 교사가 기다려준다는 것을 보여준다. 유아들이 조용해질 때까지 기다려 준다. "너희가 조용해질 때까지 선생님은 동화를 들려주지 않고 기다릴게"
- 미술시간에 "선생님 내 것부터 해 주세요"라고 많은 유아들이 왔다면 교사는 "선생님도 다른 친구 것을 붙여주느라고 바쁘단다. 너희가 모두 말을 하면 선생님 귀는 두 개 인데, 다 말을 알아들을 수가 없구나. 기다렸다가 한사람씩 부탁할 수 있겠니?"라고 눈을 마주치며 다정하게 이야기해 준다.
- 유아가 무언가를 하고 있을 때 '당장', '빨리'라는 말을 하지 않는다.

13) 거짓말을 하는 유아

일부러 거짓말을 해야지 하며 거짓말을 하는 유아는 드물다. 유아들은 상상과 현실이 가끔 뒤섞일 때가 있다. "주말 동안 지낸 이야기" 시간에 어떤 친구가 "놀이동산에 갔다 왔다"고 하면 대부분의 유아들이 놀이동산에 "갔다 왔다"고 할 것이다. 그리고 가끔 선생님이 친구들은 두 개씩 주고, 나는 한 개를 주었다고 이야기하거나, 이야기 시간에 나만 시키지 않는다고 이야기를 해서 교사를 당혹스럽게 하기도 한다. 거짓말을 하는 유아에 대한 구체적인 지도방법은 〈표 6-24〉와 같다.

표 6-24 거짓말을 하는 유아의 지도방법

- 유아에게 "너 거짓말쟁이구나", "너는 거짓말쟁이야"라는 말을 하면 안 된다. 그 말이 부모 혹은 선생님 입을 통해 나오는 순간 유아에게 거짓말쟁이라는 꼬리표를 붙여 주는 것이 되기 때문이다. 그렇게 되면 유아는 다음에 또 거짓말해야 하는 상황이 되었을 때 '난 원래 거짓말쟁인데 뭐!'라고 생각하면서 사실대로 말하는 것을 포기하게 된다.
- 거짓말이 다른 사람의 마음을 아프게 한다는 것을 알려준다. 그리고 교사는 '유아 이미지'로 유아가 거짓말을 했을 때의 감정을 이야기한다.
- 거짓말과 진실의 차이를 설명해 준다. 현실과 상상의 차이도 설명해 준다.
- 실수를 해서 거짓말을 했다면 실수를 인정하고 바로잡는 책임감을 갖도록 한다. 혼나지 않으려고 거짓말을 했다면 아이의 마음을 이해해 주도록 한다.
- 진실하고 솔직한 사람들에 대해서 이야기해 준다.

14) 남의 물건에 손대는 유아

남의 것과 내 것을 구분을 못하여 유아교육기관의 물건 혹은 친구의 물건을 아무런 말도 없이 집으로 가져가는 경우가 있다. 또한 가게에 갔을 때도 내가 좋아하는 과자를 그냥 가져오면 왜 안 되는지 알지 못해 계산도 하지 않고 가져가려고 하는 아이들이 있다. 남의 물건에 손대는 유아에 대한 구체적인 지도방법은 〈표 6-25〉와 같다.

표 6-25 남의 물건에 손대는 유아의 지도방법

- 유아의 자존심이 상하지 않도록 주의하면서 물건을 훔치거나 주인의 허락 없이 남의 것을 들고 오는 행동은 매우 잘못된 것임을 확실하게 전달한다.
- 교사가 무엇인가를 가지고 싶으면, 어떠한 절차가 있다는 것을 알려주고, 돈이 있어도 내가 가지고 싶은 것을 다 가질 수 없다는 것을 알려준다.
- 남에게 가져온 물건은 직접 돌려주게 한다. 아니면 교사나 부모가 도와주어 돌려주게 하고 사과의 말이나 그림, 편지 등을 전달해 주도록 한다.
- 공공장소에서 가져오면 안 되는 것과 되는 것을 알려준다.
- 훔친다는 것과 빌린다는 것의 차이를 알려준다. 빌린다는 것은 남의 물건을 허락을 구한 뒤에 가져가서 사용하고 다시 돌려주어야 한다는 뜻임을 알려준다.
- 기관의 물건은 모든 친구들이 함께 쓰는 것이라서 집에 가져가서는 안 된다는 것을 알려준다.
- 내 것과 남의 것을 구별하게 한다.

15) 고자질하는 유아

유아는 특히 자기가 중요하다고 여기는 사람, 즉 부모나 교사로부터 더 많은 관심과 주목을 받으려 하기 때문에 경쟁 대상인 다른 유아의 행동을 자주 고자질한다. 예를 들어 엄마의 관심과 사랑을 독차지하기 위해 형이 엄마에게 동생의 행동을 고자질하는 것이다. 그리고 자기가 한 일은 말하지 않고 종종 친구들의 잘못을 바로 선생님에게 고자질하는 유아들이 있다. 고자질하는 유아에 대한 구체적인 지도방법은 〈표 6-26〉과 같다.

표 6-26 고자질하는 유아의 지도방법

- 이 유아들을 세심히 관찰해 보면 자신은 친구들과 잘 어울리지 못한다. 함께 놀고 싶은 마음 뿐이다. 자신에게는 가정에서 뭔가 금지가 많고 해서는 안 되는 것들이 많은데, 그러한 것들을 친구들은 하고 있는 것이다. 그래서 화가 나서 선생님에게 고자질을 하는 경우가 있다.
- 그럴 때마다 교사는 그 유아가 일러주어서 잘했다고 하면 안 된다. 하지만 언제나 선생님은 너의 편이라는 것을 마음으로 보여주어야 한다. 또한 고자질이 그렇게 기쁘지 않다는 것을 깨닫도록 해주어야 한다.
- 다른 친구들에게는 유아가 고자질한 것은 같이 놀고 싶어서 그런 것이라고 알려주어 자연스럽게 어울려 지낼 수 있도록 한다.

16) 그림을 그리려고 하지 않는 유아

자유선택활동시간에도, 소집단에서도 좀처럼 그림을 그리지 않으려고 하는 유아가 있다. 이러한 행동을 보이는 유아들은 “난 그림을 못 그려요”, “그림 그리기 싫어요”, “난 못해요”라고 하면서 하소연하기도 한다. 그림을 그리려고 하지 않는 유아에 대한 구체적인 지도방법은 〈표 6-27〉과 같다.

표 6-27 그림을 그리려고 하지 않는 유아의 지도방법

- 유아가 집에서의 생활이 어떤지 부모님과 상담한다. 상담의 주된 내용은 비디오를 너무 본다던가, 너무 동적이지 않은가, 가만히 앉아 있지 못하는가 등이 될 수 있다.
- 또한 그림을 그렸을 때 다른 사람에 의해서 창피를 당한 경험이 있는지, 자신의 뜻대로 그림이 그려지지 않아서 불만을 가지고 있는지 알아본다.
- 이런 유아에게 이렇게 그려라 저렇게 그려라 하지 말고 교사는 무엇을 그렸는지 묻고 제목이나 이야기를 써준다. 그러면서 참 재미있는 그림이라고 격려를 해 준다.

17) TV 앞에만 앉아 있는 유아

아침에 일어나자마자 TV부터 켜는 유아들이 있다. 그리고는 밥도 먹는 둥 마는 둥, 친구들이랑 노는 것도 귀찮아하는 유아들이 있다. TV는 이제 우리 생활의 일부분이라고 할 정도로 매우 익숙한 매체이다. 통계에 의하면, 유아들은 하루에 4시간 정도 TV 시청을 하고, 전체 가정의 65%가 식사 중에 TV를 보며, 50%는 하루 종일 TV를 켜고 지낸다고 한다. TV 앞에만 앉아있는 유아에 대한 구체적인 지도방법은 〈표 6-28〉과 같다.

표 6-28 TV 앞에만 앉아 있는 유아의 지도방법

- 영상물 노출 시간은 하루 2시간을 넘지 않는 것이 좋고, 아이가 TV를 보여주지 않는다고 투정을 부려도 적절한 이유를 들어 제한하는 것이 좋다.
- 교사는 부모가 맞벌이로 인해 할머니나 다른 양육자에게 맡겨져 있는지, 유아가 울지 않게 하기 위해서 TV를 그냥 보게 하고 있는지 등을 파악해서 부모와 같이 교육을 해야 한다.
- 부모와 유아가 신문을 함께 보며 꼭 보고 싶은 것만 골라서 체크하고 그것만 보게 약속하고 이를 지켰을 때 칭찬해 준다. 그리고 주말에 시간이 날 때마다 부모와 나들이 계획을 세우고 나들이 가는 것도 좋은 방법이다.
- 교사는 부모님과 나들이 갔던 것에 대해서 친구들 앞에서 이야기해 보게 하고 관심 있게 듣고 호응해 준다.
- 유아가 TV 등 중독증에 걸린 것으로 의심되거나 염려스럽다면, 더 늦기 전에 전문가의 도움을 받도록 하는 것이 좋다.

18) 왼손잡이 유아

우리나라 사회에서는 예전부터 오른손을 '바른손'이라고 여겨 편향적으로 오른손 사용만을 강요해 왔다. 지금은 예전보다 인식이 많이 나아지긴 했지만 모든 게 오른손잡이 위주의 세상에서 여전히 소수의 왼손잡이는 적지 않은 불편을 감수하면서 살아가게 된다. 우리가 사용하는 손잡이의 원인은 유전적인 것과 환경적인 원인의 크게 두 종류로 나눌 수 있다. 그러나 여러 결과들에 의해, 어느 손잡이냐 하는 것은 누가 의도적으로 가르쳐서 형성되는 사회·문화적 환경 요인보다는 뇌의 발달 정도에 영향을 받아 형성되는 유전적인 것에 의해 결정된다는 것이 타당한 것으로 알려지고 있다. 왼손잡이 유아는 그림을 그리거나 이름을 쓸 때도 왼손을 사용한다. 유아는 전혀 불편하지 않지만 부모가 걱정하고 기관에서 도와주기를 부탁한다. 왼손잡이 유아에 대한 구체적인 지도방법은 〈표 6-29〉와 같다.

표 6-29 왼손잡이 유아의 지도방법

- 강제로 바로잡으려 한다면 그것이 심리적인 부담이 되어 오히려 바꾸기 어렵다.
- 유아에게 사람은 손을 사용할 때, 양손을 다 사용한다는 것을 알려준다.
- 게임을 할 때 공을 오른손으로 받아서 왼손으로 넘기기 게임을 한다면 도움이 된다.
- 유아가 오른손을 사용하면 칭찬을 해 주어 자연스럽게 고치도록 한다.

19) 성기를 만지는 유아

우리나라의 경우 오랫동안 사회·문화적으로 성에 대해 보수적인 생각을 가지고 있기 때문에 유아가 자위행위나 이와 유사한 행동을 하면 훨씬 더 충격을 받고 당황하게 된다. 그러나 성기를 만지는 행동은 탐색의 자연스러운 행동이며, 우연한 쾌감을 느낀 경우에 그런 행동을 반복하는 경우가 흔하다. 또는 꼭끼는 옷을 입거나 청결하지 않거나 습진과 같은 질환이 있는 경우에도 나타날 수 있다. 성기를 만지는 유아에 대한 구체적인 지도방법은 〈표 6-30〉과 같다.

표 6-30 성기를 만지는 유아의 지도방법

- 자위행위는 유아가 성장하면서 자연스럽게 겪게 되는 정상적인 행동이다. 그러므로 부모와 교사는 대수롭게 않게, 평범하게 대해 주는 것이 좋다. 자위행동을 하지 못하게 하려고 혼을 내거나 위협을 하게 되면 유아가 자신의 성기를 나쁘고 더러운 것으로 생각할 수도 있다.
- 과민반응을 보이지 않는다. 즉 불안과 죄책감을 느끼지 않도록 한다.
- 선호하는 활동을 하게 하거나 손을 많이 사용하는 놀이, 즉 핑거페인팅, 점토, 모래놀이 등을 제공한다.
- 청결한 습관, 편안한 옷을 입히고 습진 등이 없도록 한다.

20) 여자 친구 치마를 잘 들추는 유아

유아들은 남녀의 신체적인 차이에 민감하게 반응하는 시기로 남성과 여성에 대한 차이를 알 수 있다. 그리고 남녀의 신체적인 차이에 대해 비교적 구체적으로 궁금증을 갖기 시작하고 질문을 시작하는 시기이다. 또한 어른의 행동을 모방하고 싶은 욕구가 매우 왕성한 시기이기 때문에 이런 호기심이 여자 친구의 치마를 들추는 행동까지 연결되는 것이다. 예전에는 이러한 행동을 "아이스께끼"라는 말로 놀이처럼 생각했지만 이런 행동을 그저 놀이로만 생각해서는 안 된다. 여자 친구의 치마를 잘 들추는 유아의 구체적인 지도방법 〈표 6-31〉과 같다.

표 6-31 여자 친구 치마를 잘 들추는 유아의 지도방법

- 치마를 들추는 행동이 일어나는 즉시 안 된다고 단호하게 말을 한다.
- 일단 교사는 유아가 놀이로 하는 것인지 성적 호기심이 강해서 그런 것인지 알 필요가 있다. 그리고 상대방 친구가 그런 행동으로 인해 기분이 좋지 않다는 것을 알려준다.
- 유아가 가정에서는 어떻게 지내는지 알고 무언가에 불만이 있는지도 알아보아야 한다. 만약 성적호기심이 강하다면 유아를 위한 성교육을 해야 한다. 내 몸이 소중하듯 다른 사람의 몸도 소중하고 존중해야 한다는 것을 알려주어야 한다.

21) 친구에게 따돌림 당하는 유아

친구가 없는 것은, 마치 부모가 없을 때 유아의 삶이 힘겨울 수밖에 없는 것처럼 유아에게는 커다란 고통이다. 즉 친구가 없거나 친구에게 따돌림을 당하는 유아들은 인생의 '혹독함' 그 이상을 느끼게 된다. 친구에 대한 필요성을 느끼지 않는 유아는 타고난 성향을 제외한다면 부모의 간섭과 방해를 지나치게 의식하는 유아일 수도 있고, 부모의 의존 속에 안주하고 싶어 하는 유아일 수도 있다. 또한 아직 우정을 향해 가기에는 성숙이 덜 되어 그럴 수도 있고 친구 관계에 필요한 사회적 능력, 예를 들어 공감, 양보, 협상, 배려 등이 어려워서 그럴 수도 있다. 유아들은 신체나 외모, 성격, 또래 의식에 의해 유아들이 간혹 왕따의 사회적 현상에 빠져든다. 친구에게 따돌림 당하는 유아의 지도방법은 〈표 6-32〉와 같다.

표 6-32 친구에게 따돌림 당하는 유아의 지도방법

- 또래들이 한 친구를 따돌림을 할 경우, 대집단 활동 시 충분한 이야기 나누기로 유아들과 함께 생활하는 규칙에 대하여 정할 수도 있다.
- 사후활동으로 역할놀이를 해 봄으로써 타인에 대한 이해를 할 수 있도록 지도한다.
- 따돌림 당하는 유아의 좋은 점을 찾아 다른 친구에게 봉사하도록 하는 것도 도움이 된다(예를 들어 "○○는 화분을 들고 밖에 나가 햇빛을 쪼이게 해 줄래?").

22) 손님이 오면 다른 행동이 나타나는 유아

가정에 손님이 오거나 유아교육기관에 찾아오신 손님에 대한 관심이 많은 유아들이 평소와는 다른 과잉행동으로 성인들을 당황스럽게 하거나 어렵게 하는 경우가 있다. 손님이 오면 다른 행동이 나타나는 유아의 구체적인 지도방법은 〈표 6-33〉과 같다.

표 6-33 손님이 오면 다른 행동이 나타나는 유아의 지도방법

- 부모나 교사의 태도가 일관적이지 못한 경우, 또한 유아가 주변의 관심을 받고자 하는 태도에서 발생되는 것으로 부모와 교사는 일관성 있는 태도로 유아에게 임해야 한다. 유아의 바르지 못한 요구는 손님이 있더라도 단호하게 허용하지 않는다.
- 유아가 주변의 성인으로부터 칭찬과 격려를 받을 수 있도록 환경을 만들어 주는 것도 좋다. 욕구를 잘 채워줬을 때 현실 속에서 즐겁게 적응할 수 있다.

23) 혼자 노는 유아

유아들 중에도 선천적으로 내향적인 유아가 있다. 내향적인 사람은 외향성의 사람들과 다르게 혼자만의 시간을 가질 때 에너지를 충전한다. 유아들도 마찬가지이다. 이런 유아들은 친구를 잘 찾지 않거나 친구와 놀다가도 금새 혼자 놀려고 한다. 선천적으로 대인동기, 즉 사회적 관계를 유발하는 동기가 낮기 때문이다. 혼자 놀이를 즐기는 특성을 가진 유아는 방치되기 쉽다. 혼자 노는 유아의 구체적인 지도방법은 〈표 6-34〉와 같다.

표 6-34 혼자 노는 유아의 지도방법

- 유아가 새로운 환경에 노출되는 경험을 많이 해 보지 않았을 경우, 부끄러워하기도 하고 불안해하면서 자꾸 뒤로 숨으려고 하는 경향이 있다. 이런 경우 자기 스스로 긴장을 이완시키고 불안을 낮추는 방법들을 많이 배우고 연습할 수 있도록 도와주어야 한다.
- 유아 자신의 수준과 맞지 않을 경우 혼자 놀이를 하는 경우도 있다. 하지만 유아가 신체적으로 문제가 있는 경우도 있어 교사의 철저한 관찰이 필요하다. 종종 자폐증의 특징일 때는 전문가와 상담을 할 수 있도록 조치를 취해 주어야 한다.
- 유아들이 활동을 할 때, 이런 유아의 경우는 교사의 적절한 개입으로 다른 유아들과 상호작용하며 활동할 수 있도록 도와주어야 한다.

24) 집중시간이 짧은 유아

지나치게 활동적이거나 능동적인 유아도 산만할 수 있으며, 지나치게 호기심이 많은 유아도 산만해 보일 수 있다. 그리고 열악한 가정환경에서 자란 유아와 부모 혹은 교사에게 불만이 많거나 의도적으로 반항을 하는 유아도 산만해 보인다. 집중시간이 짧은 유아는 한곳에 가만히 있지 못한 경우로 활동 중이나 일상생활에서 주의가 안정되지 못한 경우가 많다. 기관에서 대집단 활동 시 집중을 못하고 과잉행동이 나타나며, 활동 시 수행능력에 있어 정확하게 하지 못하며 끝까지 마치지 못한다. 집중시간이 짧은 유아에 대한 구체적인 지도방법은 〈표 6-35〉와 같다.

표 6-35 집중시간이 짧은 유아의 지도방법

- 유아의 수준에 너무 높은 활동을 요구하는 경우 쉽게 포기하게 된다. 유아의 수준에 맞는 활동의 준비가 필요하며 성인의 과잉보호나 관심, 방임으로 인한 경우는 일괄적인 태도로 유아들이 혼란스러워 하지 않도록 지도해 주어야 한다.
- 주의력결핍 과잉행동장애(ADHD)의 특성인지 철저한 관심과 관찰을 해야 한다.
- 유아에게 감정을 조절할 수 있는 훈련을 해 주는 것이 효과적이다.

25) 수줍음이 많은 유아

부끄러움은 유아, 어른 할 것 없이 누구나 경험하는 정상적인 감정이다. 그러나 때로는 이런 감정이 문제가 될 때가 있다. 부끄러워서 친구들과 잘 어울려 놀지 못하고, 유치원에서 늘 혼자 떨어져 앉아 있는 등 일상생활에 적잖은 지장을 받는 경우가 그것이다. 부끄러움은 만 3세 이후에 주로 두드러지게 보이기 시작하는데, 수줍음이나 부끄러움도 일종의 불안이라고 할 수 있다. 다른 사람과 같이 있는 것을 불편해하고, 사회적인 상황에 노출되는 것을 두려워하는 불안한 마음이 수줍음과 부끄러움으로 표현되는 것이다. 친구들과 노는 것에 재미를 붙일 나이임에도 불구하고 수줍음이 많고 낯가림이 심해서 또래유아들과 어울리지 못하고 혼자 노는 모습을 많이 보이게 된다면 교사 혹은 부모 모두 굉장히 속이 상할 수밖에 없다. 이런 유아들은 문제상황에서 적극적인 대처나 해결을 못하고, 유아가 지나치게 수줍어하거나 말을 제대로 못하는 경우 소극적인 행동으로 어쩔 줄 몰라 하고 당황하여 성인의 뒤에 숨는 경우가 흔하다. 수줍음이 많은 유아에 대한 구체적인 지도방법은 〈표 6-36〉과 같다.

표 6-36 수줍음이 많은 유아의 지도방법

- 교사와 부모는 유아들이 놀이 활동을 할 경우 함께 참여하고 함께 즐거워하면서 유아의 마음을 읽을 수 있다. 함께 하는 활동의 시간들이 많아지면 유아들은 자연스럽게 이야기가 나오며 친숙한 상황에 대처하는 능력도 생겨나게 된다.
- 유아들의 자신감 향상을 위해 교사와 부모가 많이 도와주어야 한다. 교사와 부모는 유아들의 장점과 잘하는 행동에 대해 인정과 칭찬을 말과 행동으로 표현하는 데 적극적이어야 한다. 교사나 부모가 너무 급하거나 지시적이라면 유아는 위축되고 수줍음이 많으며 자신감이 점점 없어진다.

26) 자신에게만 관심을 쏟기를 바라는 유아

잠시도 혼자 있지 않으려고 하고 교사가 늘 자신과 놀아주기만 원한다. 심지어 교사에게 말썽을 부려 관심을 유도한다. 다른 반 친구의 머리를 쓰다듬어 주면 "우리 선생님이야"하면서 친구를 밀어내기도 한다. 항상 자신이 주목받기를 원한다. 자신에게만 관심을 쏟기를 바라는 유아에 대한 구체적인 지도방법은 〈표 6-37〉과 같다.

표 6-37 자신에게만 관심을 쏟기를 바라는 유아의 지도방법

- 관심을 바라는 유아의 의도를 파악한다. 야단을 쳐서 그치게 하는 것은 의미가 없다. 그 마음을 알아주는 것으로도 유아는 위로를 받는다. "친구를 칭찬해서 서운했구나?, 친구가 아무리 예뻐도 선생님은 너를 사랑해"
- 유아를 위로한 다음 교사의 요구를 설명해 준다. 유아의 요구대로만 하면 악순환이 계속될 뿐이다. "선생님도 너랑 놀고 싶어. 하지만 지금은 색종이를 친구들에게 주어야 한단다", "네가 도와주면 빨리 끝낼 수 있을 것 같은데 이것 좀 해 줄래?" 등

27) 지나치게 온순한 유아

온순한 유아를 달리 표현하면 침착한 아이인데 그것은 결코 나쁜 성품이 아니다. 단 너무 내성적이라면 집단생활이 힘들게 느껴질 수 있다. 3세 정도에 한곳에 앉아 사색만 하는 유아는 집단생활을 힘들어하고 있는 것은 아닌지 잘 관찰해야 한다. 또래 집단 속에 선뜻 들어가지 못할 수도 있다. 하지만 유아도 집단생활을 힘들어하고 있는데, 교사는 '저 유아는 원래 온순하니까'라고 판단을 해버리면 안 된다. 지나치게 온순한 유아에 대한 구체적인 지도방법은 〈표 6-38〉과 같다.

표 6-38 지나치게 온순한 유아의 지도방법

- 항상 온순한 사람이 손해만 본다든가, 활발한 사람이 세상을 지도해나가는 것은 아니다. 사색하는 유아, 온순한 유아에게 있어서 가장 중요한 문제는 그 유아 스스로 자신감을 가지고 있느냐 하는 것이다. 온순해도 스스로에게 자신감이 있는 유아는 집단 속에서 분명 자신의 위치를 확보할 수 있다.
- 온순하면서도 스스로에게 자신 있는 유아가 되게 하기 위해서는 교사가 유아의 존재를 온전히 인정해 주어야 한다. 자신이 꼭 필요한 유아, 사랑받는 유아라고 자각한다면 이는 사회에서 자신의 자리를 찾아 자신감 있게 살아갈 수 있기 때문이다.

28) 교사의 질문에 대답하기를 싫어하는 유아

평소에 교사와 이야기 나누기를 하면서 질문을 하거나 뭔가를 물어보면 "싫어요", "잘 모르겠는데요" 등의 이야기만 하는 유아가 있다. 진지하게 이야기하는 경우도 있지만 장난처럼 말하는 경우도 있다. 이런 유아들은 자기생각을 표현하기를 꺼리거나, 뭔가 숨기고 싶거나, 표현이 서툴거나, 관심을 끌고 싶을 때 이러한 행동을 보인다. 교사의 질문에 답하기를 싫어하는 유아에 대한 구체적인 지도방법은 〈표 6-39〉와 같다.

표 6-39 교사의 질문에 대답하기를 싫어하는 유아의 지도방법

- 감정적으로 대립하지 말고 수용하는 자세로 다가간다.
- 끝까지 기다려주며 유아의 이야기를 듣는다.
- 유아가 어렵게 이야기를 하는 도중에 먼저 판단하거나 결론내리지 않는다.
- 아주 잘 들어주며, 선생님이 지금 너의 이야기를 아주 잘 듣고 있다는 메시지를 느끼게 해야 한다.
- 예, 아니오가 아니라 생각할 수 있는 질문(개방형 질문)을 던진다.

29) 동생이 생겨서 투정과 심술을 부리는 유아

부모와 가족들의 사랑을 독차지하던 유아가 동생이 태어나면서 느끼는 위기감은 매우 크다고 할 수 있다. 그래서 일반적으로 동생을 본 유아들은 잘 가리던 대소변을 가리지 못하게 된다거나, 사소한 일에도 떼를 쓰고 울면서 해결하려고 하고, 어린유아처럼 젖병을 물고 돌아다니는 등 여러 가지 퇴행 현상을 보이게 된다. 이런 행동을 겉으로 드러내지 않고 속으로만 삭이는 유아들도 있다. 이런 경우 겉보기에는 잘 적응하는 것처럼 보일 수 있지만, 속으로 참는 유아는 엄마로부터 적절한 관심을 끌어내지 못하기 때문에 오히려 더 마음에 상처를 입을 수 있다. 동생이 생겼을 때 부모는 큰 유아를 더욱 사랑하고 있다는 것을 끊임없이 행동으로 보여주어야 한다. 지금까지 보다 더 많이 놀아주고, 안아주고, 이야기를 나누면서 동생이 생겼어도 변함없이 부모의 사랑을 받고 있다는 인식을 심어주어야 한다. 동생이 생겨서 투정을 부리고 심술을 부리는 유아의 지도방법은 〈표 6-40〉과 같다.

표 6-40 동생이 생겨서 투정과 심술을 부리는 유아의 지도방법

〈출산 전〉

- 가능한 한 조기에 동생에 대해 이야기를 한다.
- 동생에 관한 화제에 유아를 참여시킨다.
- 동생이 생기는 것의 장점과 단점을 모두 설명하는 이야기를 읽어준다.

〈출산 무렵〉

- 유아에게 특별히 신경을 써서, 제대로 보살핌을 받고 있고 잘 자라고 있는지 확인한다.

〈출산 후〉

- 형이나 언니의 역할을 가능한 한 많이 요구한다.
- 동생을 돌보는 법을 가르친다.
- 유아와 둘만의 시간을 규칙적으로 자주 갖는다.
- 유아가 무언가에 열중하고 활발하게 움직이게 한다.
- 사랑과 관심을 보이고 자주 안아주며 동생이 유아를 대신할 수 없다는 확신을 준다.

07 CHAPTER

유치원에서의 안전

배울내용

1. 유치원 실내 환경의 안전 및 위생
2. 유치원 실외 환경의 안전 및 위생

학습목표

1. 유치원 실내 환경의 안전 및 위생 관리에 관한 주요 내용 및 절차를 알아보고 이를 현장에 적용할 수 있다.
2. 유치원 실외 환경의 안전 및 위생 관리에 관한 주요 내용 및 절차를 알아보고 이를 현장에 적용할 수 있다.

CHAPTER 07

유치원에서의 안전

유아들은 발달특성상 호기심이 많은 시기에 있기 때문에 어떠한 행동을 하기 전에 행동 후에 일어날 상황을 고려하지 않고 즉시 행동으로 옮기는 특성이 있다. 따라서 교사들은 이러한 유아들의 특성을 고려하여 유아들이 위험한 상황에 대해 인지할 수 있도록 지도해야 한다. 따라서 본 장에서는 유치원의 실내·외 환경에서 발생할 수 있는 안전사고 및 안전사고 예방에 대해 살펴볼 것이다.

1. 유치원 실내 환경의 안전 및 위생

1) 유치원 현관 및 출입구

유치원 현관은 유아들의 설렘을 자극하는 곳이다. 유아들은 유치원 현관에 들어서는 순간 '오늘은 친구와 무엇을 하고 재미있게 보낼까?' 혹은 '바깥놀이에서 무엇을 하고 놀까?' 등을 생각하며 유치원에 들어서게 된다. 하지만 현관 및 출입구는 유아들뿐만 아니라 유치원에 근무하는 모든 교직원과 그 외의 사람들도 함께 이용하는 곳이다. 따라서 유아들이 보다 안전하게 이곳을 이용할 수 있도록 하기 위해서는 현관 및 출입구의 물리적 환경을 살펴볼 필요성이 있다. 다음은 교육부에서 제작된 유치원 시설 안전관리 매뉴얼에서 제시한 유치원 현관 및 출입구의 점검내용에 대한 설명이다.

표 7-1 유치원 현관 및 출입구 점검내용 및 설명

점검내용	설명
현관 또는 출입구에는 보안을 위한 잠금장치와 인터폰 등이 설치되어 있다.	• 외부인의 출입을 제한하기 위해 현관 또는 출입구에 잠금장치와 인터폰을 설치하여 반드시 확인하도록 함 • 외부로부터의 내방자를 확인하고 수상한 사람들의 침입을 막기 위하여 방범 카메라와 적외선 센서, 인터폰 등의 방범설비를 필요에 따라 현관 또는 출입구 주변에 설치하는 것도 유효함
현관문에는 도어클로저 등 손끼임 방지장치가 설치되어 있다.	• 현관의 문이 유리문인 경우 손끼임 방지장치 등 사고를 예방할 수 있는 안전장치가 되어 있어야 함. 또한 너무 투명한 문일 경우에 문에 현관임을 알리는 스티커를 부착하도록 함
방문한 사람의 신원을 확인 후 유치원에 출입을 시키고 있다.	• 외부로부터의 내방자를 확실하게 확인할 수 있도록 내방 때는 반드시 교무실에 들려야 한다는 취지의 안내문을 현관문 등에 게시하는 것이 중요함

출처: 교육부(2015). 유치원 시설 안전관리 매뉴얼. pp. 42-43.

이와 더불어 어린이집안전공제회에서도 영유아교육기관의 현관 및 출입구가 갖추어야 할 조건에 대해 다음과 같이 제시하고 있다.

첫째, 현관은 외부인의 출입을 제한하고 영유아가 성인의 보호 없이 나갈 수 없도록 자동잠금장치를 설치하여야 한다.

둘째, 영유아가 사용하는 모든 출입문에는 영유아의 손이 끼지 않도록 손끼임 방지 고무패킹이나 모서리 보호대를 설치하여야 한다.

셋째, 실내와 실외가 연결되는 바닥면에는 미끄럼 방지 발판이나 매트를 깔고, 현관 바닥의 높이가 다른 경우 충격 완충제를 설치한다.

넷째, 출입문 하단은 발끼임 공간이 없도록 설치하고, 문이 급하게 닫히지 않도록 출입문 속도조절장치(도어클로저)를 설치한다.

다섯째, 현관문은 안전한 강화유리를 설치하며 투명하거나 실내·외 모두 투시가 가능하도록 한다.

여섯째, 유리가 너무 투명한 경우 현관문임을 알리는 스티커를 부착하는 것이 좋다.

일곱째, 쓰러지기 쉬운 물건은 안전하게 고정(화분, 우산꽂이 등)하며, 게시물은 핀이나 압정과 같이 뾰족한 물건이 아닌 테이프나 자석으로 고정한다.

유치원 현관 출입문

현관 출입용 인터폰

현관 출입문 CCTV

출입문 손끼임 방지 설치

이러한 사항들을 고려하여 현관 및 출입문을 안전하게 통행하기 위한 지도사항은 다음과 같다(서울특별시 교육청, 2014).

첫째, 문을 열거나 닫을 때, 뒷사람이 문에 부딪칠 수 있으므로 뒤를 따라 들어오는 사람이 없는지를 확인한다.

둘째, 출입문에 손이나 발이 끼이지 않도록 조심한다.

셋째, 출입문을 서로 당기거나 미는 등 장난으로 여닫는 행동은 절대 하지 않는다.

넷째, 출입문의 유리를 세게 짚거나 밀지 않는다(유리파손 주의).

다섯째, 현관 및 출입문 바닥에 매트가 있는 경우 넘어지지 않도록 조심해서 걷는다.

2) 유치원 복도 및 계단

유치원의 복도 및 계단은 유아들의 흥미를 자극하기 위한 다양한 요소들로 구성되어 있다. 예를 들면 장식장에 다양하게 전시된 피규어, 동물 및 곤충 모형, 우주정거장과 관련된 요소들, 인형 등이 있다. 또한 복도 벽면에는 다양한 작품, 프로젝트 주제와 관련된 학습 자료 등이 지속적으로 게시된다. 하지만 이러한 물품들은 유아들의 흥미와 욕구를 채워준다는 점에서는 긍정적 측면이 있으나, 제대로 설치되지 않은 물품들은 되려 유아들의 안전을 위협할 수 있다. 또한 계단의 경우에도 바닥재의 종류, 계단의 모서리 부분 논슬립 처리, 계단 난간대 등도 유아들의 안전사고가 유발될 수 있는 장소이므로 복도, 계단 및 난간의 안전을 점검하는 것이 필요하다. 복도 및 계단의 안전점검을 위해서는 〈표 7-2〉, 〈표 7-3〉, 〈표 7-4〉를 참조하도록 한다.

표 7-2 유치원 복도의 점검내용 및 설명

점검내용	설명
복도 바닥에서 1.3m 높이까지는 벽체 파손 시에도 위험하지 않은 재료로 되어 있다.	• 위험한 재료는 벽에 부착된 유리거울, 창문 등과 같이 쉽게 파손되어 상해를 입힐 수 있는 재료를 의미함

점검내용	설명
복도에 노출되는 벽모서리나 기둥모서리는 코너가드 등을 사용하거나 모따기하여 둥글게 되어 있다.	• 모따기란 모서리나 날카로운 부분을 없애주기 위하여 깎아서 둥글게 처리한 것을 의미함
복도에는 충분한 조명 또는 창문이 설치되어 어둡지 않다.	• 복도는 유아들의 이동 동선이며 화재 시 주요한 피난경로가 되므로 충분한 자연채광을 확보할 수 있는 창문과 조명설비가 필요함 • 1㎡ 이상의 유효면적을 갖는 창문이 설치되어 있음 • 복도에는 조명설비가 설치되어 있으며 정상적으로 작동함을 확인함
교실과 복도 사이에 설치된 문 등 유치원 내 설치되어 있는 문에는 문턱이 없다.	• 유아들이 문턱에 걸려 넘어질 수 있으므로 유치원 내에 설치되어 있는 문은 문턱이 없어야 함
복도의 넓이는 성인 두 사람이 부딪치지 않고 다닐 수 있다.	• 복도는 90cm 이상의 충분한 유효폭으로 설치되어 원활한 보행이 가능하여야 함 • 여닫이 문의 개방 시 안전사고를 예방할 수 있어야 함
유치원 내 모든 문의 가장자리에는 유아의 손이 끼지 않도록 손끼임 방지장치나 완충장치가 설치되어 있다(여닫이문의 경우 도어클로저 설치).	• 도어클로저는 문의 상부에 설치되어 문이 열린 후 급속히 닫히는 것을 방지하기 위한 장치임. • 모든 출입문에는 손끼임 방지장치를 설치하도록 함

출처: 교육부(2015). 유치원 시설 안전관리 매뉴얼. pp. 38-39.

표 7-3 유치원 계단의 점검내용 및 설명

점검내용	설명
계단의 단높이는 16cm 이하이며, 단높이가 일정하게 구성되어 있다.	• 유아의 신체는 성인보다 작기 때문에 계단에서 안정적인 보행을 위해서는 단높이와 너비가 유아의 신체치수에 맞게 설치되어야 전도와 같은 사고를 방지할 수 있음 • 단높이: 16cm 이하, 단너비: 26cm 이상 • 계단너비: 150cm 이상
계단의 경사도는 너무 급하지 않고 완만하게 구성되어 있다.	• 경사도의 판단 기준은 계단을 내려올 때 옆의 난간 등을 잡지 않아도 앞으로 넘어지려는 느낌 없이 안정된 자세로 내려올 수 있는가로 판단해야 함 • 30°～35° 정도의 경사도가 적당

점검내용	설명
계단에는 미끄럼 방지처리가 되어 있으며, 견고하게 부착되어 있다.	• 계단의 끝부분에 미끄럼을 방지하기 위해 논슬립을 설치해야 하며 반드시 견고하게 설치되어 함 • 단, 청동제 철제 논슬립은 설치하면 안 됨
계단에는 충분한 조명 또는 창문이 설치되어 어둡지 않다.	• 계단에서의 전도 등의 사고를 방지하기 위해 자연채광을 확보할 수 있는 창문과 조명설비가 필요함 • 최소한 110룩스 이상의 조도가 확보되어야 함. 복도와 계단구역 간에 조도의 차이가 크게 발생하지 않도록 유의해야 함
바닥재는 충격을 흡수할 수 있는 재료를 사용하고 있으며, 계단의 끝선을 명확히 구분할 수 있도록 다른 색으로 채색되어 있다.	• 바닥재가 콘크리트, 대리석 등으로 되어 있고, 쿠션이 전혀 없는 딱딱한 상태이면 안 됨

출처: 교육부(2015). 유치원 시설 안전관리 매뉴얼. pp. 39-40.

표 7-4 유치원 계단의 점검내용 및 설명

점검내용	설명
난간 손잡이의 높이(약 80cm 내외)와 직경(지름 3.5cm 내외)은 유아들의 신체치수에 맞게 설치되어 있다. 난간살의 간격은 10cm 이하로 되어 있다.	• 계단에는 안정적인 보행과 추락사고 방지를 위해 난간이 설치되어야 하며, 난간의 높이, 난간살의 간격 등은 유아들의 신체치수에 맞게 설치되어야 함 • 난간 손잡이의 높이는 84~86cm, 손잡이의 직경은 3.2~3.8cm 범위로 설치하는 것이 바람직함 • 난간살의 간격은 10cm 이하로 설치해야 함

출처: 교육부(2015). 유치원 시설 안전관리 매뉴얼. p. 40.

유치원의 복도, 계단 및 난간의 안전조치에 대한 예시는 다음 〈그림 7-1〉과 같다.

그림 7-1 유치원 복도, 계단 및 난간의 안전조치 예시

3) 유치원 교실

유치원의 교실은 유아들이 가장 많은 시간을 보내는 매우 중요한 공간이다. 유치원의 어떠한 공간보다 더욱 세심한 점검을 통해 안전한 환경이 지속적으로 제공되어야 한다. 따라서 교사들은 교실의 안전을 효과적으로 관리해야 할 사람으로 예비유아교사들은 다음의 사항들을 주의 깊게 점검할 필요가 있다. 교실 공간에 대한 기본적인 점검 내용은 〈표 7-5〉와 같다.

표 7-5 유치원 교실 공간의 점검 내용 및 설명

점검내용	설명
교실은 1층에 배치되어 있다.	• 교실은 화재발생 위험 시 대피가 용이하기 위해 1층에 배치되는 것이 바람직함. 층간 공간에 있어 만 3세반은 1층에 배치하도록 함
교실 내에 세면대가 설치되어 있어 수시로 사용할 수 있다. 적정온도의 온수가 정상적으로 공급된다.	• 교실 안 또는 가까운 곳에 세면대가 설치되어 있어 유아들이 자주 손을 씻을 수 있도록 함 • 세면대에는 반드시 온도를 조절할 수 있는 온도조절장치가 되어 있고 온수의 온도는 너무 높지 않도록(40도 이하) 설정함
교실에 환기를 위한 시설(기계환기설비)이 있다.	• 기계환기란 송풍설비나 공조시설 등에 의한 환기이며 기계환기 설비의 가동에 의하여 환기가 적절하게 행해지고 있는지 확인해야 함
교실에 환기를 위한 창문의 크기가 적정하다.	• 자연적 환기란 창문을 열었을 때 교실 전체가 충분히 환기가 될 정도의 크기여야 하며, 외부에서 교실에 들어왔을 때 불쾌한 자극이나 냄새가 있는지 확인해야 함
난방은 복사난방을 하고 있다.	• 복사난방이란 바닥 · 벽 · 천장 등에 배관하여, 거기에 더운물이나 증기를 보내어 그 복사열로 실내를 따뜻하게 하는 방법을 말함. 직접적으로 난방을 가하는 형태를 피해야 함
실내온도는 18도 이상 28도 이하, 실내습도는 30% 이상 80% 이하를 유지하고 있다.	• 교실에 온도계를 비치하여 적정온도를 유지하도록 하며 유아들이 활동하기에 너무 덥거나(춥거나) 습(건조)하지 않은지 확인함
실내 조명시설이 잘 갖추어져 있다. 단, 인공조명에 의한 눈부심이 발생되지 않는다.	• 책상면을 기준으로 300룩스 이상 되어야 하며, 유아의 눈의 피로감을 줄 수 있는 눈부심이 발생되어서는 안 됨 • 조도검사는 주간(날씨가 흐린 날 우선적으로 측정)에 오전 10시에서 오후 2시 사이에 조명기구를 켜고 검사함

출처: 교육부(2015). 유치원 시설 안전관리 매뉴얼. p. 40.

(1) 교실 출입문

교실 출입문의 경우 크게 두 가지 형태로 구성되는데, 한 가지는 앞서 유치원 출입 현관문과 동일한 강화유리 형태가 있으며, 또 다른 한 가지는 미닫이문 혹은 슬라이딩 도어가 있다. 유치원 출입문으로는 일반적으로 슬라이딩 도어가 많이 활용된다. 하지만 슬라이딩 도어의 경우 안전에 취약한 부분이 있어 안전사고 예방을 위해 세심한 지도와 관리가 필요하다. 따라서 출입문 안전을 위해서는 다음의 사항에 유의해야 한다.

첫째, 〈그림 7-2〉와 같이 문틈 사이에 손이 끼지 않도록 안전보호대를 설치한다.

둘째, 〈그림 7-3〉에서 보는 바와 같이 문과 문틈 사이에 손이 끼일 우려가 있으니 손을 문에 짚거나 기대지 않도록 한다.

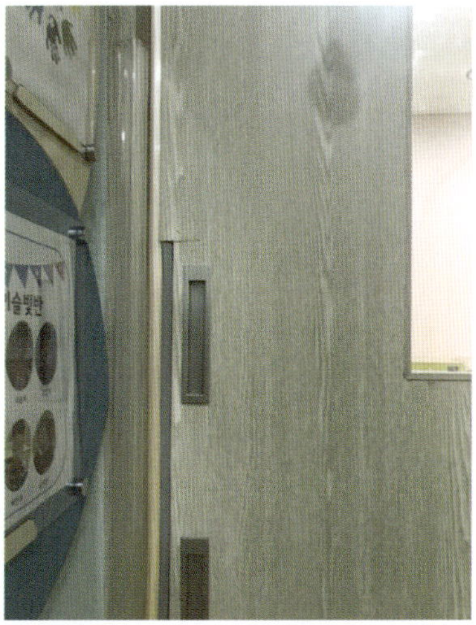

그림 7-2 슬라이딩 도어 1

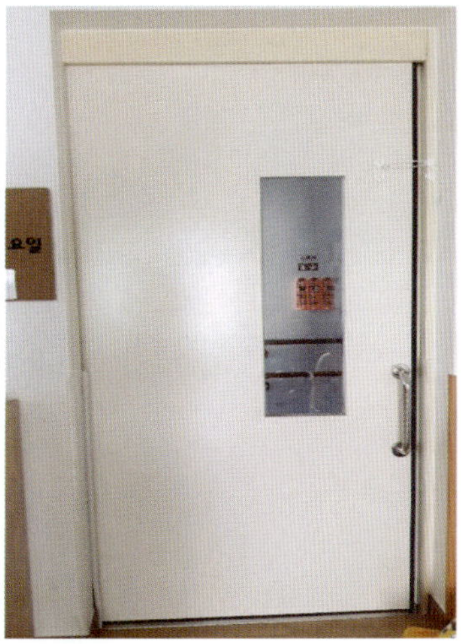

그림 7-3 슬라이딩 도어 2

(2) 바닥

유치원의 교실 바닥은 목질계 강화마루, 강마루, PVC계 장판, 데코타일, 마모륨 등

기관의 특성에 따라 그 재질 다양하다. 기본적으로 유치원 바닥재는 유아들이 생활함에 있어 넘어짐이나 미끄러짐을 방지하기 위해 약간의 쿠션감이 있는 소재를 선택하는 것이 중요하다.

또한 바닥 난방 유무에 따라 바닥의 재질에 변형이 올 수도 있다. 예를 들어 PVC계 장판의 경우 비닐 재질이기 때문에 열에 매우 취약하다. 겨울의 경우 유아들이 활동하는 시간에는 난방으로 인하여 장판이 늘어났다가, 하원 후에는 영하의 온도로 인하여 장판이 줄어들게 된다. 이러한 과정을 반복하면서 장판의 접합된 부위가 떨어져 장판 한 면이 불룩하게 솟아 오르게 된다. 유아들이 교실 내 활동에서 장판에 걸려 넘어질 수도 있기 때문에 교사는 철저한 점검을 통해 사전에 안전조치를 취해야 한다.

나무 재질 마루 바닥 1

나무 재질 마루 바닥 2

데코타일

마모륨

그림 7-4 유치원 바닥재 종류

(3) 콘센트

유치원 교실에서 전기를 이용하는 전자제품은 컴퓨터, 빔프로젝터, 실물화상기, TV, 전자피아노, 공기청정기, 에어컨, 선풍기, 칫솔 건조기 등으로 매우 다양하다. 이러한 전자제품을 이용하기 위해서는 반드시 전기의 공급이 필요한데, 일반적으로 전기의 공급은 콘센트를 활용하게 된다. 국토교통부의 배선설비 기준(국토교통부, 2016)에 따르면 콘센트의 위치는 기둥이나 벽에 설치하는 경우에는 건축물의 구조적 문제, 벽의 두께, 가구배치 등을 고려하여 설치하고, 바닥에 콘센트를 설치할 경우에는 가구의 배치, 예상통로 등을 고려하여 물을 사용하는 장소는 피하도록 규정하고 있다. 또한 콘센트 설치의 일반적인 높이는 다음과 같다.

■ **콘센트 설치의 일반적인 높이**

① 벽인 경우 바닥 위 30cm 정도의 높이에 설치한다.
② 작업대가 있는 경우는 작업대보다 10~30cm 정도의 높이에 설치한다.
③ 기계실, 전기실, 주차장의 경우는 바닥 위 50~100cm 정도의 높이에 설치한다.

한편 사용하지 않고 비어 있는 콘센트에는 〈그림 7-5〉와 같이 반드시 안전커버를 덮어 두어야 한다. 또한 멀티탭을 사용할 경우에는 가급적이면 각각의 콘센트에 스위치가 설치되어 있는 것을 사용하고, 멀티탭의 최대 전기용량을 초과하지 않도록 여러 가지의 전자제품을 한꺼번에 꽂아 사용하지 않도록 한다. 그리고 사용이 끝나면 반드시 코드를 제거하거나, 멀티탭의 스위치 전원을 차단하도록 해야 한다.

■ **교실 내 전기 시설 사용 시 주의사항**

- 물 묻은 손으로 전기 기구를 다루지 않는다.
- 스위치 및 콘센트의 고정나사가 장기간 사용 중 풀려 흔들릴 경우 위험하므로 사용을 중지하고 새것으로 교체한다.
- 콘센트에 플러그를 완전히 삽입하여 접촉부분에서 열이 발생되지 않도록 하며 한 콘센트에 너무 많이 연결하지 않는다.
- 플러그를 콘센트에서 뺄 때 줄을 잡아당기지 말고 플러그를 잡아서 뺀다.
- 전기선이 바닥에 길게 늘어지지 않도록 정리하여 벽 등에 고정시킨다.
- 전기제품은 청소와 소독 시 코드를 먼저 뺀 후 전기플러그, 스위치에 물이 튀지 않도록 주의한다.
- 전기기구를 사용 후에는 스위치를 끄고 전원 플러그를 반드시 빼둔다(선풍기, 에어컨, 온풍기 등).
- 모든 전선과 코드 플러그 사용 시 벗겨진 부분이 없는지 항상 점검한다.
- 전기기구의 사용법을 완전히 알고 사용한다.
- 사용 중인 기기에 이상이 발생하면 즉시 보고하여 조치를 받도록 한다.

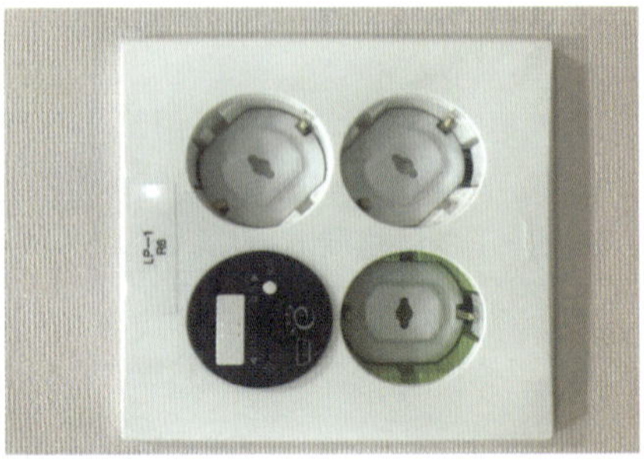

그림 7-5 콘센트 안전커버

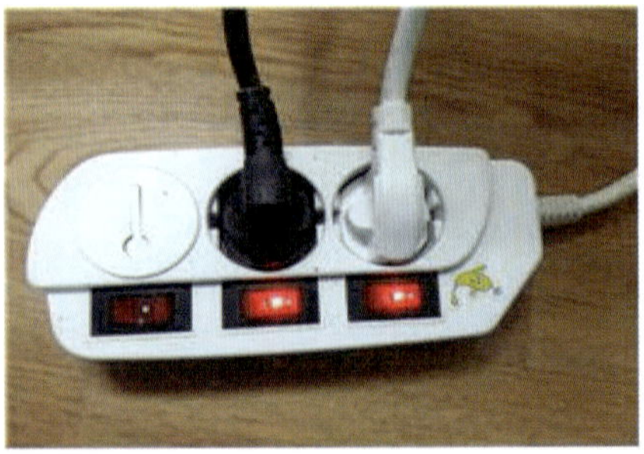

그림 7-6 개별 콘센트 스위치가 있는 멀티탭

(4) 벽면

유치원 교실의 벽면은 다양한 자료를 게시하는 공간으로 주로 활용된다. 이때 게시하는 자료가 무거울 경우에는 〈그림 7-7〉과 같이 칼블럭을 이용하여 나사못으로 단단히 고정하여 부착하도록 한다. 하지만 벽면이 석고나 합판과 같이 약한 재질로 되어 있다면 무거운 물건은 피하도록 한다. 반드시 게시해야 할 경우라면 〈그림 7-8〉과 같이 석고용 칼블럭을 활용하도록 한다. 또한 그림이나 게시물을 게시할 때 압정은 사용하지 않도록 주의하고 〈그림 7-9〉처럼 가급적으로 집게나 테이프를 사용하도록 한다. 예를 들어 압정이 빠져 있을 때 침 부분이 위로 향하여 유아들이 발이나 손과 같은 신체를 다칠 수 있기 때문이다. 또한 천장과 벽면 사이에 거미줄이 생길 수 있으니 수시로 교실 점검을 하여 청결을 유지하도록 해야 한다.

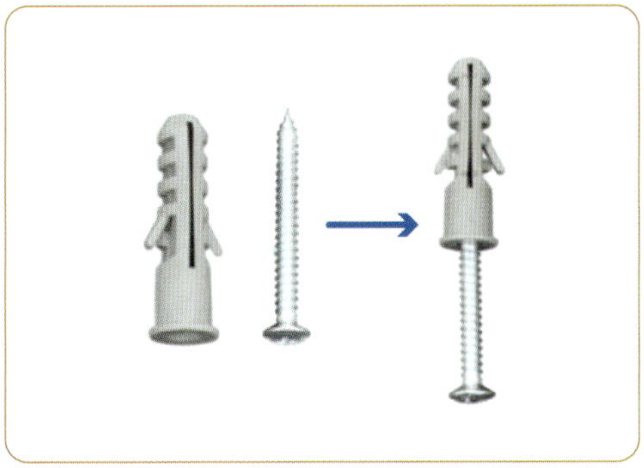

그림 7-7 콘크리트용 칼블럭

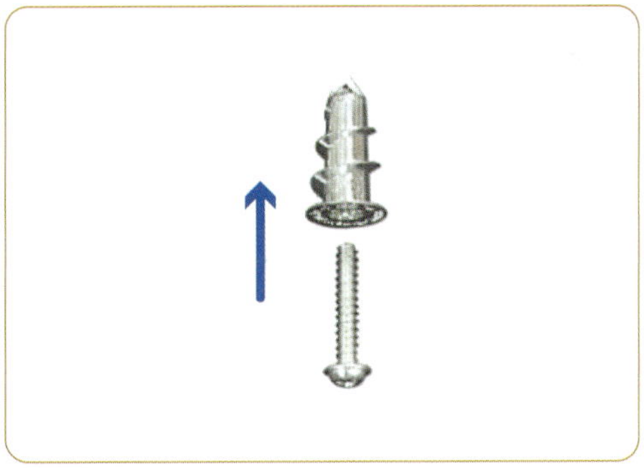

그림 7-8 석고용 칼블럭

그림 7-9 핀을 활용한 게시물

(5) 화장실

화장실은 유아들이 하루 중에 가장 많이 사용하는 공간 중의 하나이며, 올바른 배변 습관, 건강과 관련된 청결과 위생습관 등의 기본생활습관을 습득하는 장소이다. 이와 같이 화장실은 유아들의 사용이 빈번하기 때문에 항상 청결하고 건조한 상태를 유지해야 하며, 유아들이 사용하는 비누, 수건, 페이퍼타올, 화장지 등은 유아의 신체의 발달을 고려하여 배치해야 한다. 변기의 높이는 바닥으로부터 30cm 정도로 설치하는 것이 적절하며 교실과 인접한 공간에 위치해야 한다. 화장실의 설치 및 관리에 필요한 원칙을 살펴보면 다음과 같다(김희태 외, 2017).

■ 유치원 화장실 설치 및 관리

- 화장실은 수세식 유아용 변기를 설치하고, 교실과 같은 층의 인접한 공간에 설치한다.
- 화장실 문은 영유아가 혼자 열고 닫을 수 있도록 하며, 칸막이는 낮게 설치하여 예기치 못한 사고나 비상시에 대처할 수 있도록 한다.
- 화장실 바닥 표면은 물에 젖어 미끄러지지 않도록 미끄럼 방지가 된 타일을 설치하거나 미끄럼 방지장치를 설치한다.
- 화상을 예방하기 위해 온수의 온도는 40℃ 이하를 유지하고 온도조절장치를 설치한다.
- 세면대는 영유가 화장실을 이용할 뿐만 아니라 간식, 식사 전 · 후 그리고 놀이와 관련하여 자주 사용하는 곳이므로 화장실의 출입구 근처 편리한 곳에 설치한다.
- 화장실은 물을 사용하는 곳이므로 전열기구를 사용하지 않도록 하고, 전기콘센트는 반드시 덮개가 있는 것을 설치해야 한다.
- 화장실에 세탁기를 둘 경우에는 영유아가 이용하는 공간과 반드시 분리하고 세탁기문에 잠금장치를 설치해야 한다.
- 위험한 물건(락스, 세제 및 변기 청소솔 등)은 영유아의 손에 닿지 않는 높이의 선반이나 문이 달린 수납함을 이용하여 보관한다.

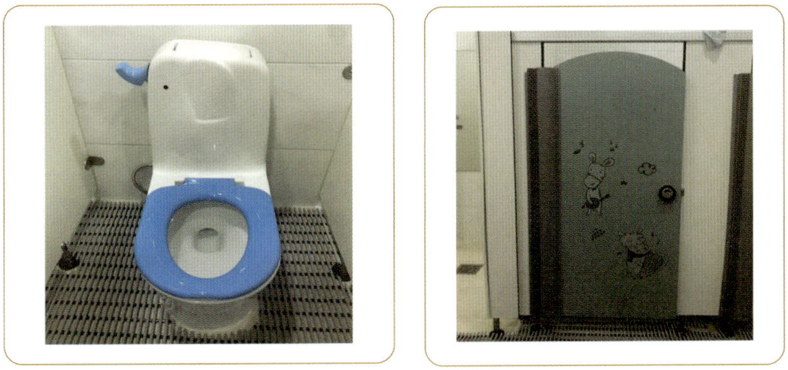

그림 7-10 유아용 변기 및 화장실 문

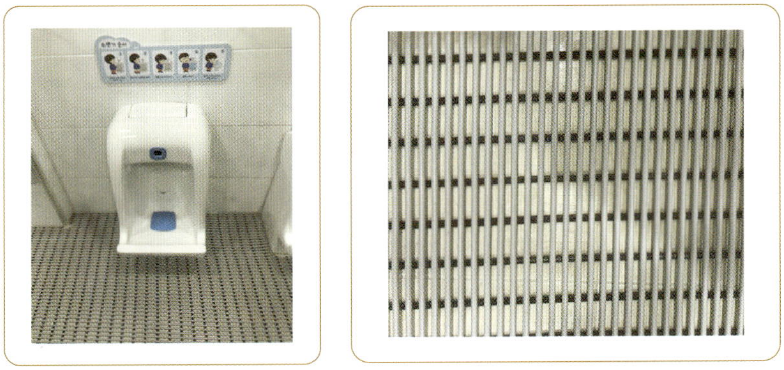

그림 7-11 화장실 바닥의 미끄럼 방지 및 깔판

그림 7-12 세면대

그림 7-13 화장실 기타 설비

(6) 놀잇감

유치원 실내는 다양한 흥미영역으로 구성되어 있다. 흥미영역은 실내 공간에서 유아들의 활용도가 가장 높은 곳이다. 따라서 흥미영역을 구성하고 있는 놀잇감의 안전 및 위생관리를 위해 교사는 놀잇감 안전을 위한 체계적인 계획을 세우고 이에 따라 수시로 점검하는 것이 필요하다.

블록영역 내 레고블럭의 경우 연령에 따라 〈그림 7-14〉, 〈그림 7-15〉와 같이 크기를 달리하여 제공하게 된다. 이때 〈그림 7-14〉와 같이 큰 블록의 경우 유아들이 블록을 분리할 때 비틀어서 분리하는 경우가 일반적이다. 하지만 비틀어서 분리할 경우 모서리 부분에 힘을 받게 되어 블록이 부서지게 된다. 만약 부서진 블록을 제거하지 않고 블록박스에 그대로 넣어두게 되면 다음에 사용하는 유아가 다칠 수도 있다. 따라서 이러한 상황을 미연에 예방하기 위해서는 〈그림 7-16〉과 같이 파손된 블록을 모을 수 있는 별도의 상자를 하나 마련해 두는 것이 필요하다. 이와 더불어 블록을 분리하기 쉽게 〈그림 7-17〉과 같이 '블록분해기'를 제공해 주어야 한다. 블록분해기는 지렛대의 원리를 이용하는 것으로, 분해기를 블록에 꽂고 아래로 꺾어 내리면 블록이 손쉽게 분해된다.

한편 작은 레고블록의 경우에는 유아들이 입에 넣고 놀다가 삼키는 경우가 있기 때문에 교사는 유아들에게 블록을 절대 입에 넣지 않도록 지도해야 한다.

그림 7-14 크기가 큰 레고블록

그림 7-15 크기가 작은 레고블록

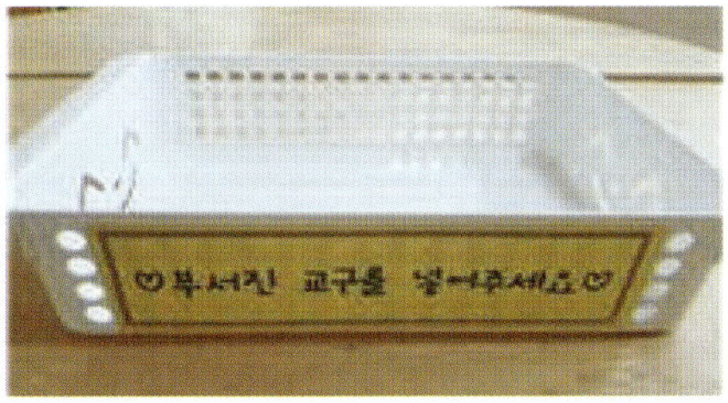

그림 7-16 파손된 블록 수거 바구니

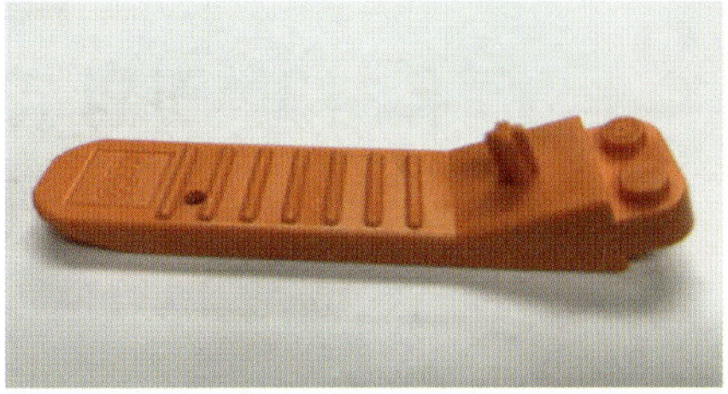

그림 7-17 블록 분해기

블록은 미세한 홈 같은 것들이 많아 오래 사용하게 되면 먼지와 유아들의 손때가 끼어 블록의 위생상태가 나빠지게 된다. 따라서 주기적인 블록의 세척이 필요하다. 블록 세척은 먼저 블록을 모두 담을 수 있는 큰 용기에 미온수를 채운 다음 베이킹소다를 반 컵 정도를 물에 풀어준다. 오염된 블록을 양파망이나 세탁망에 넣어 물에 넣는다. 30분쯤 블록을 불린 다음 블록이 들어 있는 망을 흔들어 세척한 다음 깨끗한 물에 한 번 헹구어 준다. 이후 약간의 물기를 제거한 다음 햇볕에 넓게 펼쳐 말리면 된다. 세척은 약간의 시간이 걸리기 때문에 금요일 오후에 유아들이 하원한 뒤에 하는 것이 좋다. 블록 세척 방법을 활용하여 플라스틱으로 된 다른 흥미영역의 놀잇감도 같은 방법으로 세척하면 된다.

한편 흥미영역에는 놀잇감의 정리를 위해 플라스틱 쟁반이나 바구니를 많이 사용하게 되는데 이때 〈그림 7-18〉, 〈그림 7-19〉와 같이 쟁반이나 바구니가 파손된 곳이 있는지를 수시로 확인해야 하며, 파손 발생 시 즉시 교체해야 놀잇감으로 인한 안전사고를 예방할 수 있다.

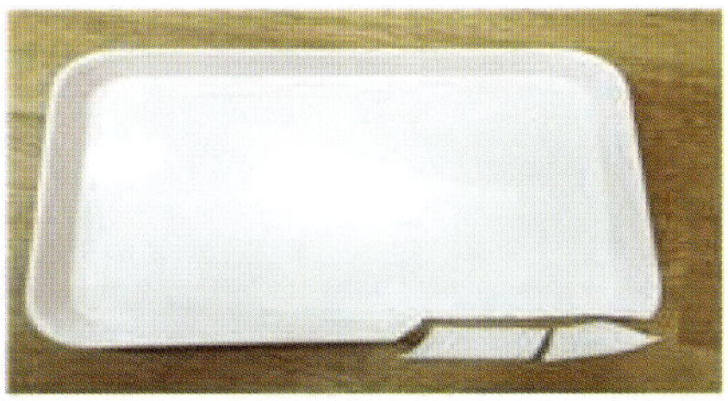

그림 7-18 파손된 쟁반

그림 7-19 파손된 바구니

2. 유치원 실외 환경의 안전 및 위생

유치원의 실외 놀이터는 유아들이 가장 좋아하고 즐겨 이용하는 곳이다. 하지만 유아들의 실외 놀이는 산업화와 경제의 급속한 성장 등과 같은 사회적 변화로 인하여 과거에 비해 상당히 줄어든 실정이다. 유아들의 실외 놀이 횟수와 소요시간에 대한 연구(유정선, 2004)에서는 주 1~2회, 1회 21~30분간 실외놀이가 실행된다고 보고되고 있다. 또 다른 연구(이명덕, 2009)에서는 주 3회, 1회 30~45분간 실외놀이가 실시되고 있는 것으로 나타났다. 이러한 결과는 현대사회의 유아의 놀이문화가 실외놀이보다 실내놀이에 더 많은 비중을 두고 있음을 대변하는 결과이다. 한편 실외놀이가 잘 이루어지지 않는 이유를 살펴본 연구(이명덕, 2009; 이상은, 2007)에 따르면, 안전문제, 시설 및 공간의 부족, 프로그램 부족, 놀이에 대한 부모의 낮은 인식, 원장과의 견해 차이 등으로 나타났다.

교육부에서는 유치원 누리과정 운영에 있어 1일 1시간은 실외놀이를 실시하도록 권장하고 있으며, 날씨나 유치원의 상황을 고려하여 탄력적 운영이 가능하다. 교육부의 이러한 권장사항은 교사들에게 부담으로 작용되기도 한다. 그 이유는 실내 공간에 비해 실외 공간은 개방적이기 때문에 교사의 통제 범위가 넓고, 유아들의 활동범위 및 행동반경 또한 커지게 되어 안전사고의 발생확률이 더 높아진다. 또한 실외 공간의 경우 유치원 대문은 외부인이 출입이 빈번하기 때문에 유아들의 놀이 시에 항상 신경을 쓰고 관리를 해야 한다. 이와 같이 실외 공간은 다양한 위험을 내포하고 있기 때문에 예비유아교사들은 현장에서 유아들이 안전하게 실외놀이 활동을 할 수 있도록 환경을 마련해야 한다. 따라서 실외놀이시설의 구성, 놀이시설의 종류, 각 영역별 안전점검 등으로 구분하여 살펴볼 필요가 있다.

1) 실외놀이터의 바닥재 종류 및 관리

실외 놀이터의 바닥재 종류는 잔디, 모래, 탄성고무매트 등으로 구성이 다양하다. 따라서 바닥재의 종류를 살펴보고자 한다.

(1) 잔디

잔디의 경우에는 천연잔디와 인조잔디로 나뉜다. 천연잔디는 유아들의 인체에 전혀 유해한 요소가 없으며, 넘어지거나 미끄러져도 안전사고로 이어질 가능성이 낮다는 장점이 있다. 하지만 초기 설치비용이 인조잔디에 비해 많이 들고, 별도의 관리비용이 많이 든다는 단점이 있다. 관리에는 잔디의 생육을 위한 물공급 비용, 잔디 손상 시 보식(補植)비용 등이 지속적으로 지출된다.

한편 인조잔디는 천연잔디에 비해 공사기간도 짧고 관리 또한 용이하며, 잔디 아래 부분이 고무재질로 된 탄성패드가 깔려 있어 유아들이 넘어져도 다칠 위험이 낮다. 하지만 초기 설치비용이 다소 비싸며, 여름철 표면의 온도가 상당히 높아 유아들이 놀이하는 데 불편함이 따른다.

그림 7-20 천연잔디 놀이터

그림 7-21 인조잔디 놀이터

(2) 모래

모래바닥은 다른 재질에 비해 충격 흡수의 효과가 크다는 것이 가장 큰 장점이다. 특히 유아들은 뛰어 놀면서 급하게 방향을 바꾸거나 갑작스럽게 멈추는 등의 행동으로 인하여 충돌에 의한 안전사고나 넘어지는 사고 등으로 찰과상을 입을 가능성이 높다. 이러한 바깥 놀이터의 안전사고를 예방하기에는 모래바닥이 이상적이다. 또한 모래바닥은 모래놀이를 할 수 있어 유아의 창의성 증진 및 정서 함양에도 도움이 된다는 연구결과(이손연, 2016; 최선미·최미숙, 2013)도 있다. 이와 같이 놀이터의 모래바닥은 유아들에게 많은 도움이 되기도 하지만 모래에 대한 위생관리도 매우 중요하다. 예를 들어 모래놀이터에 길고양이들의 배설물, 잡초, 개미, 유리조각 등은 유아들의 안전을 위협하는 요소가 될 수 있다. 따라서 모래놀이터의 청결을 위해서는 사용하지 않을 때는 반드시 덮어 놓고 주기적으로 살균을 해 주거나 전문 업체를 통한 지속적인 관리가 필요하다.

그림 7-22 유아 모래놀이 예시

그림 7-23 모래놀이터 1

그림 7-24 모래놀이터 2

(3) 탄성고무매트

탄성고무매트는 폐타이어를 잘게 분쇄 후 압축하여 만든 제품으로 〈그림 7-25〉와 같다. 일반적으로 탄성고무매트는 고무재질로 되어 있어 탄성이 좋아 놀이터 추락과 같은 안전사고 예방에 적합하며, 색상이나 크기 또한 다양하여 유아들의 흥미를 이끌어낼 수 있다는 점이 장점이다. 하지만 탄성고무매트는 기본적으로 폐타이어를 가공하여 만든 것이기 때문에 인체에 유해한 중금속류가 섞여 있어 반드시 어린이 놀이시설 안전관리법에서 규정하고 있는 중금속검사, 어린이 놀이터용 탄성매트 검사 등의 항목에 대해 합격한 제품을 설치하여야 한다. 또한 탄성고무매트는 고무 재질이기 때문에 시간이 지나면 바닥이 딱딱해지는 단점이 있기 때문에 수시로 점검을 하여 문제가 발생하면 즉시 교체하거나 안전을 위한 별도의 조치를 취해야 한다.

그림 7-25 탄성고무매트 놀이터 1

그림 7-26 탄성고무매트 놀이터 2

2) 실외놀이터의 놀이시설 및 안전 관리

(1) 조합놀이대

조합놀이대는 〈그림 7-27〉, 〈그림 7-28〉에 제시된 바와 같이 다양한 놀이시설들이 한꺼번에 설치되어 있어 유아들이 가장 선호하는 놀이시설이라 할 수 있다. 조합놀이대는 다른 놀이시설에 비해 설치 비용 및 단가가 높기 때문에 반드시 유치원 실외 환경, 유아의 연령, 최대 이용 유아 수, 조합놀이대의 기능 및 형태 등을 고려하여 설치해야 한다.

그림 7-27 조합놀이대 1

그림 7-28 조합놀이대 2

■ **조합놀이대 설치 및 관리**

- 최소공간(조합놀이대가 차지하는 공간+하강공간+자유공간)과 놀이대를 설치하기 위해 필요로 하는 설치 공간(충격구역)을 확보하여야 한다.
- 조합놀이대 전체가 차지하는 공간으로부터 최소 1.5m 둘레에는 어떠한 장애물이나 놀이기구도 설치하면 안 된다(하강공간 확보).
- 철봉과 오르는 기구 등은 사용자의 하중을 고려하여 튼튼한 기초 위에 기둥과 지지대를 설치하여야 한다.
- 유치원에서는 실외놀이터의 안전점검 체크리스트(놀이시설의 연결상태, 노후 정도, 변형 상태, 청결상태, 안전수칙 등의 표시 상태, 부대시설의 파손 상태 및 위험물질의 존재 여부 등)를 활용하여 월 1회 이상 안전점검을 반드시 실시하고 그 기록을 보관하여야 한다.
- 어린이 놀이시설은 행정안전부에서 지정하는 안전검사기관으로부터 2년에 한 번씩 정기시설 검사를 받아야 한다.

(2) 미끄럼틀

미끄럼틀은 〈그림 7-29〉, 〈그림 7-30〉에 제시된 바와 같이 경사면을 가진 구조물로서 유아가 규정된 트랙 내에서 미끄러져 내려갈 수 있도록 설계된 놀이시설을 말한다. 특히 미끄럼틀은 유아들이 손쉽게 사용할 수 있고 자주 사용하기 때문에 안전에 각별히 신경을 써야 하는 놀이기구이다. 미끄럼틀의 안전한 사용을 위해서는 행정안전부(2016)의 미끄럼틀 사고사례를 참고하여 유아의 안전지도에 참고하도록 한다.

그림 7-29 미끄럼틀 1

그림 7-30 미끄럼틀 2

■ **미끄럼틀 사고 형태 및 손상 내용**

- 미끄럼틀을 거꾸로 오르다 내려오던 아이와 충돌 및 추락하여 뇌진탕
- 터널미끄럼틀 위로 올라가다 추락하여 팔에 골절상
- 앉지 않고 서서 내려오다 바깥쪽으로 떨어지면서 팔에 골절상
- 도착지점에 앉아 있다가 뒤따라 내려오는 아이와 충돌 후 뒤로 넘어져 팔에 골절상
- 미끄럼틀 앞으로 넘어져 모래에 얼굴이 긁히고 눈썹 위 열상

■ **미끄럼틀 안전을 위한 점검사항**

- 미끄럼틀 활강표면에 울퉁불퉁한 돌출부나 거친면이 없는지 수시로 점검하고 이러한 부분이 발견되는 즉시 조치한다.
- 미끄럼틀 상단부에서 미끄럼틀을 타기 위해 기다릴 때 안전하게 기다릴 수 있게 지도한다.
- 미끄럼틀 활강표면이 스테인리스로 되어 있는 경우는 여름철 화상의 우려가 있으므로 온도를 확인 후 유아들이 사용할 수 있도록 한다.
- 미끄럼틀의 활강이 끝나는 부분에는 충격을 흡수할 수 있는 재질을 깔아두도록 하고 모래나 물이 고여 있어서는 안 된다.

(3) 그네

그네는 〈그림 7-31〉에 제시된 바와 같이 하중지지대에 매달려 있는 좌석이 앞뒤로 움직이도록 설계된 놀이기구이다. 그네는 유아들이 선호하는 놀이기구이지만 안전사고의 발생확률 또한 매우 높다. 따라서 예비유아교사들은 유아들이 안전하게 사용할 수 있도록 다음의 사항을 유의하여 지도할 필요가 있다.

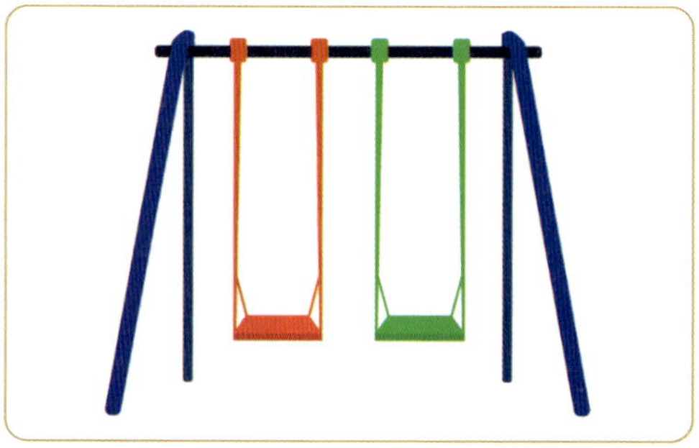

그림 7-31 그네

■ 그네 사고 형태 및 손상 내용

- 1인용 그네를 2명이 마주보며 타다가 1명이 뒤로 추락, 뇌진탕
- 영유아용 그네를 9세 아이가 이용 중 그네체인 상단 연결부에 손이 끼여 열상
- 그네 주변 안전바에서 떨어진 사고

■ 그네의 안전한 사용을 위한 점검사항

- 그네 낙하사고 방지를 위해 그네 발판과 지면의 간격은 최소한 낮게(30~40cm 이하) 설치하도록 한다.
- 그네와 다른 놀이시설의 충돌사고 방지를 위해 각 놀이 시설의 최소공간은 반드시 확보하도록 한다.
- 그네 줄의 손가락 끼임 방지를 위해 그네 줄 고리는 8mm 이하로 하고, 구멍이 클 경우 튜브 같은 재료로 마감하도록 한다.
- 그네가 움직일 때는 유아들이 안전바 내로 들어가지 않도록 지도하고 점검해야 한다.

(4) 흔들놀이기구(시소)

시소는 흔들놀이기구로 불리기도 하며, 〈그림 7-32〉와 같다. 시소는 기구 지탱부를 중심으로 흔들리는 놀이기구이므로 놀이기구의 중심대 부분을 단단하게 고정하여 흔들거림이 없도록 하는 것이 매우 중요하다. 따라서 예비유아교사들은 유아들이 안전하게 사용할 수 있도록 다음의 사항을 유의하여 지도할 필요가 있다.

그림 7-32 시소

■ 시소의 안전한 사용을 위한 점검사항

- 시소의 몸체, 손잡이 등은 흔들거림이 없는지 확인하고 시소가 땅에 딯는 부분은 충격을 완화하기 위한 타이어가 제대로 기능을 하는지 확인한다.
- 금속 재질의 시소는 녹슨 부분이 있는지, 나무재질의 경우에는 갈라진 부분이나 썩은 부분이 있는지 등을 수시로 점검하고 발견 즉시 조치한다.
- 손잡이 부분 혹은 유아들이 시소에서 안 떨어지기 위해 손을 잡는 부분에 손가락이 낄 만한 곳이 없는지를 항상 확인하도록 한다.

(5) 텃밭

유치원의 텃밭은 대도시에서 생활하는 유아들에게 있어서는 식물들의 성장과정을 직접 볼 수 있는 매우 흥미로운 공간이다. 텃밭은 앞서 소개된 놀이공간과는 조금 다른 공간이기는 하나 실외 공간이라는 측면에서 유아들의 호기심을 유발하는 요소들이 더 많아지기 때문에 위험요소들도 함께 많아진다. 따라서 교사는 안전에 대해 보다 많은 관심을 가지고 다음 사항을 참고하여 유아들을 지도해야 한다.

■ 텃밭의 안전한 사용을 위한 점검사항

- 텃밭의 잡초가 무성하게 자라지 않도록 정기적으로 제거하며 관리하도록 한다.
- 텃밭을 가꾸는 데 필요한 도구를 사용하기 전 사용방법에 대해 상세히 알려주고, 사용 시에는 반드시 주변에 있는 친구가 다치지 않도록 주의해서 사용하도록 지도한다.
- 작물을 지탱하기 위한 지지대에 찔려 다치지 않도록 지지대의 높이를 유아의 키보다 높은 것을 활용하고 끝처리가 고무재질로 된 것으로 한다.

그림 7-33 텃밭 1

그림 7-34 텃밭 2

그림 7-35 위험한 작물 지지대 1

그림 7-36 위험한 작물 지지대 2

(6) 기타(기적의 놀이터)

지금까지 놀이터는 무엇보다 안전이라는 것에 중점을 두었다면 전라남도 순천에서는 '위험해야 안전하다'라는 새로운 발상으로 기적의 놀이터를 제안하고 있다. 기적의 놀이터 조성에 대한 아이디어를 내고 기획을 총괄한 편해문 놀이터 디자이너에 따르면, 위험해야 안전하다는 뜻은 아이들을 위험하게 방치하는 것이 아니라 놀이터에 깨진 병조각이나 녹슨 난간은 미리 제거해 주어야 하지만 놀다가 긁히거나 까지는 등의 조금씩 자주 다치는 경험을 통해서 더 크게 다칠 수 있는 위험상황에 대처할 수 있다는 의미이다. 또한 '안전'만 강조하다 보니 '도전과 모험'은 사라지게 되고, 지루함과 싫증이 더 큰 사고를 부르게 된다. 그는 "놀이터의 또 다른 장점은 아이들이 민주주의를 몸소 배울 수 있는 공간이란 점"이라고 강조했다. "학교 학습만으론 민주시민이 되기 어렵다. 놀이터는 이를 훌륭히 보완해 줄 수 있다. 각자 주인이 되어서 생각이 다른 아이들과 만나 부딪히고 갈등을 빚으며 자연스럽게 관계를 익히고 조율하는 법을 깨닫게 된다. 놀이터는 실제 삶을 배우는 곳이자 도시 속 아이들의 마지막 차크라(chakra)인 셈이다."라고 강조한다.

예비유아교사들은 현장에 교사로 임용되면 유치원이라는 정해진 공간에서 유아들과 함께 매일 실외놀이를 1시간 이상씩 해야 한다. 앞서 기적의 놀이터에서도 살펴 보았지만 유아들에게 지시가 많으면 유아들은 지루해진다. 따라서 유아들과 함께할 수 있는 다양한 놀이들을 선생님은 늘 연구하고, 공부할 때 안전한 실외놀이를 실천할 수 있을 것이다.

3) 기타 시설 및 장소에 대한 안전 관리

(1) 통학버스

2013년 충북 청주의 한 어린이집의 통학버스 차량에서 하차한 김세림(3세) 양이 자신이 다니는 어린이집 차량에 치여 사망한 사고로 인하여 2015년 7월 통학차량 안전에 관한 법률이 개정되었다. 개정의 주요 내용으로는 9인 이상이 탑승한 어린이 통학버스의 의무 신고제도 운영, 안전띠 착용과 하차 및 승차 확인, 보호자 동승 필수, 어린이통학버스 운영자 및 운전자 교육 필수 등이다. 유치원 통학버스는 원아들의 편의를 위해 제공하는 서비스이다. 통학버스를 운행하는 운전자의 마음가짐이 가장 중요하지만 원아들의 안전을 위해 탑승하는 선생님의 역할도 무엇보다 중요하다. 따라서 예비교사들은 현장에서 버스에 오르기 전 다음 사항을 반드시 숙지해야 한다.

■ 탑승 전 점검 사항

- 통학버스 등하원 시간표를 반드시 확인한다.
- 안전벨트 및 안전시트의 설치 및 작동 여부를 확인한다.
- 차량 내 구급상자의 약품 및 기타 용품이 비치되어 있는지를 확인한다.
- 긴급 상황에 연락을 취할 수 있도록 휴대전화를 챙기도록 한다.
- 차량의 청소상태를 점검한다.
- 유아들의 하원지도를 할 때에는 반드시 탑승하지 않는 원아의 명단을 확인한 후 탑승하도록 한다.

■ 차량 운행 시

- 지정된 장소에 정차하도록 하고 차량이 완전히 정차한 후 선생님의 지도에 따라 유아들은 한 명씩 탑승하도록 지도한다.
- 유아가 탑승한 후 안전벨트 착용 유무를 확인한 후 운전자에게 출발 신호를 준 다음 안전하게 출발할 수 있도록 안내한다.
- 차량 운행 중 유아들이 안전벨트를 풀지 않도록 주의시키고 유아들의 상태를 항상 확인한다.
- 차량이 유치원 내에 도착하여 완전히 정차하기 전까지는 안전벨트를 풀지 않도록 지도한다.
- 차량이 완전히 정차하면 맨 뒤에서부터 차례로 하차할 수 있도록 지도한다.

■ 차량 운행 후

- 차량 내부에 남은 유아가 없는지 반드시 확인한다.

08 CHAPTER

학부모 상담 및 연계

배울내용

1. 상담의 정의
2. 상담의 이론적 배경
3. 부모상담
4. 학부모와의 연계

학습목표

1. 상담의 정의를 설명할 수 있다.
2. 상담의 이론적 배경을 이해하고 각 이론의 상담기술을 익힐 수 있다.
3. 부모상담을 이해하고, 구체적인 상담기법을 익힐 수 있다.
4. 학부모와의 연계방안을 이해하고 계획안을 수립할 수 있다.

CHAPTER 08 학부모 상담 및 연계

현대사회의 부모들은 저출산 현상으로 자녀양육의 경험을 접할 기회가 부족하고, 자녀양육에 대한 자신감도 낮고, 부모역할에 대한 만족도도 낮은 편이다. 더불어 최근 유아들의 문제행동이 증가하면서 문제를 가진 유아들을 어떻게 대처해야 할지 몰라 자녀양육에 혼란을 경험하는 부모들의 증가하고 있는 추세이다. 이러한 부모들을 정신적으로 지지하고 자녀양육에 자신감을 갖도록 돕기 위해서 부모교육 및 부모상담이 절실하게 요구되고 있다. 또한 대가족의 붕괴로 인해 젊은 부모들이 자녀양육 시 어른들의 도움, 조언 등을 즉각적으로 받을 수 없는 어려움을 해소하고, 성역할 개념의 변화에 따라 그에 적응하고 대처하기 위해서, 부모 자신의 인간적인 성숙을 위해서도 부모교육 및 상담이 필요하다(권화숙 외, 2018).

1. 상담의 정의

우리는 흔히 주위에서 결혼상담, 부동산상담 및 법률상담 등의 용어를 통해 상담이라는 용어를 자주 접하고 있는 시대에 살아가고 있다. 그러나 전문적인 활동으로서의 상담이라는 용어는 20세기 심리학이 하나의 학문으로서 발달되기 시작하면서 1950년대 이후 공식화되어 사용되기 시작한 용어라고 할 수 있다.

오늘날 현대인의 문제는 매우 복잡하면서 다양하고 혼자서 또는 주위사람들과 간단히 해결할 수 없는 일이 대부분이기 때문에 오늘날의 상담은 여러 가지로 복잡한 생활과정상의 문제를 전문적으로 다루게 되었다. 상담에 대한 일반적인 정의는 "상담이란 1:1의 개인적이고 전문적인 인간관계를 맺음으로써 내담자가 자신의 문제를 해결한다든지 환경에 보다 유능하게 대처할 수 있는 새로운 행동을 익히는 체계적인 학습활동"으로 정의하고 있다. 이와 같은 상담의 의미를 명확하게 알기 위해 '생활지도'와 '심리치료'와의 관계에 대하여 알 필요성이 있는데, 구체적인 내용은 〈그림 8-1〉과 같다.

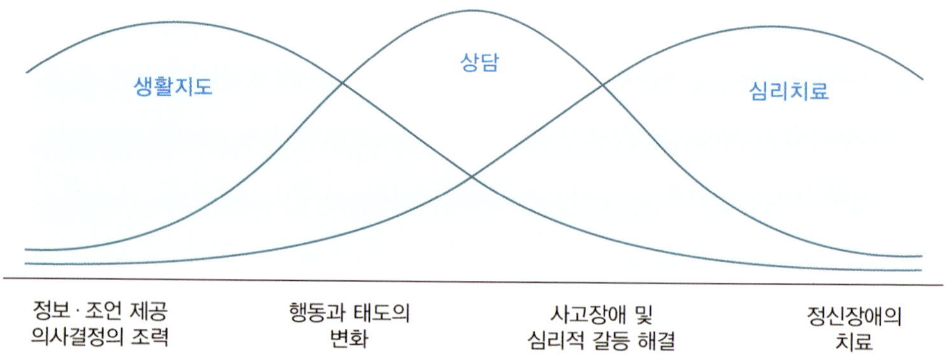

그림 8-1 생활지도 · 상담 · 심리치료의 관계

출처: 이장호(1986). 상담심리학 입문. 서울: 박영사.

〈그림 8-1〉에서 보는 것과 같이 생활지도와 상담 및 심리치료는 어디에 중점을 두느냐에 따라서 그 의미가 구분된다. 먼저 생활지도는 주로 유아들에게 필요한 정보와 조언을 제공하고 그들의 의사결정을 도와주는 활동이라고 할 수 있으며, 상담은 유아들의 행동과 태도의 변화를 유도할 뿐 아니라 사고장애 및 심리적 갈등을 해결하는 활동으로 정의할 수 있다. 그리고 심리치료는 유아의 정신장애를 치료하는 보다 전문적인 활동으로 정의된다. 따라서 상담이라고 하면 유아의 행동과 태도의 변화, 사고장

애 및 심리적 갈등 해결에 초점을 둔 일련의 활동으로 볼 수 있다. 그러나 이 세 영역은 완전히 구분될 수 있는 것이 아니고 상호 유기적인 관련성을 가지고 있으며, 상담에는 생활지도와 심리치료의 개념이 포함된다고 할 수 있다.

2. 상담의 이론적 배경

상담은 인간을 바라보는 학파들의 관점에 따라 상담기법도 달리 적용하게 된다. 상담의 대표적인 이론적 배경이 된 정신분석 상담이론, 행동주의 상담이론, 인본주의 상담이론 및 인지주의 상담이론에 대해 살펴보면 다음과 같다.

1) 정신분석 상담이론

프로이트(Sigmund Freud)

아들러(Adler)

정신분석 상담이론은 프로이트(Freud)에 의해 발전되었다. 이 상담이론은 첫째, 무의식으로 잠재된 갈등이 해소되지 않고 심리적 긴장상태로 남아 있어 여러 가지 부정적인 증상으로 나타난다고 가정하고 있다. 따라서 정신분석 상담의 목표는 무의식적 갈등을 의식화시켜서 개인의 성격구조를 재구성하는 데 있다. 즉 억압을 약화시킴으로써 무의식적 내면세계의 의식화 작업을 통해 의식적 기능인 자아의 힘을 강화시키는 것이 정신분석의 상담목표라고 할 수 있다. 또한 무의식적 갈등이 유아초기에 형성된다는 정신결정론을 강조하였으며, 인간발달단계를 구강기–항문기–남근기–잠재기–생식기로 구분하였고, 남근기까지의 발달을 강조하였다.

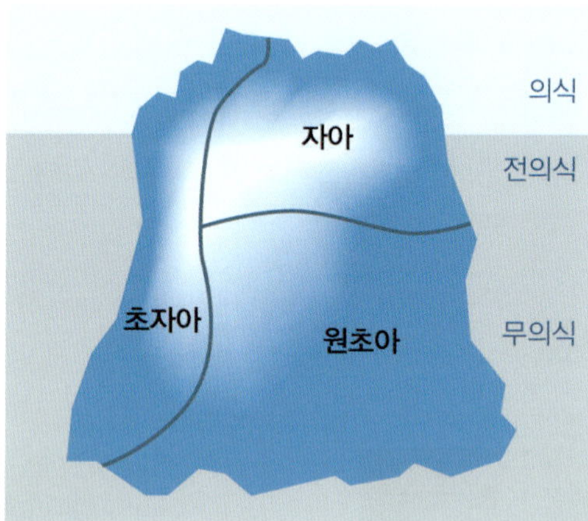

그림 8-2 의식수준

따라서 정신분석 상담이론에서는 첫째, 내담자의 무의식적 갈등 내용을 의식화하는 것이 중요한데, 무의식의 내용을 알아볼 수 있는 방법은 〈표 8-1〉과 같이 자유연상(free association), 꿈의 분석(analysis of dream), 저항의 분석(analysis of resistance), 전이의 분석(analysis of transference) 등이다(김이영 외, 2018).

표 8-1 정신분석 상담기법

구분	내용
자유연상	자유연상은 억압된 것을 알기 위해 마음속에 떠오르는 느낌, 생각, 기억, 감정들을 자유롭게 이야기하도록 하는 것이다. 이런 과정에서 유아기 때 억압되었던 경험들이 나타난다고 생각한다. 이런 자유연상을 통해 나온 무의식적 자료나 충동들을 의식화하여 자기통제 아래서 수정과 승화를 해 나가도록 돕는다.
꿈의 분석	정신분석 상담이론에서는 꿈을 통해 본능적 충동과 억압된 감정들을 표현한다고 생각한다. 그러므로 상담자는 내담자의 꿈을 분석하려고 한다.
저항의 분석	저항의 분석은 오랜 시간이 걸리고 어렵지만 절대적으로 필요하고 기본이 되는 과정이다. 자유연상과정에서 내담자들은 저항을 나타내는데, 이런 저항들은 회상하기 괴롭거나 개인의 생활이나 적개심과 관련된 것, 또는 화나게 하는 감정들이 억압된 것을 의식으로 표현하기를 방해하기 때문에 나타난다. 따라서 정신분석 상담이론에서는 이 저항을 깨버리고 환자 스스로 고통스러운 생각이나 소망, 경험에 직면하도록 한다.
전이의 분석	전이란 과거에 경험했던 감정, 갈등, 태도, 욕망, 기대 등을 현재상황의 치료자에게 동일시함으로써 나타내려는 것이다. 이런 감정의 전이를 내담자들은 정서적 취약성 때문에 매우 어렵고 위험하다고 보기 때문에 치료자들은 전이된 감정을 해석해 주고, 성장초기의 경험과 태도를 이해시켜 주려고 한다.

둘째, 정신분석 상담이론은 성격의 구조를 쾌락원리에 의해 작동하는 원초아(id), 현실원리 자아(ego), 도덕, 양심에 의한 초자아(superego)로 구분하였으며(〈그림 8-3〉), 이 세 가지 구조가 균형을 맞추고 있으면 건강한 사람으로 보았기 때문에 상담을 통해 성격을 재구성하는 데 초점을 두고 있다. 즉 프로이트는 건강한 사람은 자아가 주도권을 쥐고 원초아와 초자아의 욕구를 적절하게 해소하지만 무의식적 갈등으로 자아의 기능이 약화되면 부적응적인 문제를 유발하는 것으로 보았다. 그러므로 정신분석 상담이론에서는 원초아(id)의 힘을 알게 하고, 초자아(superego)의 요구에 지나치게 굴복하는 것을 줄이고, 자아(ego)의 역할을 강화시켜 주려고 시도한다.

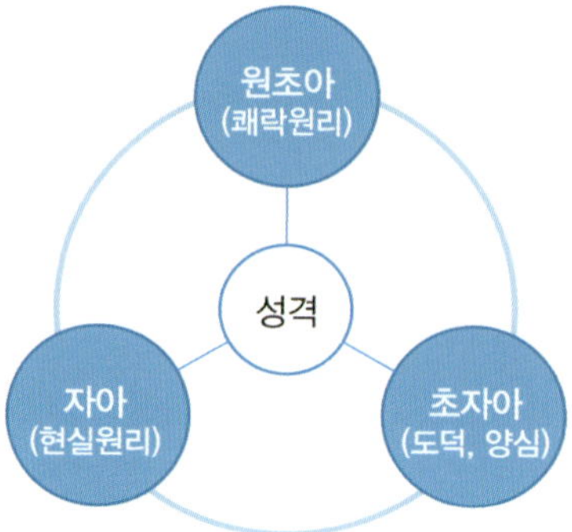

그림 8-3 성격의 구조

2) 행동주의 상담이론

파블로프(Pavlov)

스키너(Skinner)

반두라(Bandura)

행동주의 상담이론은 학습원리에 기초를 두고 시행되는 상담기법이다. 행동주의 상담이 지향하는 상담목표는 학습의 새로운 조건을 조성하는 것이다. 왜냐하면 부적응적 행동을 포함한 인간의 모든 행동은 학습으로 인해 형성된 것으로 보기 때문이다. 따라서 행동주의 상담은 부적절한 학습을 제거하고 적절한 행동의 학습경험을 제공하는 과정이며, 내담자가 상담목표를 선택하며 선택된 목표를 상담초기에 구체적으로 정의한다. 상담의 목표는 분명하고, 구체적이고, 이해할 수 있고, 내담자와 상담자가 동의

할 때까지 수정 및 재수정되어야 한다. 다시 말해 행동주의 상담이론에서는 고전적 조건형성과 조작적 조건형성의 원리 및 절차를 적용하여 심리적 장애를 평가하고 치료를 하는 것을 말한다(〈그림 8-4〉).

행동주의 상담이론의 범주 속에는 고전적 조건형성 원리를 이용하는 자극-반응 기법, 조작적 조건형성의 원리에 기반한 행동수정 그리고 사회학습 원리에 기반을 둔 인지-행동치료 등이 포함된다.

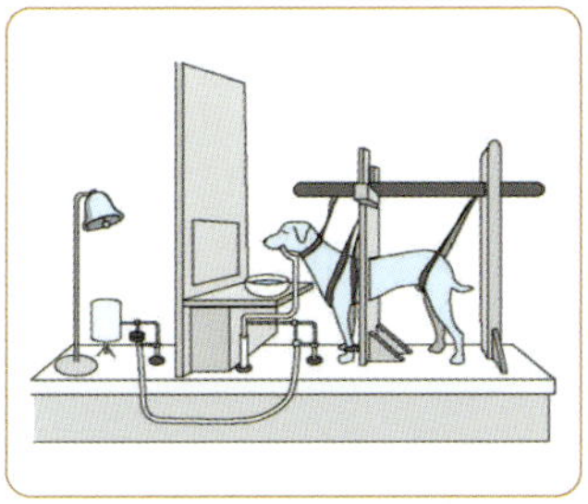

Pavlov의 고전적 조건형성 실험

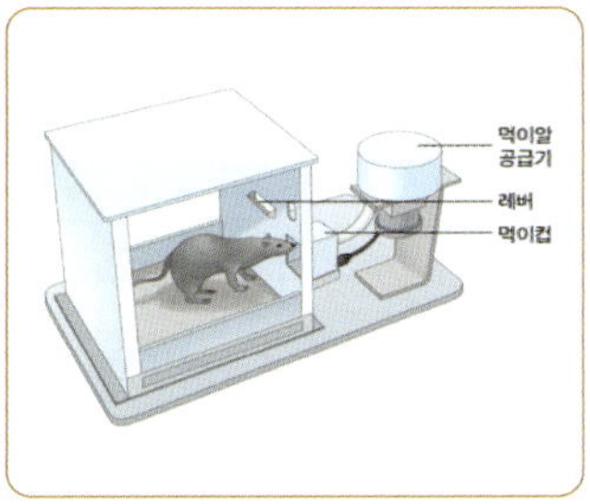

Skinner의 조작적 조건형성 실험

Bandura의 사회학습 실험

그림 8-4 학습이론 실험의 예

행동주의 상담이론에서는 다양한 기법들 중에서 역조건 형성에 기반을 둔 체계적 둔감법(내담자가 불안을 느끼는 상황을 묘사하는 상상적 장면과 이완을 짝짓는 것), 조작적 조건형성 원리에 기초한 수반관계의 원리(바람직한 행동이 발생한 후에 적절한 강화물을 제공함으로써 바람직한 행동의 빈도를 향상시키려는 목적)와 문제행동을 제거하려는 수반관계의 처벌(바람직하지 못한 행동 후에 부정적인 혹은 혐오적 처벌을 통해 행동의 빈도를 낮추는 것), 행동조성법(강화를 사용해 형성하고자 하는 목표행동에 점진적으로 접근하는 방법), 토큰경제법(직접적인 강화인자를 사용하는 대신, 후에 내담자가 원하는 다양한 물건과 교환할 수 있는 상표를 보상으로 제공하는 것), 타임아웃(바람직하지 못한 행동을 했을 경우 일시적으로 고립시키는 것), 변별강화(바람직한 행동 후에는 반드시 강화를 주고, 바람직하지 않은 행동 후에는 무시하는 것), 용암법(초기 학습과정에서는 단서, 조언과 같은 보조수단을 여러 번 자주 제시하고 후기 학습과정에서는 서서히 단서나 조언과 같은 보조수단의 횟수를 줄여 감으로써 나중에는 보조수단 없이도 올바른 행동을 하도록 하는 점진적 접근방법), 홍수법(내담자를 강력하고도 지속적으로 문제상황에 노출시키는 방법) 등의 기법들이 있다.

3) 인간중심 상담이론

인본주의는 심리학의 제3세력으로 불린다. 그 이유는 정신분석이나 행동주의가 가지고 있는 인간의 결정론에 반대하여 인간의 자유의지를 강조하기 때문이다. 인본주의자들은 개인의 자유의지 외에도 자기실현을 향한 욕구를 강조한다. 우리는 자신이 가진 잠재력을 최대로 발휘하려는 기본적 욕구를 가지고 있으며, 상담자들은 이들 개인이 가진 잠재력을 실현하는데, 안내자 역할을 하게 된다고 보는 것이 인본주의자들이 취하는 기본적 자세이다.

로저스(Rogers)

인간중심 상담에서 문제시되는 부적응 행동이란 개인이 자아를 왜곡한 결과라고 할 수 있다. 그러나 개인은 심리적인 부적응 요인들을 자각하는 능력과 부적응의 상태에서 벗어나 심리적 적응으로 향하는 경향성을 가지고 있으므로 상담자가 개인에게 성장할 수 있는 합리적인 조건들을 제공하면 타고난 잠재능력을 건설적으로 발달시킬 것이라고 본다. 따라서 상담자는 상호신뢰적인 분위기를 조성하여 내담자가 거리낌 없이 자기를 표현하도록 함으로써 자신의 내면세계를 이해하고 자신의 문제를 파악하여 자기를 실현하도록 돕는 데 있다. 이런 점에서 상담의 목표는 인간의 문제가 아니라 인간 그 자체에 초점을 맞춘다. 다시 말해 단순히 내담자의 문제를 해결하는 데 그치지 않고 내담자가 현재 직면하고 있는 문제들과 앞으로의 문제들을 극복할 수 있도록 그들의 성장과정을 촉진하는 것이다.

인간중심 상담에서는 상담자의 말이나 행동보다 상담관계가 중요한 변인이다. 인간중심적 체계에서의 기법들은 경청, 수용, 존중, 이해, 진솔한 표현 등으로 이루어져 있어 특정 기법을 강조하거나 내세우지 않는다. 왜냐하면 상담자가 기법을 사용하는 데 집중하다보면 관계를 비인간적으로 만들게 될 것이라고 보기 때문이다. 따라서 인간중심 상담에서 강조하는 것은 단지 상담자의 정직한 표현이다. 그렇다고 하여 이를 의식적으로 사용하려 하는 것도 상담자의 진솔성에 위배될 수 있다. 로저스(Rogers)는 긍정적 성격변화를 이루는 필요충분조건으로 〈표 8-2〉와 같이 상담자의 세 가지 태도를 강조하였다(김이영 외, 2019).

표 8-2 상담자의 태도

구분	내용
진솔성과 일치성	상담자가 내담자를 대할 때에 겉과 속이 일치하고 진솔한 것을 의미한다. 따라서 상담자가 내담자를 진실하고 솔직하게 대하는 태도를 일관되게 유지하게 되면 내담자도 그것을 거울삼아 자신의 경험에 대해서도 진솔하게 접촉해 나갈 수 있게 된다.
무조건적 긍정적 존중	한 인간으로서 깊고 순수한 관심으로 대하는 것이다. 관심이 내담자의 감정, 사고, 행동에 대해 좋다거나 혹은 나쁘다는 평가나 판단에 의해 오염되지 않았다는 점에서 무조건적이다. 상담자는 내담자를 존중하며 조건을 달지 않고 있는 그대로의 모습을 따뜻하게 수용한다. 내담자를 상담자의 가치 조건에 비추어 판단하거나 평가하지 않고 그가 무엇을 말하고 느끼든 어떠한 행동을 하건 간에 내담자라는 인간은 가치 있고 존중 받을 만하다는 태도를 일관되게 유지해야 한다.
공감적 이해	상담자가 내담자의 감정에 빠져들지 않으면서 내담자의 감정을 자신의 감정인 것처럼 느끼는 것을 의미한다. 내담자의 경험세계로 자유롭게 여행함으로써 상담자는 이미 내담자들도 인식하고 있는 것에 대해 자신이 이해한 것을 내담자들에게 전달할 뿐만 아니라 그들이 거의 인식하지 못하고 있는 경험의 의미들을 말해 줄 수도 있다. 높은 수준의 정확한 공감이란 내담자들이 덜 분명하고 덜 명확하게 경험한 감정들에 대해서 분명한 느낌을 인식하도록 하는 것 이상의 의미를 가진다는 사실을 이해하는 것이 중요하다.

4) 인지주의 상담이론

엘리스(Albert Ellis)

벡(Aron Beck)

(1) 인지적 행동 상담이론

인지적 행동 상담이론은 벡(Beck)이 개발한 상담기법으로 초기에는 우울증 환자의 치료에 많이 적용되었지만 최근에는 그 영역이 다른 정신장애에까지 확산되고 있는 추세이다(Beck & Freeman, 1990). 인지적 행동 상담이론은 부정적이며 비현실적인 사고방식에 대한 내담자의 주의에 초점을 두며 생활 상황들을 좀 더 논리적이며 현실적으로 생각하도록 내담자를 격려함으로써 악순환을 깨뜨리려고 노력한다. 상담자가 사용할 수 있는 한 기법은 우울한 사람의 기분을 하루 온종일 일정한 간격으로 기록하는 것이다. 보통 개인은 시간이 지나감에 따라 그러한 기분이 변화한다는 것을 알게 된다. 상담자는 내담자가 언제나 우울해져 있을 필요가 없다는 것, 즉 개인은 행복하거나 열정적 혹은 낙천적인 사람일 수 있다는 것을 깨닫도록 도움을 주는 데 이러한 통찰을 사용한다. 상담자는 그 다음에 성공적인 경험의 가능성을 증가시키기 위해서 내담자가 자신의 행동을 변화시키도록 도와준다. 그러고 나서 개인의 부정적인 사고방식에 도전하고 그들을 변화시키는 데 이러한 성공적 경험들이 사용된다.

인지적 행동 상담이론의 기본적 목표는 내담자가 보다 효과적으로 기능하도록 사고와 편견이나 인지 왜곡을 제거하는 것이다. 따라서 상담자의 관심은 부적응 행동이나 감정을 유지시키는 내담자의 정보처리 방식이다. 또한 상담자는 내담자가 자신의 정보처리의 오류를 확인하여 수정하도록 조력한다. 즉 상담자는 내담자의 인지 왜곡을 도전하고, 검증하고, 논의해서 보다 긍정적인 감정, 행동, 사고를 갖도록 하는 것이다.

이 치료 기법에는 자신의 활동시간표를 작성하여 행동할 수 있도록 하는 주간활동시간표(weekly activity schedule), 과제를 완성하는 데 필요한 각 단계를 성공하는 것을 머리 속으로 상상하는 인지적 시연(cognitive rehearsal), 주장훈련(assertive training), 역할연기(role playing) 등이 사용된다.

(2) 합리적 정서 상담이론

합리적 정서 상담자들은 자신들을 전문가로 여기며 내담자들을 비합리적이며 자멸적인 신념들로 올가미를 쓰게 된 사람들로 보고 있다. 엘리스(Ellis, 1973)에 의하면, 대부분의 사람들은 다른 사람과 비교한 다음에 자신을 평가한다. 이것은 자신의 결점을 수용하지 못하게 하며, 흔히 자기경멸이나 방어적인 우월감을 갖도록 한다. 과거에 어떤 일이 일어났는가와는 관계없이 합리적 정서 상담이론은 사람들이 자신과 자신의 행복에 대해서 어떻게 느끼는가에 대한 책임은 현재의 자신들에게만 있다고 주장한다. 합리적 정서 상담이론의 목표는 내담자에게 사상에 대한 자기 자신의 그릇된 해석이 그들의 문제의 원인임을 보여주며 내담자가 좀 더 합리적으로 자신을 볼 수 있도록 가르치는 것이다.

합리적 정서 상담자들은 사람들이 자멸적인 방식으로 행동하고 있는 자신을 발견할 때 도움을 구한다고 믿는다. 예를 들어 어떤 사람들은 자신이 만나는 모든 사람이 곧바로 그들을 사랑하지 않거나 칭찬하지 않는다면, 그들에게 무언가 잘못된 것이 있다고 느낀다. 어떤 사람들은 자기 힘에 부치는 문제를 풀려고 하면서 머리를 짜낸다. 또 어떤 사람들은 분명한 증거를 조사하기를 단순히 거부하고, 자기는 나약하거나, 죄가 있거나 혹은 어리석다는 생각을 계속한다. 이러한 비논리적이고 자멸적인 신념을 교정하기 위하여, 합리적 정서 상담자들은 설득, 직면, 도전, 명령 및 이론적인 논박까지도 포함하는 다양한 기법을 사용한다. 합리적 정서 상담자들은 내담자를 어린 아이로 취급하지 않기 때문에, 어떤 사람들은 상담자의 완강함을 받아들이기가 힘들다는 것을 발견한다. 상담자는 숙제를 줄 수도 있고, 내담자가 상관에게 자기주장을 하도록 고무하기도 하며, 그들을 놀라게 한 대 때려주라는 지시도 한다. 간단히 말해 합리적 정서 상담자들은 매우 지시적이다.

3. 부모상담

1) 부모상담의 정의

부모상담이란 교사(상담자)와의 관계에서 촉진적인 의사소통을 통해 아동의 문제를 해결하고, 아동으로 하여금 앞으로 발생할 수 있는 삶의 문제에 대한 조망과 해결능력을 갖게 하여 자기효능감과 자존감을 느끼도록 인도하는 일련의 학습과정으로 볼 수 있다. 그러나 부모상담은 성인상담과는 달리 아동의 성, 연령 등 아동변인과 부모를 포함한 가족, 학교와 친구 등의 환경을 고려해야 한다. 즉 부모상담자는 아동의 연령에 따른 발달과업, 인지 및 행동양식, 사회 환경이 아동에게 미치는 영향 등을 이해하고 그에 맞는 상담전략을 준비해야 한다.

2) 부모상담의 목적

부모상담은 교사와 학부모가 만나 유아에 대한 정보를 주고 받음으로써 유아의 생활지도 및 문제행동을 지도하기 위한 시간이다. 특히 부모상담을 통해 학부모와 신뢰감을 형성함으로써 유아의 건강한 발달에 긍정적인 영향을 미치게 된다. 부모상담의 구체적인 목적은 첫째, 보다 구체적인 문제가 생겼을 때 해결책을 찾는 것이다. 특히 유아가 문제행동을 보일 때 교사와 부모의 의사소통은 필수적이라고 할 수 있다. 아동의 문제행동을 해결하기 위해서는 부모와 교사의 협동적인 대화가 가장 중요한 출발점이 된다. 둘째, 부모상담은 교사와 부모의 가장 적극적인 의사소통으로 교사와 가족 구성원들이 유아의 성장에 관한 지원과 관심을 공유하기 위한 것이다. 대화를 통해 교사는 유아의 가정환경을 알 수 있고 부모는 교육기관에서 유아의 모습들을 이해할 수 있다.

3) 부모상담의 중요성

가정에서 주로 부모와 생활하던 유아가 유아교육기관에 입학하게 되면서 교사 및 또래와 새로운 관계를 맺어 나간다. 유아는 새로운 환경에 대한 적응의 문제나 또래와의 관계를 맺으며 다양한 갈등상황 등을 경험하게 된다. 영아의 경우 기본생활습관을 형성하는 단계이고 자신의 감정을 적절히 표현하며 협상하고 공유하는 등의 친사회적 기술이 아직 부족하기 때문에 지도가 필요한 문제들이 발생할 수 있다. 이 시기의 문제행동은 유아가 점점 성숙해지므로 자연스럽게 해결이 되는 부분도 있지만 적절한 중재와 지원이 이루어지지 않는다면 청소년기를 지나 성인기까지 부정적인 영향을 미칠 수 있기 때문에 반드시 지도가 필요하다(권정윤 외, 2016; 송진숙·권희경, 2003; Kaiser & Rasminsky, 2012; Shaw, Gilliom, Ingoldsby & Nagin 2003). 생활지도를 위해 부모상담이 필요한 이유를 구체적으로 살펴보면 〈표 8-3〉과 같다.

표 8-3 부모상담의 중요성

- 부모와 교사 간에 상호친밀감을 형성할 수 있다.
- 교사가 유아에게 영향을 주는 가정생활이나 가족관계에 대해 알게 되어 유아를 이해하는 데 도움을 줄 수 있다.
- 유아의 문제행동이 발생할 경우 해결방법을 같이 모색해 볼 수 있다.
- 부모가 유아에 대해 새로운 인식을 하게 된다.
- 부모가 교육기관의 교육목적이나 프로그램에 대해 알 수 있게 된다.
- 교육기관에서의 행사에 대해 의견을 교환할 수 있다.

4) 부모상담 방식에 따른 분류

부모상담은 상담이 진행되는 방식에 따라서 대면상담과 통신상담으로 구분할 수 있다. 대면상담은 전통적으로 실시해오는 방식으로 교사와 학부모가 직접 대면하여 어떤 문제를 다루는 것으로 대인상담, 집단상담, 가족상담 등을 예로 들 수 있다. 또한 놀이치료, 음악치료, 미술치료 등은 각각 놀이, 음악, 미술을 매개로 하는 대면상담 방법이다.

통신상담은 과학기술이 점차로 발전함에 따라 의사소통과정에 서신, 전화 그리고 컴퓨터를 활용하게 됨으로써 발전하게 되었다. 최근 컴퓨터를 통한 '사이버 상담'도 가능하게 되었는데 사이버 상담은 컴퓨터 통신이 단순한 정보교환이나 의사소통의 수준을 넘어 서서 인간의 내면세계까지 다루게 된 결과, 학부모의 문제를 해결하고 성장을 촉진하는 것을 돕는 과정까지 가능해졌다. 사이버 상담은 전화상담과 마찬가지로 편리성, 경제성, 신속성, 시공의 제약 극복 등의 특징을 지닌다. 그러나 실제적인 관계를 통한 상담이 아니라는 것과 단회적인 상담으로 흐르게 되는 점, 그리고 기계라는 한계 등 다양한 문제점을 갖고 있다.

5) 부모상담자의 태도

(1) 수용, 이해 그리고 진실성

상담자의 태도에 있어 중요한 것은 수용, 이해 및 진실성이다. 수용(acceptance)이라는 특성은 인간 개인, 특히 상담실에 앉아 있는 학부모의 가치에 대한 기본적 존중과 관련되어 있다. 학부모를 수용하는 상담자는 학부모를 냉소와 경멸을 가지고 대하지 않는다. 만약 초기 면접이 끝나갈 무렵 학부모에 관한 좋은 점을 발견하지 못했다면, 그 상담은 관계를 형성하는 데 있어 성공적이지 못했다고 할 수 있다.

감정적으로 이해(understanding)하는 능력(또는 공감)은 학부모가 전달하고자 하는 바의 의미를 명확하고 철저하게 파악하고자 하는 노력을 요구한다. 학부모에 대한 이해를 하고자 하는 시도는 상담자가 학부모의 입장이라고 가정하고 학부모가 느끼는 그대로의 상황을 보려고 노력하는 것이다.

진실성(sincerity)이라는 특성은 상담자가 말하고 있는 것과 실제로 느끼는 있는 것 사이에 존재해야만 하는 조화를 의미한다. 당신이 누군가를 수용하거나 이해할 수 있다고 해서, 진실로 그 사람이 될 수는 없으며, 상담자는 단지 자신이 진실할 수 있을 뿐이다. 이것은 상담자가 자신의 내면과 부합하는 타당하고 신뢰로운 심상을 어느 정도 전달할 수 있는가 하는 정도를 의미한다.

(2) 효과적인 경청

효과적인 경청은 상담자가 숙달하고 지속적으로 실습해야 하는 가장 어려운 기술 중의 하나이다. 일반적으로 학부모들은 자신들의 문제를 그들 자신의 말로 충분히 진술할 기회를 갖지 못한다고 불평한다. 상담자들은 그 다음 질문을 하기에 앞서 학부모의 말을 끝까지 들어주어야 한다. 학부모의 말을 경청할 때 피해야 할 것은 주로 머리로 듣고, 감정을 부인하며, 학부모가 말한 것에 관한 이성적 평가에 주로 관심을 두는 태도이다(머리로 듣는 상담자). 이런 상담자는 자신의 말이 타인에게 미치는 영향에 대해 관심이 없으며, 학부모의 말이 자신에게 미치는 영향 역시 파악할 수가 없다. 또한 자신의 머리를 지나치게 적게 쓰고, 거의 전적으로 느낌만을 가지고 듣는 것도 옳지 않은 태도이다(감정으로 듣는 상담자). 이런 상담자는 타인이 말하고 있는 바를 자신이 듣거나 평가할 수 없다는 점에 불안감을 느낄 수 있다. 따라서 효과적인 경청이 되려면 자신의 믿음 중의 일부는 틀릴 수 있다는 사실에 직면하면서 다른 사람들의 생각, 가치 및 행동들에 마음을 여는 것이 중요하다.

(3) 비밀보장

상담자를 찾아와 상담을 하는 학부모로서는 자신의 이야기가 비밀보장이 되는지에 관심을 가지고 있으므로 상담자는 학부모가 묻지 않더라도 상담 중에 이야기하는 내용은 철저하게 비밀보장이 된다는 사실을 알려줄 필요가 있다. 학부모로서는 자신의 인격이 손상되는 내용 혹은 선생님과 부모님, 친구에 관한 이야기 등 비밀보장에 대한 확신이 없으면 이야기를 하는 데 주저하게 된다. 따라서 상담자는 어떤 종류의 상담을 하든, 상담 중에 나온 모든 이야기에 대해 비밀을 지켜야 한다. 일상생활에서의 상담이든 전문 상담이든 상담자의 비밀보장은 상담관계를 유지하는 데 생명선과 같은 것이다.

6) 부모상담의 과정

(1) 부모상담의 시작

부모상담의 시작단계에서 가장 중요한 부분은 친밀감 형성이다. 유아의 문제행동으로 상담을 해야 할 경우 부모는 어느 정도 긴장한 상태에서 상담에 참여하게 되며, 유아의 문제행동에 대해 부모가 먼저 요청하여 상담이 진행된다고 하더라도 부모의 심리적인 상태는 불안과 두려움이 있을 수밖에 없다. 그리고 교사 역시 유아의 문제에 대해 이야기를 나누어야 할 때 불안하고 걱정되는 마음을 갖게 된다. 이처럼 부모와 교사가 모두 불안한 상태에서 부모상담이 진행된다면 부모상담이 효과적으로 이루어지기 어렵기 때문에 교사는 부모와 교사가 모두 편안한 상태에서 상담이 진행될 수 있도록 편안한 분위기를 조성하고자 노력해야 한다.

이를 위해 교사는 편안하고 밝은 모습으로 반갑게 부모를 맞이하고 유아의 성장과 발달 중 진보된 점이나 최근 친구들과의 관계, 유아의 장점, 가족에 대한 안부 등 일상적인 대화로 상담을 시작하는 것이 효과적이다. 유아가 문제행동을 갖고 있을 경우 부모는 유아의 부정적인 행동에 대한 이야기를 주로 들었을 가능성이 높기 때문에 상담을 시작할 때 마저 유아와 관련한 문제에 대한 이야기로 시작된다면 부모의 입장에서 기분이 좋을 리가 없다. 따라서 교사는 상담이 진행되기 전 어떤 내용으로 상담을 시작할지 미리 계획해 놓도록 하는 것이 필요하다.

(2) 부모상담의 진행

상담이 시작되고 난 후 교사는 유아의 문제행동에 대해 부모에게 정확하게 전달하는 것이 필요하다. 이때 교사는 유아에 대한 객관적인 관찰자료에 근거하여 지도가 필요한 행동을 가급적 정확하게 전달하는 것이 좋다. 그리고 부모에게 유아의 문제행동에 대해 알고 있는지, 어떻게 지도하고 있는지 등을 파악하는 것이 필요하고 이후 교사는 유아의 문제행동을 지도하기 위해서는 가정과 교육기관이 연계하여 진행되어야 할 필요성에 대해 설명하고 부모의 적극적인 협조를 요청해야 한다. 유아의 행동을 지도하기 위한 방법에 대해서 모색할 때는 교사의 일방적인 생각이나 지도방법을 강요하기보다는 가정에서의 지도방법과 교육기관에서 교사가 지도했던 방법들 중 유아에게 가장 적합한 지도방법을 부모와 교사가 함께 찾아가도록 하는 것이 중요하다.

상담이 진행되는 과정 중 교사는 부모의 비언어적 태도에도 주목하여 적극적으로 부모의 이야기를 들어주도록 해야 한다. 최대한 부모의 이야기를 많이 들어주도록 하고 적절한 질문을 통해 부모가 스스로 답을 찾아갈 수 있도록 하는 것이 필요하다. 또한 최대한 중립적인 언어를 사용하고 다른 아동과 비교하지 않도록 해야 한다. 부모상담을 위한 교사의 역할은 〈표 8-4〉와 같다.

표 8-4 부모상담을 위한 교사의 역할

구분	내용
서로 존중하기	유아의 문제행동과 관련하여 부모와 상담을 진행할 때 교사는 개인적인 견해를 자제하고 부모가 적극적으로 자녀의 문제행동 지도에 참여할 수 있도록 기회를 제공하는 역할을 해야 한다. 이때 부모가 자녀를 교육하고 있는 방법에 대해 인정해 주고 부모의 삶의 방식과 교육방식을 이해하려는 태도를 보여주도록 한다. 교사는 자신의 지도방법에 대해 전문성이 있음을 보여주어 부모가 교사의 교육방식을 신뢰할 수 있도록 해야 한다.
동료 교사 및 관련 전문가와 대화하기	교사는 유아의 문제행동으로 부모와 상담하기 전 동료나 전문가와 의논을 하는 것이 좋다. 이러한 과정을 통해 유아의 문제행동을 객관화하여 볼 수 있으며 지도방법에 대한 아이디어도 얻을 수 있다. 또한 유아교육기관 외에 다른 전문가와 상담이 필요한지 여부에 대해서도 면밀한 검토를 거쳐 부모에게 전달하도록 한다.
반영적 경청하기	유아의 문제행동에 부모가 인정하지 않는 경우라도 교사는 부모의 이야기를 최대한 경청하도록 한다. 또한 교사가 부모의 이야기를 주의 깊게 듣고 있다는 사실을 느낄 수 있도록 부모가 하는 이야기를 반복하는 반영적 경청하기를 사용한다.
지속적인 참여를 권유하기	부모가 유아의 문제행동을 받아들이지 않더라도 교사는 이 문제에 대해 지속적으로 의사소통 하고자 하는 의지를 보여준다. 이를 위해 유아의 행동과 관련된 객관적인 자료를 부모에게 제공하여 부모상담을 지속적으로 진행할 것을 권유한다. 또한 부모가 참관실이나 자원봉사 등을 통해 직접 유아의 행동을 관찰할 수 있는 기회를 제공하며 부모와 지속적인 의사소통을 이어나가도록 한다.
중재 분위기로 전환하기	유아의 문제행동에 대한 상담이 이루어질 때 항상 성공할 수는 없다. 부모와 의견 충돌이 생기게 될 경우 무리해서 상담을 지속하기보다는 종결하고 다른 전문가(원감, 원장, 외부 전문가 등)에게 도움을 요청하는 것도 좋다. 이때 전문가는 보다 객관적으로 유아의 문제행동에 대해 부모에게 효율적으로 이야기해 주며 긍정적 방안을 찾을 수 있다. 이와 같은 대처 모습은 교사의 전문성을 보여주는 계기로 연결될 수도 있다.

출처: 권정윤 외(2016). 유아생활지도. 서울: 학지사.

(3) 부모상담의 마무리

상담을 마무리하기 전 지금까지 나눈 이야기를 정리하고 부모와 교사가 함께 찾은 유아의 지도방법의 내용을 다시 한 번 재확인하는 것이 필요하다. 또한 추가적으로 논의가 필요한 부분이 있는지 확인한 후 상담을 끝내고, 교사는 부모와 나눈 이야기를 상담일지에 가급적 바로 자세히 기록해 놓는 것이 좋다.

상담 후 교사는 부모와 상의한 지도방법을 실제 교육기관에서 적용해 보고 부모와의 전화 상담을 통해 유아의 달라진 점을 지속적으로 확인해 나가는 것이 필요하다. 이 과정을 통해 현재의 지도방법을 유지할지 새로운 지도방법을 모색해 볼지 역시 부모와 협력해 나갈 수 있다. 교사와 부모가 지속적으로 연계해 나갈 경우 유아의 문제행동이 개선될 뿐만 아니라 부모는 교사에 대해 더욱 신뢰하게 된다. 부모면담 및 상담기록지의 예는 〈표 8-5〉, 문제행동에 대한 부모상담에서 수집해야 하는 정보는 〈표 8-6〉과 같다.

표 8-5 부모면담 및 상담기록지의 예

<table>
<tr><td colspan="3" rowspan="2">학부모 면담 기록지</td><td>담임</td><td>교장</td></tr>
<tr><td></td><td></td></tr>
<tr><td>면담일정</td><td></td><td>담임교사</td><td colspan="2"></td></tr>
<tr><td>기관명</td><td></td><td>반</td><td colspan="2"></td></tr>
<tr><td>이름</td><td></td><td>연령 / 성별</td><td colspan="2"></td></tr>
<tr><td>면담장소</td><td></td><td>면담유형</td><td colspan="2"></td></tr>
</table>

<table>
<tr><td></td><td></td><td>교사의견 / 목표</td><td>부모의견 / 목표</td></tr>
<tr><td rowspan="5">발달사항</td><td>• 신체운동 건강영역</td><td></td><td></td></tr>
<tr><td>• 사회관계 영역</td><td></td><td></td></tr>
<tr><td>• 자연탐구 영역</td><td></td><td></td></tr>
<tr><td>• 의사소통 영역</td><td></td><td></td></tr>
<tr><td>• 예술경험 영역</td><td></td><td></td></tr>
<tr><td colspan="2">기본생활습관</td><td></td><td></td></tr>
<tr><td colspan="2">고려해야 할 사항</td><td></td><td></td></tr>
<tr><td colspan="2">기타(검사결과)</td><td></td><td></td></tr>
</table>

표 8-6 문제행동에 대한 부모상담 시 수집해야 하는 정보

구분	내용
주 호소 문제	• 유아가 경험하는 주 호소 문제는 무엇인가? • 이 문제로 일상생활에서 겪는 어려움이 무엇인가? • 문제가 발생했을 때 부모는 어떻게 대처하는가? • 이것들에 대한 아동의 반응은 어떠한가?
문제의 지속성과 심각성	• 문제가 언제부터 시작되었는가? • 유아의 일상생활에 미치는 영향은 어느 정도인가?
문제의 유발요인	• 문제가 발생한 시점에 유아는 어떠한 사건이나 상황을 경험했는가? • 그때 부모나 주변 사람들은 어떻게 대처했는가? • 주변 사람들의 반응에 대한 유아의 반응은 어떠했는가?
유아의 현재 적응 상태	• 부모나 형제와의 관계는 어떠한가? • 유아의 사회적 기술이나 또래관계는 어떠한가? • 일상적인 생활습관과 태도는 어떠한가? • 인지사고력이나 학습능력 정도는 어떠한가?
유아의 발달력	• 부모의 결혼, 임신 및 출산 과정을 비롯하여 유아의 성장과 발달적 양상이 정상적이었는가? 특이한 사항이 있었는가? – 신체 발달(목가누기, 기기, 걷기 등) – 언어 발달(옹알이, 첫말단어, 언어표현력, 이해력 등) – 사회정서 발달(눈맞춤, 낯가림, 또래관계 등) – 기본 생활습관(식습관, 수면, 대소변 가리기 등) – 병력(가계유전병력, 체질, 간질, 각종 병력) – 교육상, 양육상 특이사항
유아의 문제에 영향을 미치는 부모환경	• 부모의 성장과정, 성격문제, 형제관계는 어떠한가? • 부모의 결혼생활(결혼동기, 부부관계, 가족관계의 갈등 등)은 어떠한가?

출처: 김이영 외(2016). 교육심리학. 경기: 양성원.

4. 학부모와의 연계방안

1) 부모교육

부모에게는 자녀를 바르고 올바르게 양육하고 교육해야 할 책임이 있다. 부모로서의 책임은 단순히 자녀에게 필요한 음식물을 제공해 주고, 옷을 입히고, 잠자리를 마련해 주는 것만으로 끝나는 것이 아니다. 따라서 부모교육이란 바로 부모로 하여금 자녀교육의 책임을 인식하고, 주어진 책임을 수행하는 데 필요한 지식과 기능을 습득하여 부모에게 요구되는 기본적인 태도를 지니도록 하기 위해 의도적으로 주어지는 교육과정을 의미한다. 즉 부모교육은 가정 내에서 유아교육의 의의를 인식하고, 유아교육에 필요한 제반 지식과 기능을 습득하는 일을 강조하며, 부모와 자녀 간의 관계를 원만히 하고, 이를 유지·발전시키는 데 필요한 부모의 태도에 대해 훈련을 하게 된다(유효순·이원영, 2007). 다시 말해 부모교육이란 자녀를 양육하는 데 필요한 정보와 기술을 부모에게 제공해 주어 자녀의 올바른 성장과 발달을 증진시킬 수 있도록 도와주며, 부모 자신도 가치감과 자신감의 발달의 긍정적인 효과로 인하여 부모로서의 주어진 책임을 수행하도록 하는 의도적인 교육과정이라고 할 수 있다(권화숙 외, 2018).

2) 수업참관

수업참관은 부모가 가정이 아닌 다른 곳에서의 유아의 행동과 특성을 이해할 수 있는 가장 기본적인 방법이다. 수업참관은 가능한 한 많은 부모들이 참여할 수 있도록 계획되어야 하며, 부모가 교육기관의 수업을 관찰함으로써 유아의 발달수준, 흥미, 특징 등을 객관적으로 관찰할 수 있을 뿐만 아니라 교사의 교수행동과 교육환경을 관찰하여 가정에서의 자녀교육에 반영할 수 있다(권화숙, 2018; 김현주 외, 2014).

수업참관은 일반적으로는 소규모의 그룹으로 나누거나 아버지 참관수업과 같이 특정한 대상을 중심으로 이루어지기도 하며, 때로는 전체 학부모를 대상으로 진행되기도 한다. 수업참관을 실시할 경우에는 사전에 미리 안내문을 발송하여 부모들로부터 협조를 구하고, 수업참관일에도 부모들에게 〈표 8-7〉과 같은 관찰기록지를 배부함으로써 참관 시 집중도를 높이고, 기록결과는 이후의 교육을 위한 기초자료로 활용하도록 하는 것이 효과적이다. 부모참여수업은 교육 프로그램의 성격에 따라 어머니 참여수업, 아버지 참여수업, 할머니 참여수업, 할아버지 참여수업 등이 있다.

표 8-7 참여수업 관찰기록지

참관자		유아이름		
참가반		관계		
참관일시	년 월 일 시 분~ 시 분			
구분	관찰내용	예	아니오	비고
교사와의 상호작용	교사의 안내와 지시에 따른다.			
	교사의 질문에 적절하게 반응한다.			
	교사의 관심을 끌려고 한다.			
	집단활동 시 주의를 집중한다.			
	도움이 필요할 때 교사에게 요청한다.			
놀이활동 및 또래 상호작용	활동에 대한 호기심을 말로 표현하거나 관련된 질문을 한다.			
	활동에 적극적으로 참여한다.			
	활동의 과정에서 의문 나는 것이나 잘 모르는 것을 솔직히 표현한다.			
	활동을 하는 과정에서 잘 안되는 점을 그대로 표현하고 도움을 요청한다.			
	활동에서 쉽게 포기하지 않고 지속적으로 문제를 해결하려고 한다.			
	활동을 마친 후에 다른 아이들과 함께 정리정돈을 한다.			
종합평가				
궁금한 점				

출처: 권화숙 외(2018). 부모교육. 경기: 수양재.

3) 보조교사 및 일일교사 참여

부모는 교육기관에서 교사역할을 보조하거나 일일교사로서 주도적인 교사역할에 참여할 수 있다. 보조교사 및 일일교사 참여란 부모가 교육기관에서 부모역할을 보조하는 부모참여 방법으로 부모가 교육기관에서 교사로서 참여하는 것은 교사뿐만 아니라 부모와 아동 모두에게 도움이 된다(김현주 외, 2014). 즉 부모는 교육환경과 교수-학습 방법을 관찰하여 자녀교육에 반영할 수 있으며, 부모의 바람직한 교육방법 습득은 아동의 발달에 영향을 미치게 되고, 교사들은 여러 가지 일을 분담할 수 있으므로 업무부담이 줄어들게 되고, 그 시간을 아동들을 위해 투자함으로써 교육의 질을 향상시킬 수 있는 장점도 지니게 된다.

4) 교육기관의 운영참여

학부모회를 통해 의견을 제안하거나 소풍, 견학, 운동회, 바자회, 환경 구성, 연구수업 등 기관의 다양한 행사에 참여하는 것으로 교육기관의 장이나 교사가 교육계획 단계부터 부모를 참여시킨다면 부모들의 의견이 반영되므로 좀 더 주체적이며 적극적으로 교육활동에 참여하게 될 수 있다. 어떤 활동은 교사가 주관하는 것보다 부모에게 전적으로 위임할 때 더욱 효과적으로 운영할 수도 있다.

5) 온라인 통신망

교육기관과 가정 간에 온라인 통신망을 이용하면 시간과 공간에 구애받지 않고 다양한 원격 부모교육을 실시할 수 있으며, 또한 원활한 소통을 할 수 있다. 일부 교육기관에서는 홈페이지를 개설하고 홈페이지의 한 코너에 부모교육란을 개설하여 운영하기도 한다. 또한 각 부모를 위한 상담코너를 통해 개별상담을 수시로 할 수 있으며, 새로운 정보제공란에는 부모들을 위한 각종 정보를 제공해 줄 수 있다. 이 외에도 포털사이트의 카페나 블로그 등은 전문적 기술이 없더라도 손쉽게 부모들과 소통할 수 있는 가상공간으로 비용도 전혀 들지 않는다는 장점을 지닌다.

09
CHAPTER

유치원 행사 및 현장학습

배울내용

1. 유치원 행사의 개념 및 의미
2. 유치원 행사의 절차
3. 유치원 행사의 실제

학습목표

1. 유치원 행사의 개념 및 의의에 대해 이해하고 유아를 위한 행사가 될 수 있도록 기본적인 행사의 취지를 살려 생활주제에 맞는 내용으로 행사를 계획할 수 있다.
2. 유치원 행사 시 주의사항을 고려하여 행사를 체계적으로 계획하고 운영할 수 있다.
3. 유치원 행사가 종료된 후 행사에 대한 평가를 진행하고 그 결과를 다음 행사에 반영할 수 있다.

CHAPTER 09

유치원 행사 및 현장학습

유치원의 행사는 유아에게 다음과 같은 특별한 의미가 있다. 먼저 유치원 행사는 유아들에게 평소 접하기 어려웠던 상황이나 장소 등을 경험하는 특별한 날로 유아에게는 또 다른 의미가 부여되기도 하며, 생활주제와 관련지어 다양한 장소에서의 체험을 통해 생활주제를 보다 깊이 이해할 수 있는 기회를 제공한다. 이와 같이 유치원의 행사는 유아에게 있어 특별한 의미를 제공하기 때문에 교사는 행사의 교육적 효과를 위해서는 행사 전 계획 수립, 실행, 평가 등의 일련의 과정이 체계적으로 이루어져야 한다. 따라서 행사의 전반적인 관리는 경력교사 중심으로 이루어져야 한다.

행사의 계획은 생활주제를 중심으로 연간교육계획안의 수립과 맞물려 진행되어야 하기 때문에 신학기 시작 전 2월경에 1년간의 행사계획이 수립되어야 한다. 이에 본 장에서는 행사의 개념 및 의미, 행사의 절차, 행사의 실제에 대해 구체적으로 살펴보고자 한다.

1. 유치원 행사의 개념 및 의미

1) 유치원 행사의 개념 및 교육적 가치

유치원 행사란 유치원이 주체가 되어 정규 교육활동 외 별도의 기념일이나 명절 등에 특별히 계획하여 진행하는 활동을 의미한다. 즉 정규 일과 외의 특별한 교육활동으로 소풍, 학부모참여수업, 체육대회 등이 대표적인 행사라 할 수 있다(심성경 외, 2018). 이와 같이 유치원 행사는 정규 교육활동 외에 이루어지기 때문에 유아와 학부모 모두에게 특별한 의미를 가지는 중요한 교육활동이라 할 수 있다. 하지만 이와 같은 행사의 기본적 취지가 행사 운영 주체에 의해 훼손되는 경우가 있다. 예를 들어 운동회, 학부모 참여수업, 발표회 등과 같이 외부에 공개되는 행사의 경우에는 자칫 보여주기 만을 위한 행사가 될 가능성이 높다. 가장 대표적인 행사로 발표회를 들 수 있다. 발표회의 경우 유아의 성향(외향적, 내향적)에 따라 발표회 연습으로 인해 유아들이 스트레스를 받을 수도 있기 때문에 이러한 점에 유의하여 진행해야 한다. 따라서 교사들은 유치원의 행사를 진행함에 있어 유아와 학부모들에게 특별한 의미를 부여하는 교육활동이라는 행사의 기본 취지가 훼손되지 않도록 각별한 관심이 요구된다.

한편 유치원 행사는 유아와 학부모에게 특별한 의미를 부여할 뿐만 아니라 유아에게 있어 질서, 양보, 나눔, 배려, 협력 등의 인성을 함양한다는 점에서 교육적 가치가 크다. 또한 학부모에게 있어서도 행사를 통해 유아를 바르게 이해할 수 있는 기회가 되며, 유치원 교육방향의 기본적 취지를 이해하는 데도 도움이 된다. 이러한 학부모들의 이해는 유치원이 교육과정을 효율적으로 운영할 수 있는 원동력이 된다.

2. 유치원 행사의 절차

유치원 행사가 원활하게 이루어지기 위해서는 계획–실행–평가의 일련의 과정이 체계적으로 이루어져야 한다. 예를 들어 유치원 행사와 연간교육계획의 생활주제와의 개연성, 행사의 시기(학부모들의 참여 여부, 지역사회 유관기관 방문 시기, 전염성이 높은 질병 확산 시기 지양 등), 장소 등에 대한 내용은 학기 시작 전에 전반적인 계획이 수립되어야 한다. 이러한 점을 감안하여 대부분의 유치원에서는 차년도 교육과정 계획 수립 단계에서 연간 유치원 행사 계획도 함께 수립하고 있다. 따라서 유치원 행사를 효율적으로 진행하기 위하여 계획–실행–평가의 단계로 나누어 살펴보고자 한다.[1)]

1) 계획

유치원 행사의 진행을 위해서는 행사 목표 수립 및 방향 설정을 위한 교사회의, 행사 관련 정보 수집, 행사 진행을 위한 역할 분담, 행사 관련 유인물 제작 및 발송, 행사 관련 물품 준비 및 환경 구성, 행사 관련 프로그램 준비 및 일정 수립, 사전답사 등의 단계로 진행된다.

(1) 행사 목표 수립 및 방향 설정을 위한 교사회의

유치원 행사의 첫 번째 단계로 행사의 목표를 수립하는 것이 필요하다. 행사의 목표 수립은 교사회의를 통해 진행한다. 교사회의에서 다루어야 할 세부적인 내용은 다음과 같다.

1) 이대균·김주영·임자영·박지선(2015). 유치원교사를 위한 교직실무. 경기: 양서원의 내용을 참조하여 재구성함.

① 행사의 취지, 목표, 방향, 성격(참여대상)에 대한 전반적인 내용을 공지한다.
② 전년도 행사 만족도 조사 결과를 참조하여 행사계획에 반영하도록 한다.
③ 회의록을 작성하고 회의 결과를 전체 교직원에게 공지(회의에 참석하지 못한 종일반 담당 교사, 하원 차량 지도 교사, 연수 참여 교사 등)하여 행사의 전체적인 흐름을 숙지하도록 한다.
④ 행사의 원활한 진행을 위해 사전 교사 교육(예: 초임교사 및 보조 인력의 경우 유치원 행사를 경험하지 못하여 자신에 업무에 미숙한 경우가 있기 때문에 이를 위한 별도의 교사 교육이 필요)을 계획하고 실시한다.
⑤ 행사 진행을 위한 소요 경비를 산출하여야 불필요한 지출을 줄일 수 있다.
⑥ 예상하지 못한 상황(실외 행사의 경우 기상악화로 인한 문제, 전염성이 강한 질병의 확산 등)에 대한 대책을 미리 세워 대처하도록 한다.

(2) 행사 관련 정보 수집

유치원 행사를 위해서는 관련 정보의 수집이 필요하다. 예를 들어 발표회의 경우 유치원 내 장소가 협소하여 외부의 발표회 장소를 대관해야 한다면, 대관 장소의 규모, 위치, 대중교통 현황 등과 같은 외부 기관의 관련 정보를 사전에 조사하여 행사 진행에 차질이 생기지 않도록 해야 한다. 따라서 행사 관련 정보 수집을 위한 주요 내용은 다음과 같다.

① 인터넷을 활용하여 행사 유관기관 정보를 검색하여 관련 정보를 수집한다.
② 유아교육 관련 정기 간행물에 게시되어 있는 행사 관련 내용을 검색한다.
③ 타 유치원의 행사 사례를 검토한다.

(3) 행사 진행을 위한 역할 분담

유치원 행사는 교사 혼자서 진행하는 것이 아니라 전체 교원의 협력을 통해 이루어진다. 예를 들어 발표회 행사의 경우 유아들의 의상 관리 업무, 행사의 프로그램 일정

담당 업무, 조명, 음향, 진행 등의 업무, 행사 당일 안내 업무, 행사 관련 물품 주문 및 관리 업무 등 여러 업무들이 나누어져 있어 업무 분담은 행사를 진행하는 데 매우 중요한 요소이다. 따라서 효율적인 행사 진행을 위해 교사의 역할 분담에 있어 다음의 사항을 유의하여야 한다.

① 원활한 행사진행을 위하여 교사의 개인 특성을 적절하게 반영하여 역할 분담표(예: 컴퓨터를 잘 다루는 교사의 경우에는 행사 관련 유인물 및 초대장 제작, 환경 구성에 필요한 자료 제작 등)를 작성한다.

② 역할 분담 시 초임교사의 경우에는 독립적인 업무를 맡기보다는 경력교사의 보조 역할 업무를 담당하는 것이 효율적이다.

③ 교사 이외 행사 진행을 위한 보조 인력이 필요한 경우에는 관련 유관기관(지역 교육청 대학생 자원봉사 인력 풀, 지역대학 유아교육과 등)에 의뢰하여 인력을 보강하도록 한다.

(4) 행사 관련 유인물 제작 및 발송

유치원 행사 유인물 제작은 유아와 학부모들에게 행사의 내용을 알리는 매우 중요한 업무이다. 유인물의 내용으로는 행사의 목적 및 취지, 일시, 장소, 참여 대상, 행사 위치, 세부일정 등의 내용으로 구성된다. 행사 관련 유인물 제작은 종이를 활용하여 제작되는 것이 일반적이나 최근 휴대폰 사용이 활발해지면서 모바일 초대장, QR코드를 활용한 행사 유인물 등이 제작되기도 한다. 따라서 행사 관련 유인물 제작 및 발송을 위한 주요 내용은 다음과 같다.

① 행사 유인물에는 행사의 목적 및 취지, 일시, 장소, 참여 대상, 행사 위치, 세부일정, 기타 준비물 등의 내용으로 구성한다.

② 유인물 제작할 때에는 유아들이 표지에 행사를 알릴 수 있는 그림을 그리거나 초대하는 글을 직접 써서 행사에 적극적으로 참여할 수 있도록 유도한다.

③ 개인정보제공활용에 동의한 학부모에 한해서 지면 혹은 모바일을 통해 행사 참석 신청서를 배부하고 서명하여 회수하도록 한다.

④ 행사관련 유인물은 유치원 애플리케이션에 공지하거나 지면이나 핸드폰 SNS로 배부한다.

(5) 행사 관련 물품 준비 및 환경구성

유치원 행사를 진행하기 위해서는 전체 행사에 필요한 물품 또는 학급별, 연령별로 필요한 물품이 발생하게 된다. 행사 필요 물품에는 완제품으로 구입하거나 대여할 수 있는 물품이 있는 반면에 재료를 구입하여 직접 제작해야 하는 경우도 있다. 따라서 행사 관련 물품 준비를 위한 주요 내용은 다음과 같다.

① 행사에 필요한 품목을 전체 또는 학급별로 조사한다.

② 행사 물품 수요 조사 결과에 따라 구입, 대여, 제작, 기타 등으로 용도별로 분류한다.

③ 구입이나 대여가 가능한 물품에 대해서는 업체에 주문서를 작성하여 주문한다.

④ 직접 제작이 필요한 물품에 대해서는 재료를 구입하여 제작한다. 다만 제작 소요시간, 소요인력 등을 고려하여 일정에 차질이 없도록 제작하여야 하며 제작된 물품은 사용 후에는 자료실에 품목별로 잘 보관하여 다음 행사에도 사용할 수 있도록 한다.

⑤ 행사 당일 빠진 물품이 없는지 확인하기 위한 물품별 체크리스트를 작성한다.

⑥ 제작된 물품 중 쉽게 파손될 가능성이 있는 물품에 대해서는 여분 물품을 제작한다.

(6) 행사 관련 프로그램 준비 및 일정 계획

유치원 행사 일정을 계획할 때 전체 일정에 약간의 여유를 두는 것이 필요하다. 예를 들어 발표회 행사 시 유아들의 배변활동, 연속적인 무대 공연, 간식 시간 등과 같은 여유 시간이 필요하다. 따라서 행사관련 프로그램 준비 및 일정계획을 위한 주요 내용은 다음과 같다.

① 행사의 목적과 취지에 맞는 일정계획을 수립한다.

② 행사 세부 일정표(예: 행사 세부 일정에 따른 역할 분담표)를 작성한다.

③ 행사 세부 일정 계획 시 전체 일정을 여유 있게 계획한다. 예를 들면 유아들의 배변활동, 간식, 기타 예기치 못한 상황 등으로 인하여 예상시간을 초과할 경우 행사에 차질이 발생할 수 있으므로 여유 있게 일정을 계획하도록 한다.

④ 우천, 폭설, 태풍 등 기상악화와 같은 불가피한 상황으로 행사 진행이 어려운 경우에는 실내행사로 전환하거나 날짜를 변경하는 등의 추후 계획을 수립한다.

(7) 사전 답사

유치원의 원외 행사의 원활한 운영 및 유아 및 학부모들의 안전을 위해서 행사 전 답사는 교사의 중요한 업무에 해당한다. 특히 외부기관의 경우에는 많은 사람들이 이용하는 곳이 많기 때문에 현장의 상황이 시시각각으로 변화한다. 따라서 행사의 원활한 진행 및 유아 및 학부모들의 안전을 위한 사전 답사의 주요 내용은 다음과 같다.

① 유치원 외의 장소에서 행사가 진행되는 경우는 반드시 사전 답사를 실시해야 한다.

② 답사에서는 행사 현장에 참석하는 원아, 학부모, 교사 등 참석자들의 안전에 문제가 되는 요소가 있는지 파악한다.

③ 답사 후에는 결과보고서(답사 일시, 장소, 담당자 연락처, 소요시간, 대중교통 편, 주차시설 및 승하차 장소, 입장료, 준비물, 행사 코스 및 소요시간, 식사장소, 화장실 위치, 위험 요소, 참고용 지도 등)를 작성한다.

행사 사전답사 결과보고서

담 당	원 감	원 장

일 시	○○○○년 ○○월 ○○일 화요일 10:00~
장 소	○○수목원
답 사 자	원감 ○○○, 교사 ○○○
답사일정	유치원출발–○○수목원 도착–침엽수원–야생초화원–시목원–산림문화전시관–분재원–선인장온실–습지원–잔디광장–관리사무실–유치원 도착
답사결과	–유치원에서 답사장소까지의 시간은 약 30분 정도 소요 –○○수목원은 다양한 넓은 부지에 다양한 수종이 분포되어 있어 교육적 가치가 있음 –또한 출발과 도착지점에 안전요원 상시 대기로 승하차에 무리 없음 –실내 체험장이 있어 우천 시에도 활동이 가능함 –수목원 내 수생식물을 기르는 작은 연못(습지원)과 선인장온실에서는 유아들의 주의가 필요 –점심식사는 야외의 나무 그늘 및 파고라가 설치된 장소에서 식사가 가능, 식사 후 뒷정리 필요

관련사진

○○수목원 안내도

습지원

선인장온실

잔디광장

점검내용

	평가내용	1	2	3	4	5
1	답사장소는 유아가 활동하기에 적합한가?					
2	답사장소는 생활주제와 관련성이 있는가?					
3	답사장소까지 이동 시간은 적절한가?					
4	답사장소 내 안전조치는 어떠한가?					
5	답사장소의 이동 동선 계획 시 연령별 발달상황을 고려하였는가?					
6	답사장소 내 유해시설은 없는가?					

※전혀 그렇지 않다(1), 그렇지 않다(2), 보통이다(3), 그렇다(4), 매우 그렇다(5)

그림 9-1 유치원 행사 사전답사 결과보고서 예시

2) 실행

유치원 행사는 유아들과 학부모들이 즐겁게 행사에 참여할 수 있도록 계획하는 것이 필요하다. 이러한 계획을 바탕으로 행사의 실행이 이루어져야 한다. 행사의 실행에 있어서 무엇보다 교사들 간의 원활한 의사소통이 필요하다. 또한 행사 실행에 있어 교사는 자신의 업무를 면밀히 숙지하고 있어야 함은 물론 경력교사의 경우에는 행사의 전체적인 상황을 두루 살펴볼 수 있는 능력이 필요하다. 예를 들어 행사 중에 사진을 촬영하는 업무는 필수적이다. 이때 사진 촬영을 담당한 교사가 자신의 업무를 소홀히 하여 중요한 행사 장면을 놓치는 경우가 있다면 누군가는 재빠르게 촬영하거나 담당 교사에게 사진을 촬영하도록 알려주어야 한다. 따라서 행사 실행에 있어 교사들이 유의해야 할 사항은 다음과 같다.

(1) 행사 진행 시 유념해야 할 사항

① 행사 전 행사준비를 위한 선발대는 일반적으로 1시간 전에는 도착하여 현장 상황을 미리 파악하고 예상치 못한 상황이 발생하여 특별히 준비해야 할 물품이 있다면 유치원으로 연락하여 물품을 챙겨올 수 있도록 조치를 취한다.

② 행사 진행 시 역할 분담을 숙지하고 자신의 위치를 정확히 파악한다.

③ 행사 당일 담당 유아들의 컨디션을 체크하고, 행사 진행에 무리가 있는 유아가 있는지 파악하고 전체 교사들에게 공지한다.

④ 행사 당일 투약이 필요한 유아가 있는지 체크하고, 냉장보관이 필요한 약은 별도의 아이스박스를 준비하고 비상상황을 대비하여 구급함을 챙기도록 한다.

⑤ 유아 중심의 행사인 경우에는 소극적인 유아에게는 적극적인 동기를 부여하여 모든 유아가 참여할 수 있도록 기회를 제공하는 것이 중요하다.

⑥ 역할 분담에서 자신의 역할이 아니더라도 전체 일정에 차질이 발생할 가능성이 있다면 역할 담당 교사에게 알리거나 급한 경우에는 상황을 발견한 교사가 적극적으로 대처하도록 한다.

(2) 행사 종료 후 행사 장소의 정리

① 유치원 외의 장소를 대관하여 행사를 진행하는 경우 뒷정리는 정확하게 하도록 한다. 운동회, 발표회 등과 같이 지역의 기관을 대관할 경우 주변 정리 및 파손된 물품이 없는지 반드시 확인하고 파손이 있을 경우 배상 절차에 따라 배상을 실시한다.

② 대여한 행사 물품은 사용 전 상태로 반납하고, 구입 및 제작한 물품에 대해서는 차년도 행사를 위하여 별도로 보관하도록 한다.

③ 행사 종료 후에 정리하는 활동도 유아들에게는 매우 중요한 교육이므로 유아 및 학부모들이 다함께 주변을 정리할 수 있도록 권장해야 한다.

3) 평가

유치원의 행사가 종료되고 나면 차년도 행사 및 다음 행사를 위해 평가가 필요하다. 행사의 평가 대상은 유아, 학부모, 교사 등으로 나누어 실시할 수 있다.

(1) 유아 평가

유치원 행사가 끝나고 나면 유아들과 행사에 대한 이야기 나누기 및 다양한 활동을 통해 행사에 대한 유아들의 만족도를 살펴볼 수 있다. 유아들의 만족도를 살펴보기 위한 가장 대표적인 방법은 이야기 나누기이다. 이야기 나누기 시간을 활용하여 행사의 준비과정, 실행과정에서 가장 기억에 남는 일, 가장 재미있었던 일, 가장 힘들었던 일, 가장 하기 싫었던 일 그리고 그 일들이 왜 좋았고 싫었는지에 대한 경험 등을 이야기를 통해 들어보고 교사는 유아들의 반응을 통해 행사의 결과를 평가해 볼 수 있다. 예를 들어 발표회 준비를 하면서 수업보다 연습에 매진하게 되었을 때 일부의 유아들은 즐거워하지만 또 다른 일부의 유아들은 오히려 곤혹스러워한다는 것을 교사는 판단할 수 있다. 또한 유아들의 평가는 이야기 나누기 뿐만 아니라 행사 과정에서 가장 재미있었던 일, 기억에 남는 일 등과 같은 내용을 그려보는 미술활동으로도 가능하다. 따라서 교사는 유아와의 이야기 나누기 및 미술 활동을 통해 얻어진 결과를 분석하여 차년도 교육계획에 반영함으로써 행사의 효율성을 높일 수 있도록 해야 한다.

(2) 학부모 평가

유치원 행사에 학부모들이 참가한 경우라면 행사에 대한 평가는 반드시 이루어져야 한다. 학부모 대상 평가의 목적은 행사 자체에 대해 행사의 내용이 목적에 부합하는지, 시간, 장소, 세부 진행 내용 및 절차 등이 어떠했는지에 대해 알아보고 이러한 결과를 차년도 행사에 반영하기 위함이다. 행사에 대한 학부모의 평가 방법에는 지면을 활용한 체크리스트가 일반적이나 최근에는 인터넷 포털사이트에서 제공되고 있는 어플리케이션을 이용한 간편한 설문조사를 활용하기도 한다. 인터넷 포털사이트 설문의 장점은 평가 결과의 수합이 용이하고 설문이 완료되면 결과를 바로 확인할 수 있다는 장점이 있다. 하지만 행사에는 학부모를 대신해서 유아의 조부 및 조모가 참석하는 경우에는 오히려 인터넷 포털사이트 설문을 불편하다고 느낄 수 있으므로 지면 설문지도 반드시 준비하는 것이 필요하다.

OOOO학년도 OO유치원 가족운동회 만족도 조사

ID			

안녕하십니까? 귀댁의 귀한 자녀를 00유치원에 보내주심을 진심으로 감사드립니다. 다름이 아니오라 이번 가족운동회 프로그램에 대한 의견을 학부모님들께 여쭈어보고자 하오니 다음 질문들에 대해 성실히 답변해 주시기를 부탁드립니다. 앞으로도 저희 유치원은 원아들을 위해 최선을 다할 것을 약속드립니다.

○○○○년 ○○월 ○○유치원

Part 1. 개인사항

1. 귀하의 성별은? ① 남 ② 여
2. 귀하의 현재 나이는? ① 20-25세 ② 26세-30세 ③ 31세-40세 ④ 40세 이상
3. 귀댁의 자녀는 몇 명입니까? ① 1명 ② 2명 ③ 3명 ④ 3명 이상

Part 2. 가족운동회 프로그램 만족도

1. 다음은 유아지원 프로그램에 대한 질문입니다.

내용 및 일시	전혀 그렇지 않다	그렇지 않다	보통	그렇다	매우 그렇다
1. 이번 가족운동회의 전반적인 내용은 "유아들의 전인적 발달 및 가족들과의 화합"이라는 행사의 목적을 최대한 반영하고 있다고 생각하십니까?	1	2	3	4	5
2. 이번 가족운동회의 장소(주차, 화장실, 운동장 상태, 휴게공간, 접근성 등)에 대해 만족하십니까?	1	2	3	4	5
3. 이번 가족운동회의 개최 일시에는 만족하십니까?	1	2	3	4	5
4. 이번 가족운동회 행사에서 교사 및 보조 인력의 행사 진행에 대해서는 만족하십니까?	1	2	3	4	5
5. 이번 가족운동회 진행 시간에 대해서는 만족하십니까?	1	2	3	4	5
6. 추후 가족운동회가 다시 진행된다면 참여하시겠습니까?	1	2	3	4	5
7. 이번 가족운동회에서 유아들에게 위험했다고 생각하시는 경기는 무엇입니까?					
8. 이번 가족운동회에서 가장 기억에 남는 경기는 무엇입니까?					
9. 유치원에 부탁하고 싶은 내용이 있다면 그 내용을 작성해 주십시오.					

그림 9-2 유치원 행사 학부모 만족도 조사 지면 설문지 예시

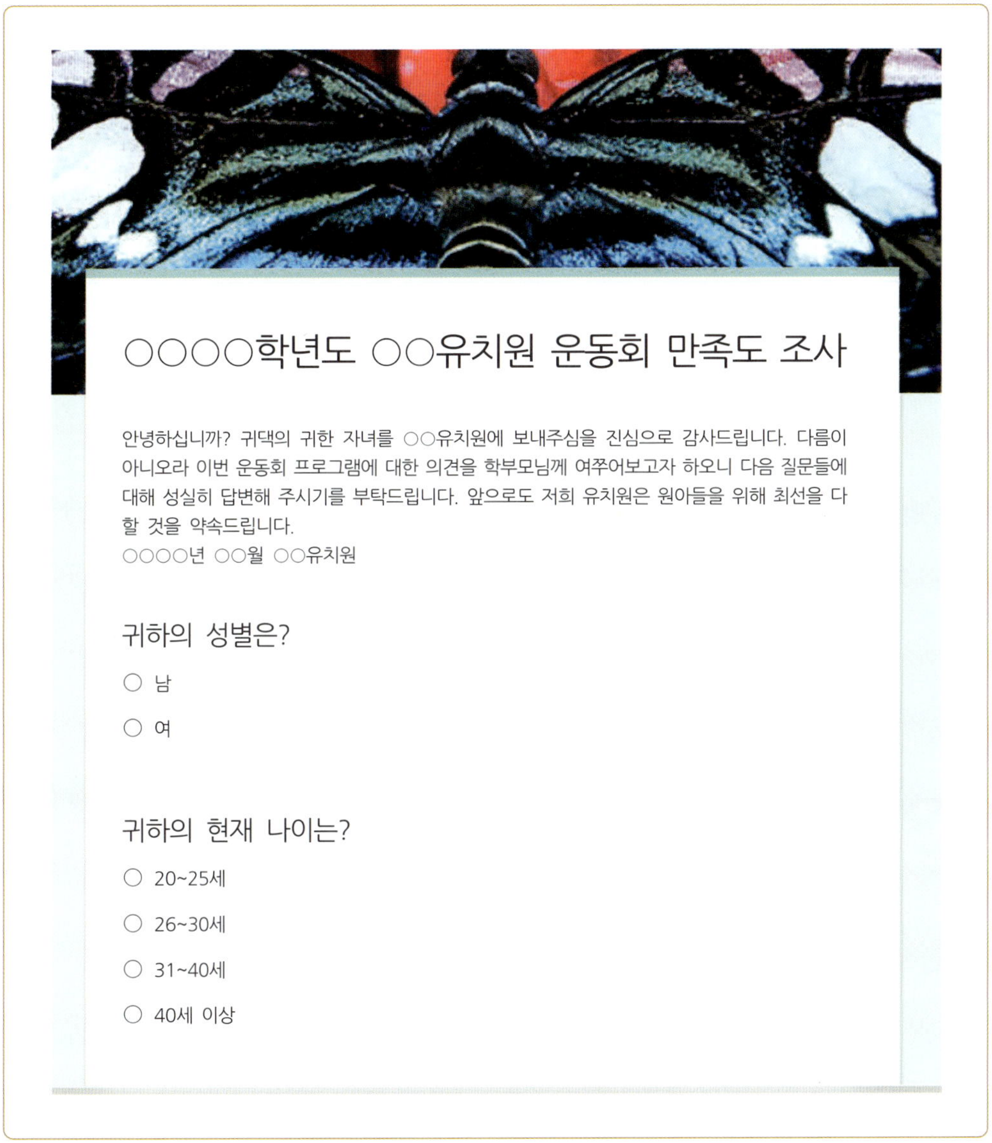

○○○○학년도 ○○유치원 운동회 만족도 조사

안녕하십니까? 귀댁의 귀한 자녀를 ○○유치원에 보내주심을 진심으로 감사드립니다. 다름이 아니오라 이번 운동회 프로그램에 대한 의견을 학부모님께 여쭈어보고자 하오니 다음 질문들에 대해 성실히 답변해 주시기를 부탁드립니다. 앞으로도 저희 유치원은 원아들을 위해 최선을 다할 것을 약속드립니다.
○○○○년 ○○월 ○○유치원

귀하의 성별은?

○ 남

○ 여

귀하의 현재 나이는?

○ 20~25세

○ 26~30세

○ 31~40세

○ 40세 이상

그림 9-3 **유치원 행사 학부모 만족도 조사(모바일 활용) 예시**[2]

2) Google 설문지를 활용하여 제작하였음.

(3) 교사 평가

유치원 행사에서 교사들의 자체 평가는 다음 행사를 진행함에 있어 필수적인 요소이다. 교사 자체 평가는 교사들 간의 평가도 필요하지만 행사에 대한 유아들의 평가 결과, 학부모 평가 결과들을 총체적으로 확인하는 과정이라고 할 수 있다. 따라서 교사 평가에서 다루어야 할 내용은 다음과 같다.

① 행사실시 전에 계획했던 행사의 목표가 잘 수행되었는가?
② 행사 준비 및 실행 과정에 있어 교사들의 의사소통은 원활했는가?
③ 행사 계획에 명시된 역할 분담에 따라 자신의 역할을 충실히 이행했는가?
④ 유아들의 평가 결과는 어떠한가?
⑤ 학부모들의 평가 결과는 어떠하며 다음 행사에서 수정되어야 할 사항은 무엇인가?

3. 유치원 행사의 실제

1) 학부모 오리엔테이션

학부모 오리엔테이션은 신입 및 재원 원아의 학부모를 대상으로 1년간의 전반적인 교육내용(유치원 교육방침, 교육방향, 중점교육, 교직원 소개 등)을 소개하는 행사이다. 학부모 오리엔테이션의 진행은 신입원아 학부모 그룹과 재원원아의 학부모 그룹으로 각각 진행하는 것이 일반적이다. 그 이유는 재원원아 학부모의 경우는 1, 2년을 재원하고 있기 때문에 유치원에서 지속적으로 수행한 프로그램이나 전반적인 운영 방침에 대해 이미 숙지하고 있기 때문에 새롭게 바뀐 내용에 대해서만 안내하면 되기 때문이다. 하지만 신입원아 학부모의 경우 자녀를 처음 유치원에 보내는 경우가 대부분이기 때문에 유치원의 전반적인 내용에 대해 안내해야 하며, 안내할 내용도 재원원아와는 차이가 있다. 학부모 오리엔테이션의 계획–실행–평가의 세부적인 내용은 3장의 내용을 참고하도록 한다.

2) 학부모 참여수업

학부모 참여수업은 유치원 교육활동에 학부모가 직접 참여하여 자녀의 행동과 태도를 이해를 돕기 위한 행사이다. 학부모들은 본 행사를 통해 자녀의 행동과 태도(유치원에서의 생활, 또래관계, 활동의 참여 정도, 선생님과의 상호작용 등)를 확인하고 이를 통해 자녀 양육의 방향을 수립하는 데 기초가 될 수 있다. 또한 동일 연령의 자녀를 둔 학부모들이 함께 모이는 자리이기 때문에 자녀 양육에 대한 정보를 교환할 수 있는 기회가 된다. 학부모 참여수업은 각 학기별 1회 정도 실시하는 것이 일반적이다.

한편 학부모 참여수업은 교사의 입장에서는 자신의 수업을 학부모들에게 공개해야 한다는 것에 많은 부담이 따른다. 따라서 학부모 참여수업의 계획 및 준비, 실행, 평가의 전 과정은 다음과 같다.

(1) 학부모 참여수업의 계획 및 준비

① 행사 시작 한 달 전부터 가정통신문을 통해 학부모 참여수업 일정을 안내한다.

② 수업 후 제공할 간식을 미리 주문한다.

③ 담임교사는 수업에 필요한 자료를 미리 준비한다.

④ 평일 저녁이나 주말 오전 등 다양한 요일과 시간대로 나누어 학부모가 희망하는 시간대를 미리 조사하고 교사가 부모님 오시는 시간을 오전, 오후 중에 편성하여 수업을 계획한다. 또한 형제가 함께 다니는 경우에는 일정이 겹치지 않도록 계획한다.

⑤ 학부모 참여수업 행사를 알리는 현수막을 준비한다.

⑥ 바닥 자리 이미지, 간식 앞에 붙일 이미지, 활동계획, 수업자료 등을 미리 준비한다.

⑦ 학부모들에게 시작 전에 수업진행 및 일정을 알리는 안내문을 배부하고 마무리 단계에서는 학부모 참여수업 소감문이나 만족도 조사를 실시한다.

⑧ 유치원 로비 앞에 커피와 다과상을 준비하여 학부모에게 편의를 제공한다.

(2) 학부모 참여수업의 실행

① 유치원 환경을 깨끗하고 쾌적하도록 하며 입구에 학부모 및 유아 이름표, 일정표를 미리 준비해 두었다가 배부한다.

② 유아들은 자유선택활동을 한 후에는 정리하고 화장실을 다녀오거나 물을 마시는 등 용무를 마친 후 바닥 자리 이미지에 유아가 앉고 유아의 뒤에 부모님이 위치하도록 안내한다.

③ 각 반별로 준비된 수업을 실시한다.

④ 모든 활동이 종료되면 각 반별로 준비한 동영상 시청 후에 마무리에는 각자의 소감을 발표하고 행사에 대한 의견이 있는 경우에는 간단하게 건의하는 시간을 갖는다.

⑤ 활동일정표 뒤 소감문이나 만족도 설문지를 작성하고 간식, 수업결과물을 배부하여 귀가하도록 지도한다.

● 유의사항

① 참여수업 시작 전에는 학부모의 참여로 인하여 유아들이 평소와 다른 행동을 할 수 있다는 것을 미리 공지하여 학부모를 안심시켜준다.

② 수업에 필요한 자료 및 사전에 재료주문이 늦지 않도록 최종적으로 점검을 한다.

③ 학부모에게는 참여수업 시간을 정확히 안내하도록 한다.

④ 학부모에게 공개할 영상이나 편지 등은 미리 준비하여 행사에 차질이 없도록 점검한다.

(3) 학부모 참여수업의 평가

참여수업 종료 후 다음의 항목을 중심으로 평가를 실시하고 평가 결과를 차년도 계획에 반영하도록 한다.

① 학부모 참여수업 계획 및 준비에 소홀한 부분은 없었는가?
② 업무 분장 시 교사의 특성을 반영하였는가?
③ 수업에 활용된 자료의 준비 및 내용은 적절하였는가?
④ 학부모 참여수업의 진행 시간은 적절하였는가?
⑤ 주변 환경에 대한 정리에 미흡한 부분은 없었는가?
⑥ 학부모들의 만족도는 어떠했는가?

3) 소풍

소풍은 각 유치원의 사정에 따라 실시 시기나 횟수가 다소 차이가 있기는 하지만 일반적으로 봄과 가을에 각 1회씩 이루어진다. 소풍은 유아와 교사 모두 유치원을 벗어나 자연의 변화를 탐색하고 관찰해 보는 날이다. 따라서 소풍의 실행과정을 살펴보면 다음과 같다.

(1) 소풍의 계획 및 준비

① 일정은 기상상황을 고려하여야 하며, 장소는 계절의 변화 및 생활주제를 중심으로 선정한다.
② 소풍 한 달 전에는 사전 답사를 실시한다.
③ 소풍 당일 일정표 및 세부프로그램을 계획한다.
④ 소풍 당일 이동할 차량을 미리 섭외한다.
⑤ 일정, 장소, 우천 시 계획, 준비물 등에 대한 소풍 안내문을 작성한다.

(2) 소풍의 실행

① 인원 파악, 환아 점검, 안전벨트 착용 확인, 휴대용 구급함 준비 등을 확인하고 차량에 탑승하여 이동한다.

② 사전 답사 시 위험하다고 판단된 장소에 대하여 재점검하고 유아들의 안전과 원활한 진행에 적합한 놀이 장소, 게임 장소, 점심 장소를 계획에 차질이 발생하지 않도록 한다.

③ 준비된 활동들을 유아들의 흥미와 여러 가지 여건들을 고려하여 실행한다.

④ 모든 활동이 종료된 후에는 준비한 쓰레기봉투에 쓰레기를 담아 유치원에서 분리수거할 수 있도록 주변을 정리한다.

⑤ 유치원으로 이동 시에는 소풍 장소로 이동할 때와 동일한 점검을 실시한다.

(3) 소풍 평가

① 행사의 목적에 맞게 행사가 진행되었는가?

② 답사 시 안전 조치 사항에 따라 행사 장소의 안전을 확보하였는가?

③ 소풍 당일 안전사고는 없었는가? 사고가 있었다면 조치는 안전사고 조치 절차에 따라 진행되었는가?

④ 소풍 당일 교사들 간의 소통은 원활하였는가?

⑤ 우천이나 기상 악화로 인한 혼란은 없었는가?

4) 현장체험학습

유치원 현장체험학습의 목적은 유치원 교육과정의 핵심내용인 생활주제의 내용을 보다 깊이 있게 탐색해 보는 과정으로 교실 내에서 다양한 시각자료를 통해 간접적으로 체험한 사실을 현장체험학습을 통해 실제로 체험해 볼 수 있는 교육활동이다. 예를 들어 지진, 해일, 홍수 등의 내용을 교실 내에서 영상자료를 통해 유아들에게 설명식으로 안내할 경우 유아들은 자연재해의 위력이 어느 정도인지 알 수 없다. 따라서 이러한 이론적 지식을 실제적 지식과 연결 짓기 위해서는 실제적인 체험이 필요하다. 하지만 자연재해의 위험성을 알리기 위해 유아들을 실제 자연재해 현장에 데리고 갈 수 없기 때문에 안전이 보장된 '안전체험원, 안전테마파크' 등의 현장체험학습을 통해 자연재해의 위험성을 깨닫게 할 수 있다. 따라서 효과적인 현장체험학습을 위해 고려해야 할 사항은 다음과 같다.

(1) 현장체험학습의 계획 및 준비

① 현장체험학습의 교육 목표 및 장소 선택

- 생활주제와 현장체험학습 내용의 관련성을 고려하여 계획한다.
- 장소를 선택할 때에는 현장체험학습이 가능한 곳, 근거리 기준으로 선정한다. 예를 들어 생활주제가 교통기관일 경우 교통안전을 체험할 수 있는 어린이 교통랜드 또는 가까운 경찰서 등의 현장체험학습 장소로 선정한다.
- 참여 인원을 파악한 후 전화 및 인터넷을 활용하여 현장체험장소를 사전에 예약한다. 연간계획을 수립할 때 행사계획도 함께 수립하며, 다른 유치원과의 예약이 겹치지 않게 하기 위하여 1년 동안의 행사를 미리 사전 예약하기도 한다.

② 사전 답사

- 적어도 현장체험학습 한 달 전에는 사전답사를 실시하고 사전답사에서는 현장체험학습 장소까지 걸리는 시간, 이동 차량 사용 유무, 화장실, 점심 유무, 위험요소 파악, 현장체험학습 시 유아들의 동선 안내를 위한 주요 건물 및 현장체험학습 위치 파악, 사전답사 현장의 담당자와의 면담 등의 내용을 중심으로 답사 보고서를 작성한다.

③ 가정통신문 작성

- 가정통신문에는 현장체험학습 일시 및 장소, 준비물, 현장체험학습 세부 일정표, 현장체험학습에 대한 학부모 동의서 등을 첨부하여 배부한다.

④ 현장체험학습을 위한 유아들과의 사전 활동

- 사전 활동으로는 현장체험학습 장소에서 지켜야 할 약속, 현장체험학습 시 궁금한 사항, 현장체험학습에서 하고 싶은 일 등에 대해 이야기 나누기하거나 유아들의 현장체험학습 사전 사후 지식 비교를 위한 관련 주제의 그림들을 비교하는 활동으로 계획할 수 있다.

현장체험학습 계획서

담 당	원 감	원 장

행 사 명	어린이 교통랜드 견학
일 시	○○○○년 ○○월 ○○일 금요일 10:00 ~ 12:00
장 소	어린이 교통랜드
대 상	○○○○반(30명), ○○○○반(29명)
목 표	• 체험을 통해 교통안전 규칙을 지킬 수 있다. • 다양한 교통 관련 프로그램을 통해 교통안전을 실천할 수 있다.
준 비 물	• 사전준비: – 현장체험학습 1개월 전 인터넷으로 예약을 실시한다. – 유아들과 교통기관 및 교통안전에 대해 이야기 나눈다. – 현장체험학습 장소에서 지켜야 할 예절에 대해 이야기 나눈다. – 현장체험학습 전 유아들에게 위험한 행동을 하지 않도록 안내한다. – 출발 전 운전기사의 음주여부를 확인한다. • 유치원준비물: 비상약품, 비닐봉투, 여벌 바지, 카메라, 휴지, 물티슈, 수건 등
활 동 및 진행순서	1. 9시 40분까지 참여인원을 확인한 후, 10시 30분까지 체험 장소 도착 2. 차례를 지켜 교통안전 학습장으로 이동 3. 실외 및 실내 교통안전 학습장으로 나누어 각 반별로 진행 4. 어린이 교통 랜드 체험 실시 – 실내: 안전벨트 사용법, 비오는 날의 안전, 길을 건너는 방법, 교통안전 규칙, 안전 교육 영상 – 실외: 자동차 타보기, 규칙을 지키며 안전하게 길 건너기, 신호등의 변화 관찰, 교통안전 표지판 등 5. 실내, 실외를 두 반이 교차하여 체험학습 진행 6. 현장체험학습 활동 상황 사진촬영 7. 11시 40분 차량 탑승(인원파악 및 환아 여부 확인)
유의사항	• 현장체험학습 전 교통규칙을 지켜야 하는 이유에 대해 이야기를 나눈다. • 공공시설에서 지켜야 할 약속은 어떠한 것이 있는지에 대해 이야기를 나눈다.

그림 9-4 현장체험학습 계획서 예시

(2) 현장체험학습의 실행

현장체험학습의 실행은 현장체험학습 당일에 이루어지는 내용으로 이해를 돕기 위해 '교통기관'의 예를 중심으로 살펴보고자 한다.

① 현장체험학습 장소 출발 전 차량 탑승 및 인원 점검

- 차량을 이용하여 현장체험학습 장소로 이동 전 유아의 건강상태 점검, 참여 인원 파악, 안전벨트 착용 확인 등

② 준비물

- 구급함, 쓰레기 수거용 비닐, 여벌 옷, 카메라, 휴지, 물티슈 등

③ 현장체험학습 장소 도착 및 체험

- 화장실 다녀오기, 각 반별 실내·외 체험장소로 이동 및 체험, 체험활동에 대한 사진 기록 등

④ 현장체험학습 마무리

- 체험 완료 후 주변 정리, 인원점검(환아 여부 확인), 차량 탑승

⑤ 유치원으로 이동

- 차량 탑승 후 안전벨트 착용 확인, 유치원 도착

(3) 현장체험학습의 평가

현장체험학습에 대한 평가는 계획 및 실행의 단계가 전반적으로 원활하게 이루어졌는지에 대한 과정을 전체적으로 평가해 보는 단계라 할 수 있다. 또한 평가의 내용은 평가 결과보고서로 작성하여 보관하고 이 결과는 차년도 현장체험학습 계획 시 반영하도록 한다. 현장체험학습 평가의 세부적인 내용은 〈그림 9-5〉와 같다.

현장체험학습 결과보고서

담 당	원 감	원 장

행 사 명	어린이 교통랜드 견학
일　　시	○○○○년 ○○월 ○○일 금요일 10:00 ~ 12:00
장　　소	어린이 교통랜드
대　　상	○○○○반(30명), ○○○○반(29명)
목　　표	• 체험을 통해 교통안전 규칙을 지킬 수 있다. • 다양한 교통 관련 프로그램을 통해 교통안전을 실천할 수 있다.
세부일정	09:40 현장체험학습 장소 출발 10:30 어린이교통랜드 도착, 화장실 다녀오기 10:40 체험 실시(실내외 두 반으로 나누어 진행) 11:40 차량 탑승(인원파악 및 환아 여부 확인) 12:30 유치원 도착
활동사진	 

평가내용

	평가내용	1	2	3	4	5
1	현장체험학습의 시기는 적절했는가?					
2	현장체험학습은 생활주제와 관련성이 있는가?					
3	이동 차량은 시간에 맞추어 안전하게 운행하였는가?					
4	체험장소 내 이동 동선은 적절했는가?					
5	체험 및 휴식시간이 적절하게 안배되었는가?					
6	유아들이 휴식할 공간은 적절했는가?					
7	유아들의 안전을 위협할 만한 활동은 없었는가?					
8	체험활동이 유아의 실생활과 밀접하게 연관성이 있는가?					
9	체험활동은 유아의 연령에 적합하게 구성되었는가?					
10	체험학습 진행과정에서 교사들 간의 업무협조는 원활하였는가?					
※전혀 그렇지 않다(1), 그렇지 않다(2), 보통이다(3), 그렇다(4), 매우 그렇다(5)						

그림 9-5 현장체험학습 결과보고서 예시

5) 시장놀이

시장놀이는 유치원 내에 가상의 시장을 구성하고 유아들이 직접 물건을 사고파는 과정을 통해 물건을 구입할 때에는 반드시 비용을 지불해야 한다는 개념을 이해하는 행사라고 할 수 있다. 또한 시장놀이는 제한된 비용으로 자신에게 꼭 필요한 것을 구매할 수 있는 소비의 개념을 이해할 수 있는 기회가 되기도 하며, 판매자와 소비자의 역할을 모두 경험해 봄으로써 십진법과 연산의 개념을 이해하고 경험해 볼 수 있는 기회가 되기도 한다. 또한 자신에게 필요 없는 물건이 다른 사람에게는 필요한 물건이 된다는 것을 인식하게 되는 기회를 제공한다. 시장놀이의 세부적인 진행과정은 다음과 같다.

(1) 계획 및 준비

① 시장놀이 일정 수립

- 시장놀이 일정은 가급적이면 생활주제와 개연성을 고려하여 일정을 수립한다. (예: 우리 동네)
- 시장놀이를 실시하기 1주일 전에 마트체험활동을 계획하여 시장놀이와 연계성을 강화할 수 있다.

② 시장놀이를 위한 실내외 환경 구성

- 장소를 선정할 때 기상상황을 고려하여 실내나 실외로 선정할 수 있다.
- 실외에서 진행될 경우에는 시장놀이 현수막(유아 제작), 테이블, 천막 등을 준비한다.
- 시장놀이의 가판대 안내문 및 현수막 등은 유아들이 직접 제작하도록 계획한다.

③ 시장놀이 물품 준비

- 원아 인원수 대비 소요 수량을 점검하여 시장에서 사고 팔 물품의 목록을 작성한다.
- 농산물은 시장 가격 상황을 고려하여 준비하고, 각 물품은 개별포장이 가능하도록 준비한다.
- 도서, 놀잇감, 인형, 옷 등의 가정으로부터 사용하지 않는 물품들을 받아 시장놀이에 활용한다.

④ 소비자와 판매자의 구분

- 원내 모든 유아들을 대상으로 두 그룹(소비자 및 판매자)으로 구성한다.

⑤ 시장놀이를 위한 유아들과의 계획 및 준비

- 시장에서 판매하는 물건에 대한 가격을 책정한다.
- 가판대 안내문 및 시장놀이 현수막을 제작한다.
- 시장놀이용 개인 지갑을 만들어 본다.
- 시장놀이용 화폐 준비 및 화폐 단위를 알아본다.

⑥ 시장놀이 가정통신문 제작

- 가정통신문 내용에는 시장놀이의 목적, 일시, 장소 등을 중심으로 기재한다.
- 시장놀이 세부 일정을 상세하게 안내한다.
- 가정에서 사용하지 않는 물품 및 개인 준비 물품을 시장놀이를 위해 기부해달라는 요청의 글을 첨부한다.
- 행사의 원활한 진행을 위해 기부받은 물품이나 별도의 행사용도로 준비한 물품들은 행사 전날까지 유치원에 비치할 수 있도록 당부의 글을 첨부한다.
- 유아들이 구입한 물품을 가져갈 장바구니를 미리 준비할 수 있도록 공지한다.

그림 9-6 시장놀이 가판대 설치 예시

(2) 시장놀이의 실행

① 시장놀이 실행 전날 교사들은 테이블, 천막, 물품 등을 미리 준비하여 시장놀이를 위한 환경구성을 완료한다.
② 행사 당일에는 현수막, 가판대 안내문 등을 유아들과 함께 설치한다.
③ 판매자 그룹과 소비자 그룹으로 나누어 시장놀이를 실행한다.
④ 판매자와 소비자 역할을 번갈아 교대로 경험해 본다.
⑤ 교사는 유아들이 다양한 물건에 대하여 관심 가지고 구매하는 경험을 갖도록 지도한다.
⑥ 물건이 소진되면 시장놀이를 종료하고 주변을 정리한다.

(3) 시장놀이 평가

① 시장놀이는 유아의 흥미와 관심을 자극할 수 있었는가?
② 시장놀이 준비 과정에서 교사들 간의 업무협조는 원활하였는가?
③ 시장놀이 준비 과정에서 가정과의 협조는 원활하였는가?
④ 시장놀이의 진행 시간은 적절하였는가?
⑤ 시장놀이를 통해 유아들에게 아나바다에 대한 개념을 제공할 수 있었는가?

6) 가족운동회

가족운동회는 여러 종류의 유치원 행사 중에서도 유아들과 학부모들의 기대가 가장 큰 행사라 할 수 있다. 특히 운동회는 다른 또래 유아들과 함께 하는 다양한 운동경기를 통해 유아의 신체 발달을 촉진하고, 협동심을 배양하고, 운동경기의 승부보다 규칙을 준수해야 한다는 점에서 교육적 가치가 큰 행사이다. 또한 학부모들이 함께 참여하기 때문에 학부모들은 유아들의 전반적인 발달상황과 가정에서 볼 수 없었던 유아들의 또 다른 모습들을 발견할 수 있는 기회가 되기 때문에 자녀 양육의 방향을 새롭게 수정하는 기회가 되기도 한다. 운동회의 세부적인 진행과정은 다음과 같다.

(1) 가족운동회 계획 및 준비

① 가족운동회 일정 수립

가족운동회의 일정 수립은 학년도 시작 전에 연간계획을 수립할 때 계획하고 실시 시기는 각 원의 실정에 따라 차이가 있기는 하지만 일반적으로 너무 덥거나 춥지 않은 9월이나 10월경에 실시되는 것이 일반적이다. 5월에 실시되는 곳도 있기는 하지만 5월의 경우에는 유아들이 유치원에 입학한 지 2개월밖에 지나지 않았기 때문에 만 3세아의 경우 다소 미숙한 신체발달수준과 또래 간의 낮은 친밀도 등으로 인해 가족운동회에 참여하기에 여러가지 어려움이 따른다. 따라서 가족운동회의 일정을 수립할 때는 이러한 점들을 고려해야 한다.

② 가족운동회 장소 선정

- 가족운동회 장소: 원내 또는 원외
- 원외에서 가족운동회 행사를 실시할 경우 유치원의 인근 공원, 학교, 실내체육관 등의 장소를 섭외해야 한다. 이러한 경우에는 사전에 해당기관과 조율해야 하고, 사용료와 같은 경비가 발생할 수 있으므로 소요예산도 함께 고려해야 한다.

③ 운동회 세부프로그램 계획: 자체 운영 또는 위탁 운영

- 자체 운영의 경우에는 각 프로그램에 필요한 물품을 직접 준비한다.
- 위탁 운영의 경우에는 위탁업체와 세부프로그램에 대한 내용에 대하여 협의한 후에 진행하도록 한다.
- 어린 연령의 유아일 경우에는 교사의 지시나 규칙이 단순한 게임으로 계획하고, 연령이 증가할수록 팀에 대한 개념이 있는 팀게임 중심으로 프로그램을 계획한다.
- 가족들이 함께 참여하는 운동회이므로 가족과 함께할 수 있는 게임도 계획해야 한다.
- 유아들의 건강 및 안전을 위해 운동회 프로그램 진행 중에 잠깐의 휴식 시간을 넣도록 계획한다.

④ 참여인원 파악

- 학부모의 참여율을 높이기 위해서 사전에 다수의 학부모가 희망하는 일시를 조사하여 행사일을 결정하도록 한다.
- 행사에 필요한 물품의 수량을 미리 계획하기 위하여 참여를 희망하는 학부모의 수를 파악한다.

가족운동회 계획서

담 당	원 감	원 장

행 사 명	가족운동회
일 시	○○○○년 ○○월 ○○일 토요일 14:00 ~ 17:00
장 소	○○초등학교 운동장
대 상	○○유치원 전원 및 가족
목 표	• 자신의 신체를 조절하고 신체를 통한 게임을 즐길 수 있다. • 가족과 함께 게임에 참여하여 가족의 소중함을 알 수 있다.
준 비 물	• 사전준비: – 행사대행업체: 운동회 세부 프로그램에 대한 논의 – 장소섭외: ○○초등학교 운동장 예약 – 안내문: 행사 1개월 전 가정통신문 배포, 일시와 장소 안내 – 초대장 배포: 행사 전날 유아들을 통해 배부(유아들과 함께 제작) – 대표 선출: 선서 대표 및 이어달리기 선수 선출(남2, 여2) – 각 반별 마스게임 준비 – 행운권 추첨함 준비

구분	백 팀	홍 팀
복장	흰색 티셔츠	빨강 티셔츠
이름표	초록 이름표	노란 이름표
응원 구호	백팀!백팀! 짝짝짝짝짝	홍 어이 홍 어이
	백팀 이겨라 백팀 이겨라	아싸 홍팀, 아싸 홍팀
	오 멋진 백팀~승리하리라	홍팀 이겨라 홍팀 이겨라

• 유치원 준비물:

진행	카메라, 원장님 인사말, 인사말 넣을 수 있는 상장케이스, 선서문, 화장실 표지판, 각반 팻말, 매직, 가위, 테이프, 가족명찰 하트, 교사용 순서표 목걸이, 돌돌이 전기선, 화이트보드, 보드마커 검정과 빨강, 보드마커 지우개, 구급상자, 종이컵 버릴 홀더, 짐 옮길 수레, 멀티탭 2개, 아이스박스
청소도구	쓰레기봉투, 빗자루, 쓰레받기, 고무장갑 2개, 화장실 청소용 세제
개인용품	이어달리기 등판, 바통, 행운권 추첨상자, 이어달리기 등판 여분
본부석 설치	책상 2개, 책상 덮을 천 2개, 돗자리, 운동회 현수막, 책상 4개, 책상 덮개 용 천 4개, 집게 큰 것, 노끈 3개, 교사용 자리 안내문, 휴지(화장실 휴지, 천막 휴지) 교사용의자 3개, 전기 연결선
마스게임	율동 음원 USB, 각 반 붐비나
다과	보온 정수기(다과 및 음료세팅), 각 종 차, 종이컵 4줄, 냅킨, 쟁반(커피 녹찹 담을), 빨대, 생수 2L 12개, 비타500 2박스, 물 500mL
선물	* 단체 선물 배드민턴 라켓, 포카리스웨트 340mL 1개 배부

활 동 및 진행순서	14:00 개회식 및 선수입장 14:20 게임(미션달리기, 줄다리기, 과자 따먹기, 낚시게임, 이어달리기 등) 16:40 운동회 종료 및 주변정리
유의사항	• 운동회 당일 유아들이 방치되거나 장난치지 않도록 사전에 안내한다. • 소극적인 유아들은 달리기나 마스게임 등 행사에 참여하지 않을 수도 있기 때문에 사전에 유아들이 적극적으로 참여할 수 있도록 지도한다.

그림 9-7 가족운동회 계획서 예시

(2) 가족운동회의 실행

① 행사 시작 전 행사 장소에 도착하여 행사 준비 완료

- 개선문(외부업체 의뢰), 만국기, 음향장비 등의 설치, 운동회 프로그램에 따른 물품 준비, 행사 선물, 물, 다과, 구급함, 가족 이름표, 청소도구, 화장실 안내 표지판, 성화 등을 확인한다.

② 가족운동회 행사 선수 입장 및 개회사

- 선수입장에서는 양팀(청팀, 홍팀) 가족 전체가 입장할 수 있도록 안내한다.

③ 게임진행

- 가족운동회 프로그램으로는 미션달리기, 달구지게임, 우주여행, 줄다리기, 과자 따먹기, 낚시게임, 이어달리기 등으로 다양한 종류의 게임으로 구성하여 진행한다.

④ 점수 발표 및 시상

- 두 팀의 전체 점수를 발표하고 그 결과에 따라 시상한다. 유아들에게 결과를 인정하고 이긴팀에게 축하인사를 전할 수 있는 기회를 제공하고 이와 더불어 운동경기 정신을 함양할 수 있는 기회를 제공한다.

⑤ 가족운동회 종료 및 주변 정리

- 운동회가 종료되면 대관한 시설의 주변을 정리한다.
- 주변 정리는 교육의 과정 중 하나라는 인식을 가질 수 있도록 운동회에 참여한 가족들도 함께할 수 있도록 안내한다.

(3) 가족운동회의 평가

가족운동회에 대한 평가는 계획 및 실행의 단계가 전반적으로 원활하게 이루어졌는지에 대한 과정을 평가하는 단계이다. 또한 평가의 내용은 평가 결과보고서로 작성하여 보관하고 이 결과는 차년도 가족운동회 계획 시 반영하도록 한다. 가족운동회 평가의 세부적인 내용은 〈그림 9-8〉과 같다.

가족운동회 결과보고서

담 당	원 감	원 장

<table>
<tr><td>행 사 명</td><td colspan="7">가족운동회</td></tr>
<tr><td>일 시</td><td colspan="7">○○○○년 ○○월 ○○일 토요일 14:00 ~ 17:00</td></tr>
<tr><td>장 소</td><td colspan="7">○○초등학교 운동장</td></tr>
<tr><td>대 상</td><td colspan="7">○○유치원 전원 및 가족</td></tr>
<tr><td>목 표</td><td colspan="7">• 자신의 신체를 조절하고 신체를 통한 게임을 즐길 수 있다.
• 가족과 함께 게임에 참여하여 가족의 소중함을 알 수 있다.</td></tr>
<tr><td>세부일정</td><td colspan="7">14:00 개회식 및 선수입장
14:20 게임(미션달리기, 줄다리기, 과자 따먹기, 낚시게임, 이어달리기 등)
16:40 운동회 종료 및 주변정리</td></tr>
<tr><td>활동사진</td><td colspan="7"> </td></tr>
<tr><td rowspan="12">평가내용</td><td colspan="2">평가내용</td><td>1</td><td>2</td><td>3</td><td>4</td><td>5</td></tr>
<tr><td>1</td><td>가족운동회의 시기는 적절했는가?</td><td></td><td></td><td></td><td></td><td></td></tr>
<tr><td>2</td><td>이번 가족운동회의 기본 취지가 훼손되지 않았는가?</td><td></td><td></td><td></td><td></td><td></td></tr>
<tr><td>3</td><td>가족운동회의 행사 장소는 적절하였는가?</td><td></td><td></td><td></td><td></td><td></td></tr>
<tr><td>4</td><td>가족운동회의 행사 시간은 적절하였는가?</td><td></td><td></td><td></td><td></td><td></td></tr>
<tr><td>5</td><td>행사 중 휴식시간이 적절하게 안배되었는가?</td><td></td><td></td><td></td><td></td><td></td></tr>
<tr><td>6</td><td>유아들의 안전을 위협할만한 활동은 없었는가?</td><td></td><td></td><td></td><td></td><td></td></tr>
<tr><td>7</td><td>안전사고의 처리를 위한 예방조치는 마련되어 있었는가?</td><td></td><td></td><td></td><td></td><td></td></tr>
<tr><td>8</td><td>각 게임활동에서 소외되는 유아나 가족은 없었는가?</td><td></td><td></td><td></td><td></td><td></td></tr>
<tr><td>9</td><td>행사 중 교사들은 자신의 역할을 제대로 수행하였는가?</td><td></td><td></td><td></td><td></td><td></td></tr>
<tr><td>10</td><td>행사 진행 및 준비 과정에서 업무협조는 원활하였는가?</td><td></td><td></td><td></td><td></td><td></td></tr>
<tr><td colspan="7">※전혀 그렇지 않다(1), 그렇지 않다(2), 보통이다(3), 그렇다(4), 매우 그렇다(5)</td></tr>
</table>

그림 9-8 가족운동회 결과보고서 예시

7) 성탄절 행사

성탄절은 유아들에게 있어 산타할아버지가 착한 아이들을 찾아 선물을 주는 날로 인식된다. 특히 성탄절은 1년에 한 번 있는 날이기 때문에 유아들에게는 매우 기다려지는 날이다. 유치원에서는 유아들의 설렘과 기대감을 충족시켜 주기 위해 성탄절 행사를 계획하게 된다. 성탄절 행사를 위해서는 산타의 선정과 유아들의 선물이 필요하다. 산타 역할은 외부 업체나 교사 및 지인으로 하는 선정하는 것이 일반적이며, 유아들의 선물은 학부모들에게 준비를 부탁하는 경우도 있으나, 이러한 경우 선물에 대한 크기, 가격 등에서 차이가 날 수 있기 때문에 유치원에서 일괄적으로 동일한 선물을 준비하는 것이 일반적이다. 성탄절 행사의 기본적인 취지는 단순히 선물을 받는 것에만 그치는 것이 아니라 산타를 통해 모든 사람들에게 사랑을 전한다는 의미를 경험할 수 있도록 하는 것이 중요하다. 성탄절 행사의 세부적인 진행은 다음과 같다.

(1) 성탄절 행사의 준비 및 계획

① 성탄절 행사 프로그램 계획

- 행사 전문 업체에 의뢰하여 산타를 섭외할 수 있다.
- 성탄절 당일 또는 성탄절 전날 저녁 등 각원의 실정을 고려하여 행사시기를 결정한다.

② 선물 구입

- 교사회의를 거쳐 성탄절 행사에 필요한 선물을 결정하고 구입한다.
- 선물을 포장하고 유아에게 보낼 카드를 작성한다.

③ 행사를 위한 환경 구성 및 준비물

- 준비물: 현수막, 루돌프 머리띠, 산타모자, 선물, 풍선, 카메라, 캐롤송 등
- 가정에 보낼 엽서를 유아들이 직접 제작하는 기회를 제공한다.

④ 노래 및 율동 준비

- 선물 받은 것에 대한 고마움을 전달할 수 있도록 산타 할아버지에게 들려 줄 노래와 율동을 준비한다.

⑤ 산타 인사말 준비

- 산타는 유아들이 가지고 있는 산타에 대한 환상이 지속될 수 있도록 사랑이 담긴 인사말과 성탄절의 유래와 선물의 의미에 대한 설명을 간단하게 준비한다.

성탄절 행사 계획서

담 당	원 감	원 장

<table>
<tr><td>행 사 명</td><td>Christmas 산타 행사</td></tr>
<tr><td>일 시</td><td>○○○○년 ○○월 ○○일 월요일</td></tr>
<tr><td>장 소</td><td>각 반 교실</td></tr>
<tr><td>대 상</td><td>유치원 원아 전원</td></tr>
<tr><td>목 표</td><td>• 성탄절의 유래와 의미를 알아본다.
• 산타할아버지에 대한 고마운 마음을 노래와 율동으로 표현할 수 있다.</td></tr>
<tr><td>준 비 물</td><td>• 사전 준비
– 행사를 진행할 업체와 연락하여 행사 시간 협의
(오후 13시 행사시작 예정)
– 산타 행사 현수막 준비
– 성탄절 선물 구입
– 성탄절 선물 포장
• 유치원 준비물
– 현수막, 루돌프 머리띠, 산타모자, 선물(보틀), 풍선, 카메라 등
• 가정에 보낼 물품: 교사 엽서, 성탄절 편지, 선물(보틀), 풍선</td></tr>
<tr><td>활 동
및
진행순서</td><td>1. 사전에 성탄절과 산타에 대해 이야기 나누기 진행
2. 순서를 정하여 각 반에서 15분씩 진행
<table><tr><th>시 간</th><th>순 서</th></tr><tr><td>13:00 ~ 13:15</td><td>☆☆☆반</td></tr><tr><td>13:15 ~ 13:30</td><td>△△△반</td></tr><tr><td>13:30 ~ 13:45</td><td>○○○반</td></tr><tr><td>13:45 ~ 14:00</td><td>□□□반</td></tr></table>3. 산타와 인사를 나누고 궁금한 점에 대한 질문
4. 산타 선물 증정
5. 소그룹으로 나누어 루돌프 머리띠 착용 후 산타와 기념촬영
6. 내년에 산타와 또 만날 것에 대한 약속(노래 및 율동)
7. 즐거운 성탄절이 될 수 있도록 이야기 나눈 후, 선물을 가정으로 배부</td></tr>
<tr><td>유의사항</td><td>• 업체 사정에 따라 계획된 시간이 변동될 수 있으므로 각 반별로 행사 시간을 유연하게 준비한다.
• 선물의 개수를 잘 파악하여 누락되지 않도록 한다.
• 선물의 상태를 파악하고 가정으로 배부한다.
• 안전에 유의한다.</td></tr>
</table>

그림 9-9 성탄절 행사 계획서 예시

(2) 성탄절 행사의 실행

① 성탄절의 의미 인식

- 성탄절 관련 이야기 나누기를 통해 성탄절의 의미에 대한 인식

② 산타와의 시간

- 산타와 인사 나누기, 유아들은 산타에 대해서 궁금한 점들을 질문하고 산타는 유아들에게 성탄절과 선물의 의미를 설명해 준다.
- 산타는 유아들에게 나누어 줄 선물을 유쾌한 몸동작과 사랑스러운 인사말로 전달한다.
- 소그룹으로 나누어 질서를 지켜 산타와 함께 촬영한다.
- 산타에게 고마운 마음을 준비한 노래와 율동으로 전하고 작별한다.

③ 각 반별 성탄절 카드 제작

- 부모님께 보낼 성탄절 카드나 엽서를 제작한다.

④ 행사 종료 및 하원

(3) 성탄절 행사의 평가

성탄절 행사에 대한 평가는 계획 및 실행의 단계가 전반적으로 원활하게 이루어졌는지에 대한 과정을 평가하는 단계이다. 또한 평가의 내용은 평가 결과보고서로 작성하여 보관하고 이 결과는 차년도 성탄절 계획 시 반영하도록 한다. 성탄절 행사 평가의 세부적인 내용은 〈그림 9-10〉과 같다.

성탄절 행사 결과보고서

담 당	원 감	원 장

행 사 명	Christmas 산타 행사
일 시	○○○○년 ○○월 ○○일 월요일
장 소	각 반 교실
대 상	유치원 원아 전원
목 표	• 성탄절의 유래와 의미를 알아본다. • 산타할아버지에 대한 고마운 마음을 노래와 율동으로 표현할 수 있다.

세부일정

1. 사전에 성탄절과 산타에 대해 이야기 나누기 진행
2. 순서를 정하여 각 반에서 15분씩 진행

시 간	순 서
13:00 ~ 13:15	☆☆☆반
13:15 ~ 13:30	△△△반
13:30 ~ 13:45	○○○반
13:45 ~ 14:00	□□□반

3. 산타와 인사를 나누고 궁금한 점에 대한 질문
4. 산타 선물 증정
5. 소그룹으로 나누어 루돌프 머리띠 착용 후 산타와 기념촬영
6. 즐거운 성탄절이 될 수 있도록 이야기 나눈 후, 선물을 가정으로 배부

활동사진

평가내용

	평가내용	1	2	3	4	5
1	성탄절 행사의 기본 취지가 잘 드러나 있는가?					
2	성탄절 행사 시간은 적절했는가?					
3	성탄절 행사 장소는 적절하였는가?					
4	성탄절 행사에서 산타의 역할은 어떠했는가?					
5	성탄절 선물은 유아들에게 유익하였는가?					
6	산타를 무서워하는 유아에 대한 교사의 지도는 어떠했는가?					
7	행사 중 교사들은 자신의 역할을 제대로 수행하였는가?					
8	행사 진행 및 준비 과정에서 업무협조는 원활하였는가?					

※전혀 그렇지 않다(1), 그렇지 않다(2), 보통이다(3), 그렇다(4), 매우 그렇다(5)

그림 9-10 성탄절 행사 결과보고서 예시

8) 졸업식 및 수료식

유치원의 졸업식은 만 5세 원아가 유치원의 전 과정을 모두 마칠 때 실행하는 행사이며, 수료식은 만 3세, 4세 원아가 1년의 과정을 마쳤을 때 실시되는 행사이다. 일반적으로 졸업식과 수료식은 같은 날에 하기보다는 수료식은 학부모는 참석하지 않고, 각 반별로 진행되며, 졸업식의 경우에는 학부모가 참석하여 졸업을 축하해 주는 것으로 진행된다. 또한 졸업식 및 수료식은 유아가 그 동안의 유치원 생활을 회상하면서 선생님과 또래 친구들에게 감사의 마음을 가질 수 있는 기회를 제공하기 때문에 유치원에서는 매우 중요한 행사라 할 수 있다. 졸업식 및 수료식의 세부적인 진행절차는 다음과 같다.

(1) 졸업식 및 수료식의 준비 및 계획

① 졸업식 및 수료식의 계획

- 교육법에서 정한 수업 일수(180일)를 점검하여 졸업식 및 수료식 날짜를 결정한다.
- 졸업식 장소가 원내인 경우에는 강당이나 교실, 원외인 경우에는 지역의 유관기관을 대관하여 행사를 진행할 수 있다.

② 졸업 및 수료 선물 구입

- 유아들의 교육활동에 필요한 문구류 중심으로 구입하는 것이 일반적이나, 지역 및 각 원의 실정을 고려하여 구입하면 된다.
- 선물을 포장하고 교사가 직접 작성하는 손편지나 졸업 및 수료를 축하하는 카드를 제작한다.

③ 환경구성

- 준비물: 현수막, 학사복, 음향, 빔프로젝터, 노트북, 카메라, 졸업 및 수료증서, 선물 등

- 학부모 참석 여부에 따라 자리를 배치하고 유아들의 자리에는 이름표를 부착한다.

④ **학무모 초대장 제작**

- 초대장의 제작은 유아들과 함께 제작한다.

⑤ **졸업식 식순**

- 개회사 → 국민의례 → 원장님 축사 → 졸업장 및 상장 수여 → 송사 및 답사 낭독 → "유치원 생활을 돌아보며" 영상 시청 → 원가 및 졸업가 제창 → 폐회사 → 광고의 순으로 계획한다.

⑥ **졸업 및 수료증서 제작**

- 졸업 및 수료증서는 같은 내용이 반복되기 때문에 '한글과 컴퓨터 및 마이크로소프트 엑셀' 소프트웨어를 사용하면 제작하는 데 시간을 줄일 수 있다.
- 졸업 및 수료증서의 제작은 9장의 부록을 참조한다.

(2) 졸업식 및 수료식의 실행

① **행사 시작 1시간 전 행사 준비 완료**

- 현수막, 책상 배열, 사회대, 음향, 빔프로젝터, 노트북, 선물셋팅, 학사복, 식장 입구 간단한 다과 등

② **행사 시작**

- 개회사 → 국민의례 → 원장님 축사 → 졸업장 및 상장 수여 → 송사 및 답사 낭독 → "유치원 생활을 돌아보며"영상 시청 → 원가 및 졸업가 제창 → 폐회사 → 광고

③ **교실로 돌아가서 담임교사와 이야기 나누기 및 상품 배부**

④ **가족 및 또래 친구와 사진촬영 및 학사복 반납**

졸업 및 수료식 행사 계획서

담 당	원 감	원 장

행 사 명	제 ○○회 ○○유치원 수료식 및 졸업식
일 시	○○○○년 ○○월 ○○일 화요일 (수료식) ○○○○년 ○○월 ○○일 수요일 10:30 ~ 12:00 (졸업식)
장 소	만 3, 4세반은 각반, 만 5세 졸업식은 유치원 강당
대 상	만 3, 4세 86명, 만 5세 32명
목 표	수료 및 졸업의 의미를 알고, 유치원에서의 즐거웠던 기억을 생각하며 유치원의 과정을 마무리한다.
준 비 물	**〈구입해야 할 물품〉** – "축" 상장 용지(수료 및 졸업): 140장 – "상" 상장 용지(개근 및 정근): 100장 – 특기상: 140장 – 수료선물: 86개(연필깎이 = 6,000원) – 졸업선물: 32개(리듬악기 = 9,900원)/ 남: 18명, 여: 14명 – 졸업증서케이스: 32개(수료증서케이스는 종이케이스) – 풍선아치 만들 2가지 색깔 풍선, 스마일 풍선, 리본끈 – 선물에 붙일 라벨지 • **사전준비**: – 상장대장을 확인하여 졸업 증서 및 상장을 출력 – 송사 및 답사 대표, 상장을 받을 유아 선정 – 1년 동안 유아들과 함께 활동한 동영상 제작 – 졸업식 세부 계획서 작성 – 학사모 액자, 유아개인앨범 수량을 확인하여 이름 순서대로 정리 – 행사장 의자에 유아들이 앉을 자리 표시 – 학사모, 졸업가운 미리 체크, 외투 걸 수 있는 옷걸이 준비 – 학부모님께 보낼 초대장 제작
활 동 및 진행순서	1. 학부모와 유아가 유치원에 도착하면 자신의 반으로 가서 학사복 및 학사모를 착용한다. 2. 졸업식 순서에 따라 행사를 진행한다. 개회사→국민의례→원장님 축사→졸업장 및 상장 수여→송사 및 답사 낭독→"○○유치원 생활을 돌아보며" 감상→원가 및 졸업가 제창→폐회사→광고 3. 각 교실로 이동하여 담임교사는 개별 유아에게 상장과 상품을 배부한다. 4. 유아들과 마지막 인사를 나누고 졸업 노래를 부르며 마무리한다. 5. 학사모 액자 및 개인앨범을 배부한다. 6. 학사모, 학사복은 반납상자에 넣고 외투를 갈아입고 하원한다.
유의사항	• 교사들마다 역할을 미리 정해서 행사 시 차질이 없도록 한다. • 상장 및 상품이 누락되는 일이 없도록 사전에 꼼꼼히 확인한다.

그림 9-11 졸업 및 수료식 행사 계획서 예시

(3) 졸업 및 수료식 행사의 평가

졸업 및 수료식에 대한 평가는 계획 및 실행의 단계가 전반적으로 원활하게 이루어졌는지에 대한 과정을 평가하는 단계이다. 또한 평가의 내용은 평가 결과보고서로 작성하여 보관하고 이 결과는 차년도 졸업 및 수료식 행사 계획 시 반영하도록 한다. 졸업 및 수료식 행사 평가의 세부적인 내용은 〈그림 9-12〉와 같다.

졸업 및 수료식 행사 결과보고서

담 당	원 감	원 장

행 사 명	제 ○○회 ○○유치원 수료식 및 졸업식
일 시	○○○○년 ○○월 ○○일 화요일 (수료식) ○○○○년 ○○월 ○○일 수요일 10:30 ~ 12:00 (졸업식)
장 소	만 3, 4세반은 각반, 만 5세 졸업식은 유치원 강당
대 상	만 3, 4세 86명, 만 5세 32명
목 표	수료 및 졸업의 의미를 알고, 유치원에서의 즐거웠던 기억을 생각하며 유치원의 과정을 마무리한다.
세부일정	1. 학부모와 유아가 유치원에 도착하면 자신의 반으로 가서 학사복 및 학사모를 착용한다. 2. 졸업식 순서에 따라 행사를 진행한다. 개회사→국민의례→원장님 축사→졸업장 및 상장 수여→송사 및 답사 낭독→“○○유치원 생활을 돌아보며” 감상→원가 및 졸업가 제창→폐회사→광고 3. 각 교실로 이동하여 담임교사는 개별 유아에게 상장과 상품을 배부한다. 4. 유아들과 마지막 인사를 나누고 졸업 노래를 부르며 마무리한다. 5. 학사모 액자 및 개인앨범을 배부한다. 6. 학사모, 학사복은 반납상자에 넣고 외투를 갈아입고 하원한다.
활동사진	 

평가내용

	평가내용	1	2	3	4	5
1	행사의 기본 취지가 잘 드러나 있는가?					
2	행사 시간은 적절했는가?					
3	장소는 적절하였는가?					
4	행사 선물은 유아들에게 유익한 것으로 선정하였는가?					
5	행사 중 교사들은 자신의 역할을 제대로 수행하였는가?					
6	행사 진행 및 준비 과정에서 업무협조는 원활하였는가?					
7	행사 중 학부모들의 반응은 어떠했는가?					

※전혀 그렇지 않다(1), 그렇지 않다(2), 보통이다(3), 그렇다(4), 매우 그렇다(5)

그림 9-12 졸업 및 수료식 행사 결과보고서 예시

부록 메일머지 제작 방법

1. 한글소프트웨어를 활용하여 〈그림 9-13〉과 같이 졸업증서 기본 양식을 작성한다.
2. 한글의 기본 양식에서 증서 발급번호, 성명, 생년월일은 한글 메뉴 『도구–메일머지–메일머지 표시 달기』를 사용하여 삽입한다.

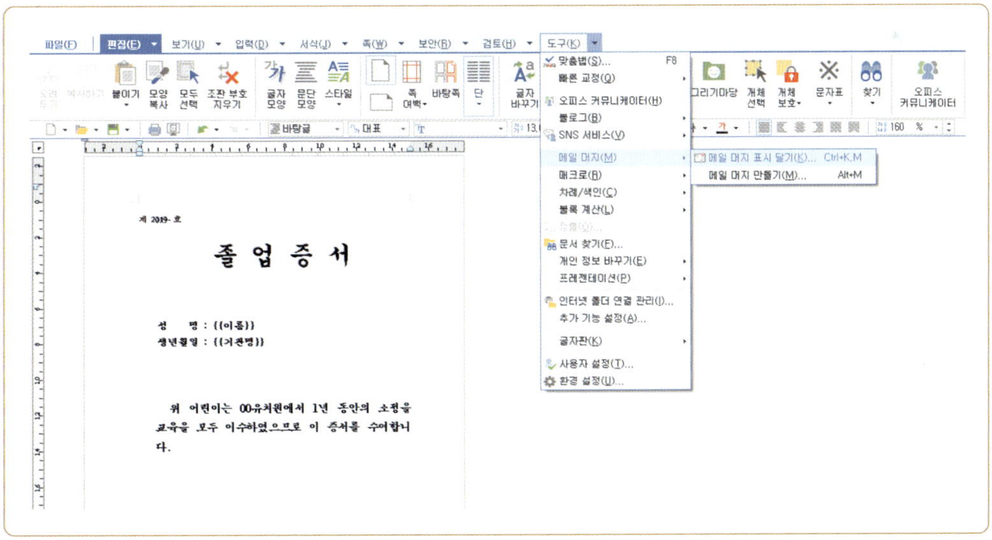

그림 9-13 졸업증서 기본 양식 작성 및 메일머지 표시 달기

3. 엑셀소프트웨어를 활용하여 〈그림 9-14〉와 같이 졸업자 명단(증서번호, 이름, 생년월일)을 작성한다. 증서번호, 이름, 생년월일은 한글로 작성된 졸업증서 기본양식과 명칭이 동일해야 한다.

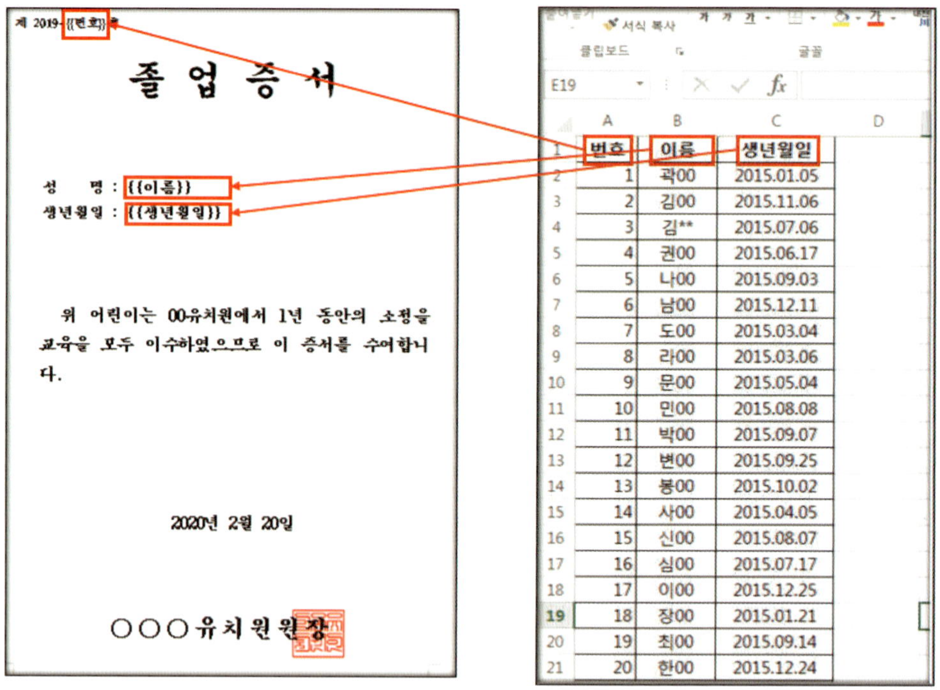

졸업증서 기본양식(한글) 졸업자 명단(엑셀)

그림 9-14 엑셀을 활용한 졸업자 명단 작성 예시

4. 작성이 완료된 졸업자 명단은 파일형식을 반드시 〈그림 9-15〉와 같이 『Excel 97-2003 통합문서』로 지정하여 저장한다.

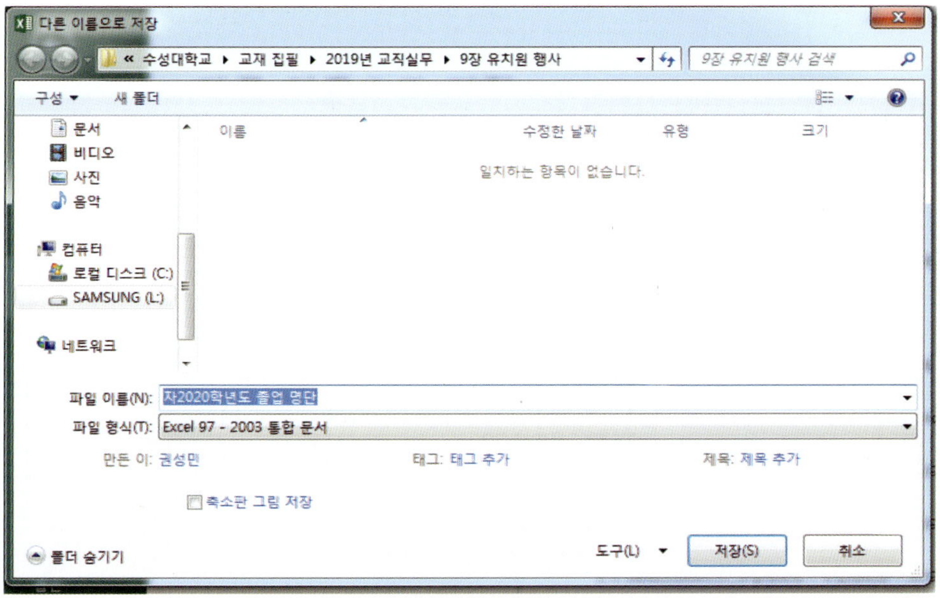

그림 9-15 졸업자 명단 저장 예시

5. 한글로 작성된 졸업증서 양식에서 〈그림 9-16〉과 같이 『도구–메일머지–메일머지 만들기』를 활용하여 메일머지를 만든 다음 엑셀로 작성된 졸업생 명부를 삽입시키면 학급의 모든 원아의 졸업증서가 한 번에 만들어지게 된다.

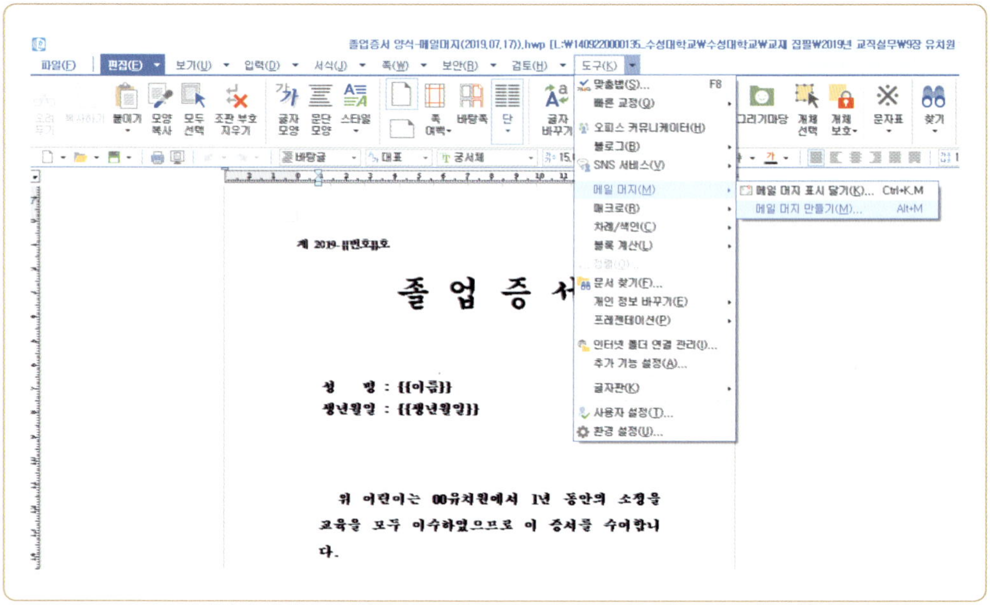

그림 9-16 졸업자 명단 저장 예시

10
CHAPTER

유치원 문서관리

배울내용

1. 출석부의 작성 방법 및 실제
2. 생활기록부의 작성 방법 및 실제
3. 유치원 공문서의 작성 방법 및 실제

학습목표

1. 유치원에서 사용되는 출석부, 생활기록부, 공문서의 개념 및 중요성에 대해 설명할 수 있다.
2. 유치원에서 사용되는 출석부, 생활기록부, 공문서를 형식에 갖추어 작성할 수 있다.

CHAPTER 10

유치원 문서관리

유치원 교사는 유아들을 교육하는 일 외에도 출석부, 생활기록부, 학급일지, 공문서 등 다양한 업무들을 처리해야 한다. 따라서 본 장에서는 문서의 생산, 보관 및 관리에 대해 세부적으로 살펴보고자 한다.

1. 출석부의 작성 방법 및 실제

1) 출석부의 개념 및 중요성

출석부란 학급의 유아들이 유치원에 출석, 조퇴, 결석, 전출 및 전입 등에 대한 내용을 기록하는 장부이다. 유치원교사는 출석부를 매우 엄격하고 신중하게 관리해야 한다. 특히 출석부는 유치원 학비지원과도 매우 밀접한 관련성을 가지고 있기 때문에 처리가 정확해야 한다. 또한 출석부는 유치원의 수업일수에 따라 유아의 출석 여부를 기록하기 때문에 유치원의 법정 수업일수를 반드시 준수할 필요가 있다. 유치원의 법정 수업일수는 「유아교육법」 제12조 제3항에 따라 매 학년도 180일 이상을 기준으로 원장이 정하는 것으로 되어 있다. 다만 원장은 천재지변의 발생, 연구학교의 운영 등 교육과정의 운영이 필요한 경우에는 10분의 1의 범위에서 수업일수를 줄일 수 있으며, 이 경우 다음 학년도 개시 30일 전까지 관할청에 보고하여야 한다. 따라서 출석부는 유치원의 공식적인 문서이며, 추후 생활기록부와도 관련성이 있으므로 정확하고 신중하게 기재해야 한다. 출석부의 구체적인 작성방법은 다음과 같다.

2) 출석부의 작성 방법

출석부에 기재되는 모든 문자는 한글과 숫자로 기재해야 하며, 내용은 모두 수기로 작성해야 한다. 단, 유아의 이름은 워드로 출력하여 작성할 수 있다.

(1) 유아의 이름 기재

유아의 이름은 '가나다'순으로 기재하되, 학기 중 새롭게 입학하거나, 전입 온 유아의 경우에는 기존 유아의 명단 맨 마지막에 기재한다.

(2) 공휴일(토, 일요일, 재량 휴원)의 처리

공휴일의 처리는 유아 이름이 시작되는 첫 칸부터 세로로 선을 긋는다. 기재하는 펜의 색깔은 별도로 규정하고 있지는 않지만 유치원을 운영하는 날과 그렇지 않은 날의 구분을 위해 일반적으로 빨간색을 주로 사용한다. 국경일이나 재량휴업일의 경우 휴원일의 가운데 부분에 휴원 사유를 간략하게 기재한다.

(3) 방학의 처리

방학은 각 유치원의 실정(설립유형, 지역별 특성 등)에 따라 다르기는 하나 일반적으로 2주에서 4주 정도로 하고 있다. 따라서 출석부의 방학 기재 방법은 시작하는 첫날 첫

칸을 시작으로 방학이 끝나는 날 마지막 칸까지 대각선으로 표시하고, 가운데 부분에 '여름방학' 혹은 '겨울방학'으로 기재한다.

(4) 결석의 처리

① 출석해야 할 날짜에 출석하지 않았을 때 결석으로 처리한다. 다만 〈표 10-1〉에 해당하는 경우에는 출석으로 인정한다.

② 결석의 표시는 결석(/), 지각(×), 조퇴(○), 지각 · 조퇴(⊗)로 표시하고 출석부의 결석 사유란에 그 내용을 기재한다.

예) 병결: 홍길동 09.12. - 09.14.(3일) 장염으로 인한 입원

표 10-1 경조사에 의한 출석 인정

- 지진, 폭우, 폭설, 폭풍, 해일 등의 천재지변 또는 법정 감염병(유치원 내 확산 방지를 위해 유치원장이 필요하다고 인정하는 비법정 감염병을 포함) 등으로 출석하지 못한 경우는 출석으로 인정한다.
- 공권력의 행사로 인하여 출석하지 못한 경우
- 원장의 허가를 받은 "유치원을 대표한 경기 · 경연대회 참가, 현장실습, 교환학습, 현장(체험)학습 등"으로 출석하지 못한 경우
- 기타 부득이한 사유로 원장의 허가를 받아 결석한 경우
- 다음 경조사로 인하여 출석하지 못한 경우(교원휴가업무처리요령(예규 제44호, 2012.02.23.)을 근거로 함)

① 주5일제 전면 실시 유치원

구분	대상	일수
결혼	형제, 자매	1
입양	본인	20
사망	부모 및 부모의 부모	5
	부모의 조부모 · 외조부모 형제 · 자매 및 그의 배우자	2
	부모의 형제 · 자매	1

※ 주5일제 전면 실시 유치원의 경우, 휴무토요일 및 공휴일은 경조사 일수에 산입하지 않음.

② 주5일제 전면 미실시 유치원

구분	대상	일수
결혼	형제, 자매, 삼촌, 외삼촌, 고모, 이모	1
입양	본인	20
회갑	부모 및 부모의 직계존속	1
사망	부모 및 부모의 부모	5
	부모의 조부모 · 외조부모 · 증조부모 · 외증조부모	5
	부모의 형제 · 자매 및 그의 배우자 형제 · 자매 및 그의 배우자 조부모 · 외조부모의 형제 · 자매와 그의 배우자	3
탈상	부모 및 부모의 부모	2
	부모의조부모 · 외조부모 · 증조부모 · 외증조부모 부모의 형제 · 자매와 그의 배우자	1

※ 주5일제 전면 미실시 유치원의 경우, 휴무토요일 및 공휴일은 경조사 일수에 산입함. 단, 결혼, 입양, 사망에 한해서는 휴무토요일 및 공휴일은 경조사 일수에 산입하지 않음.

출처: 교육부(2014). 유치원생활기록부 기재요령. pp. 23-24.

(5) 전입 및 전출 원아의 처리

전입 및 전출을 유치원 학비지원과도 매우 밀접한 관련성이 있어 기재에 신중함이 요구된다.

- 전입은 통상적으로 전학의 개념으로 이해하면 된다. 즉 이전의 유치원에서 새로운 유치원으로 옮겨오는 경우를 말한다. 전입의 경우 출석부의 맨 마지막 원아 바로 밑에 전입 온 원아의 이름을 기재하고 처음 전입 온 날에 ㉤으로 기재한다. 또한 출석 총괄표의 '전입 및 전출'관련 기재사항에 전입 온 날짜, 이름, 사유(전입, ○○유치원)를 기재하도록 한다.
- 전출은 전학의 개념으로 다른 유치원으로 학적을 옮기는 것을 말한다. 전출의 기재 방법은 유치원을 마지막으로 다닌 날에 ㉦로 기재하고 이후 날짜는 가로로 선을 긋는다. 전출도 전입과 마찬가지로 '전입 및 전출'관련 기재사항에 전출한 날짜, 이름, 사유(전출, ○○유치원)를 기재하도록 한다.

(6) 결석의 통계 처리

- 결석일수의 산정은 각 원아별로 결석한 일수를 총합하여 기재하되, 전입 원아의 경우에는 전입 전 유치원의 결석일수를 확인한 후 기재하도록 한다.
- 일반 결석(병결, 사고결, 기타결)만 결석 통계 처리를 한다.
- 지각, 조퇴는 결석일수로 처리하지 않는다.
- 퇴학, 재입학, 편입학, 전학 등으로 학적변동이 있는 경우 전출한 유치원의 당일까지를 수업일수로 산입한다.
- 전출과 전입(편입학)한 날짜가 동일한 경우, 전입(편입학)일만 수업일수로 산정한다.

■ **출석부 기재 시에 사용되는 주요 용어**

- 입 학: 처음으로 유치원에 입학하는 경우
- 퇴 학: 개인사정에 의한 자퇴, 징계에 의한 퇴학, 출석일수 미달로 유급되어 제적을 당한 경우
- 휴 학: 질병 등으로 인하여 유치원의 허가를 받아 일정 기간 동안 유치원에 등원하지 않는 경우
- 복 학: 휴학한 원아가 휴학사유가 소멸되어 유치원에 다시 출석하는 경우
- 재입학: 퇴학한 원아가 퇴학한 유치원 해당연령에 다시 입학하는 경우
- 전입학: 다른 유치원 재학생이 우리유치원에 전학 오는 경우
- 전 출: 우리유치원 재원생이 다른 유치원으로 전학 가는 경우

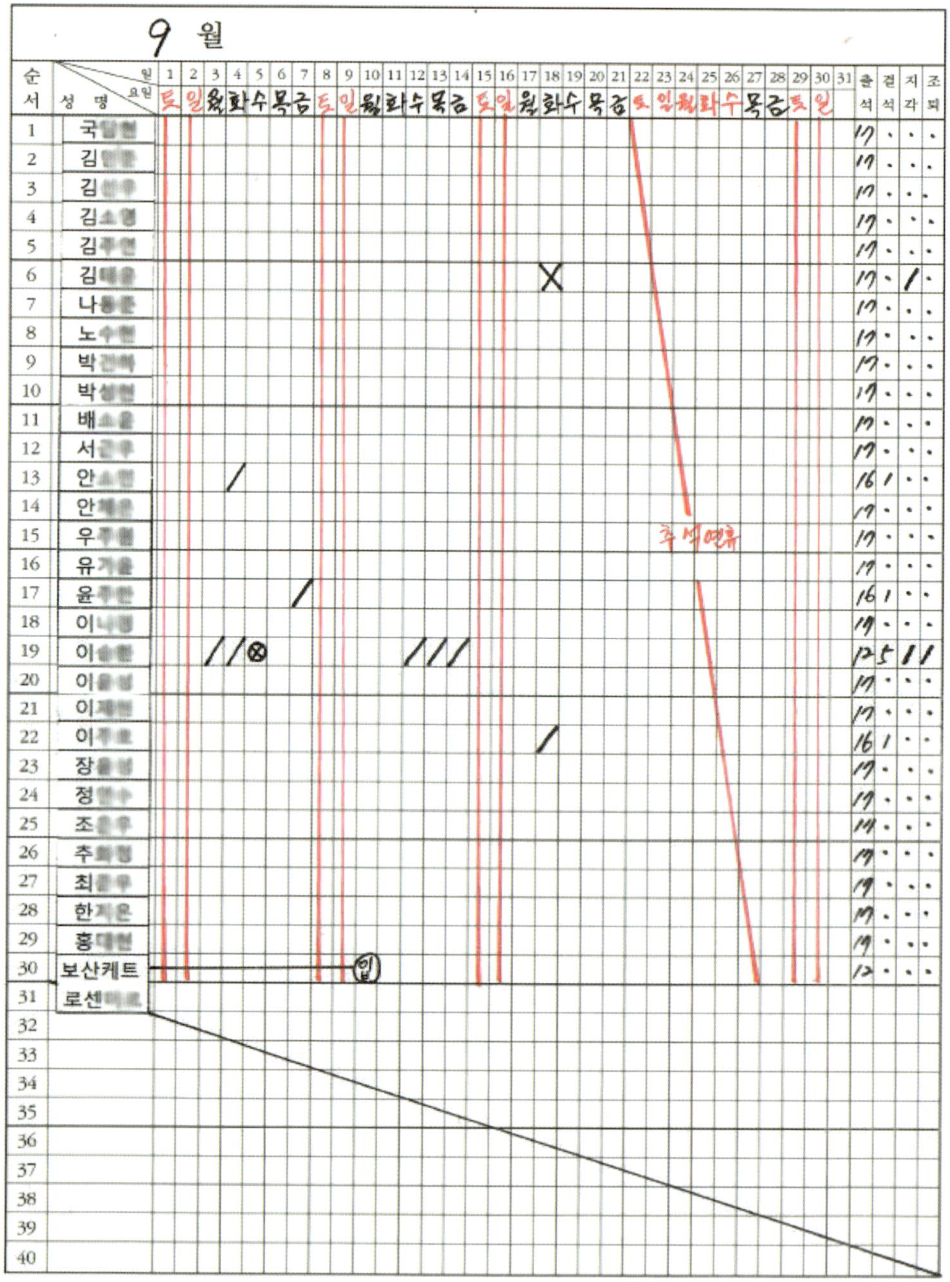

9 월

순서	성명	1	2	3	4	5	6	7	8	9	10	11	12	13	14	15	16	17	18	19	20	21	22	23	24	25	26	27	28	29	30	31	출석	결석	지각	조퇴
	요일	토	일	월	화	수	목	금	토	일	월	화	수	목	금	토	일	월	화	수	목	금	토	일	월	화	수	목	금	토	일					
1	국																																17	·	·	·
2	김																																17	·	·	·
3	김																																17	·	·	·
4	김소																																17	·	·	·
5	김																																17	·	·	·
6	김																		X														17	·	/	·
7	나																																17	·	·	·
8	노																																17	·	·	·
9	박																																17	·	·	·
10	박																																17	·	·	·
11	배																																17	·	·	·
12	서																																17	·	·	·
13	안				/																												16	1	·	·
14	안																																17	·	·	·
15	우																																17	·	·	·
16	유																																17	·	·	·
17	윤							/																									16	1	·	·
18	이																																17	·	·	·
19	이			/	/	⊗							/	/	/																		12	5	1	1
20	이																																17	·	·	·
21	이																																17	·	·	·
22	이																		/														16	1	·	·
23	장																																17	·	·	·
24	정																																17	·	·	·
25	조																																17	·	·	·
26	추																																17	·	·	·
27	최																																17	·	·	·
28	한																																17	·	·	·
29	홍																																17	·	·	·
30	보산케트										입																						12	·	·	·
31	로센																																			
32																																				
33																																				
34																																				
35																																				
36																																				
37																																				
38																																				
39																																				
40																																				

추석연휴

그림 10-1 출석부 작성 예시 1

9 월	담임	(인)	원감	(인)	원장	(인)

순서	성명 (일/요일)	1	2	3	4	5	6	7	8	9	10	11	12	13	14	15	16	17	18	19	20	21	22	23	24	25	26	27	28	29	30	31	출석	결석	지각	조퇴
41																																				
42																																				
43																																				
44																																				
45																																				
46																																				
47																																				
48																																				
49																																				
50																																				

장기결석원아	성명	장결기간	장결사유 및 지도내용
	이 [illegible]	09.12 ~09.14 (3 일)	장염으로 인한 입원
		~ (일)	
		~ (일)	
		~ (일)	
		~ (일)	

전출·전입원아	번호	성명	전출	전입	전출·전입 월 일	유치원명	비고
	30	빌산케트로셀 [illegible]		o	2018. 09. 10.	동일 유치원	

수업일수	17	입학원아수	남	1	전출원아수	남	·	월말재적원아수	남	17
			여	·		여	·		여	13

출·결 표시 : 결석 /, 지각 ×, 조퇴 ○, 지각·조퇴 ⊗, 상고 ·(빨간점)

그림 10-2 출석부 작성 예시 2

2. 생활기록부의 작성 방법 및 실제

1) 생활기록부의 개념 및 중요성

생활기록부란 유아가 유치원 생활을 통해 나타난 신체운동·건강, 의사소통, 사회관계, 예술경험, 자연탐구 5개 영역의 발달상황의 변화 및 인적사항, 학적사항, 출결상황을 총체적으로 기록한 문서이다. 이러한 생활기록부는 당해 연도 담임교사가 유아를 효율적으로 지도하는 데 도움을 줄 뿐만 아니라 다음 연도에 담임을 맡게 될 교사가 유아의 지도계획을 수립하는 데 기초자료로 활용된다. 특히 유치원 생활기록부는 만 5세 유아가 유치원을 졸업함과 동시에 해당 초등학교로 송부하기 때문에 생활기록부를 기록할 때에는 매우 정확하고 신중하게 기재해야 한다. 예를 들어 5개 영역의 발달상황에 대한 내용을 애매하게 기재하거나 교사의 주관적 견해가 기술된 경우에는 다음 연도 담임교사에게 선입견을 가지게 할 뿐만 아니라 유아의 지도에 혼란을 가중시킨다. 따라서 유치원 생활기록부 작성 및 관리지침의 구체적인 작성방법을 살펴볼 필요가 있다.

2) 생활기록부 작성 방법

(1) 수료 · 졸업대장번호/반/성명/사진

- 수료·졸업대장번호 란에는 만 3세~만 6세 유아가 수료·졸업할 경우 아라비아 숫자로 수료·졸업학년도 및 수료·졸업대장번호를 입력한다.
- 사진 란에는 상반신 칼라 사진(3 × 4)을 입력한다.
- 반 란에는 반명을 입력한다.
- 담임 성명 란에는 담임교사의 성명을 입력한다.

(2) 인적사항

- 성명은 한글로 입력한다. 다만 부득이한 경우 해당국 언어로 입력할 수 있다.
- 성별은 남, 여로 입력한다.
- 생년월일은 주민등록등본상의 생년월일을 입력한다.
- 주소는 입학 당시의 주소와 변경된 주소를 차례로 입력하고, 졸업 당시의 주소를 최종적으로 입력한다.
- 가족상황 란에는 부모(보호자)의 성명, 생년월일을 입력한다.
- 특기사항 란에는 유아 이해에 도움이 될 수 있는 내용이 있는 경우 보호자의 동의를 받아 입력한다.
- 인적사항은 입학 또는 전입 후 1개월 이내에 작성한다.

(3) 학적사항

- 입학의 경우 연월일, 원명, 연령을 입력한다.
- 입학, 전입, 전출, 퇴학, 수료, 졸업의 경우 연월일, 원명, 연령을 기재한다.
- 특기사항 란에는 특별하게 참고해야 할 내용을 입력한다.
- 학적사항은 입학 또는 전입 후 1개월 이내에 작성한다.
- 졸업 후의 상황 란에는 진학한 학교 등 유아의 진로상황을 입력한다.

(4) 출결상황

- 출결상황은 각 항목에 따라 아라비아 숫자로 입력한다.
- 수업일수는 「유아교육법 시행령」 제12조의 규정에 의하여 원장이 정한 총 출석해야 할 일수를 입력한다.
- 출석일수는 출석한 일수를 입력한다.
- 결석일수는 결석한 일수를 입력한다.
- 특기사항 란에는 일주일 이상 장기 결석한 경우 사유 등을 간략하게 입력한다.

• 신체발달사항은 해당 학기(1, 2학기)에 실시한 후 일주일 이내에 기재하고, 나머지 항목은 2학기 말에 기재한다.

(5) 신체발달상황

• 검사일은 아라비아 숫자로 입력한다.
• 특기사항 란에는 유아의 신체가 학습활동에 영향을 미치는 내용이 있는 경우 보호자의 동의를 받아 입력한다.

(6) 유아발달상황

• 유치원 교육과정에 제시된 신체운동 · 건강, 의사소통, 사회관계, 예술경험, 자연탐구 5개 영역의 발달상황에 대한 관찰 결과를 구체적인 문장으로 입력하며, 문장의 끝맺음은 '~함', '~임' 등으로 통일하여 입력한다.
• 기술내용은 유치원 교육과정에 제시된 세부 내용을 준거로 입력하고, '종합발달상황'란에는 유아의 발달상황에 대한 종합적 평가를 간략하게 입력한다.

(7) 생활기록부의 정정

• 매 학년이 종료된 이후에는 당해 학년도 이전의 유치원생활기록부 입력자료에 대한 정정은 원칙적으로 금지한다.
• 만약 정정이 불가피한 경우에는 반드시 정정내용에 관한 증빙자료를 첨부하여 유치원생활기록부 정정대장의 결재 절차에 따라 정정 처리를 해야 한다. 정정대장의 결재절차는 담임교사 → 원감 → 원장 순으로 한다. 이때 정정은 정정사유가 발견된 당해 연도의 담임교사가 정정한다.
• 정정에 필요한 증빙자료는 스캔하여 결재 시 붙임문서로 첨부하고, 원본은 정정대장에 철하여 보관한다.
• 정정을 위한 입력이 완료되면 전산자료를 출력하여 그 출력물과 증빙자료의

내용과 대조하고 확인하는 절차를 거친다.

- 정정대장 작성 시 정정 사항의 오류내용, 정정내용, 정정사유는 간략하나 누구나 알 수 있도록 구체적으로 입력한다.
- 유치원생활기록부 정정대장은 유치원장의 결재를 받아야 한다.

유치원생활기록부 정정대장

번호	정정 연월일	정정 대상자		정정 사항				증빙자료		비고		
		연령 (수료·졸업 대장 번호)	성명	항목	오류 내용 (정정전)	정정 내용 (정정후)	정정사유	제목	문서번호 (등록일자)	담임	원감	원장
2014 -1	2014. 04.21.	만 5세 (2013-25)	홍수지	인적 사항	모 성명 (김지운)	김지원	입력오류	주민 등록 등본	1 (2014.04.21.)			
2014 -2	2014. 05.12.	만 4세 (2013-28)	김만두	인적 사항	유아성명 (김만두)	김호준	개명 (2013.05.01. 서울법원 개명허가)	주민 등록 등본	2 (2014.05.12.)			
2014 -3	2014. 06.17.	만 3세 (2013-45)	한사랑	출결 상황	결석 일수2 누락	결석일수 2 입력	출석부 확인	출석 부	3 (2014.06.17.)			

☞ 출석부인 경우 출석부 사본에 원본대조필 후 정정대장에 철하여 보관한다.

그림 10-3 생활기록부 정정대장 예시

출처: 교육부(2014). 유치원생활기록부 기재요령. p. 14.

유치원생활기록부

①

구분 \ 연령	만3세	만4세	만5세
수료·졸업대장번호			2014-98
반			채송화반
담임 성명			박선영

1. 인적사항 ②

성명	김남자	성별	남	생년월일	2008.10.03.
주소	충청북도 청주시 서원구 분평로 88-1, 501동 000호(분평동, 분평주공아파트)				

가족상황	구분 \ 관계	부	모	특기사항
	성명	김영철	이보미	
	생년월일	1974.11.03.	1978.09.11.	

2. 학적사항 ③

						특기사항
2012년	03월	02일	사랑초등학교병설유치원	만3세	입학	
2012년	07월	01일	사랑초등학교병설유치원	만3세	전출	
2012년	12월	12일	유아유치원	만3세	전입	
2013년	02월	22일	유아유치원	만3세	수료	
2014년	02월	21일	유아유치원	만4세	수료	
2015년	02월	23일	유아유치원	만5세	졸업	
졸업 후의 상황			이남초등학교 진학, 기타:			

3. 출결상황 ④

연령 \ 구분	수업일수	출석일수	결석일수	특기사항
만3세				
만4세				
만5세	183	183	0	

4. 신체발달상황 ⑤

구분	1학기			2학기			특기사항
연령	검사일	키	몸무게	검사일	키	몸무게	
만3세							
만4세							
만5세	2014.03.21.	125.2cm	24.0kg	2014.10.01.	127.2cm	25.4kg	

그림 10-4 생활기록부 작성 예시 1

출처: 교육부(2014). 유치원생활기록부 기재요령. p. 31.

5. 유아발달상황 (성명 : 김남자) ⑥

연령	영역별	발달상황
만3세	신체운동·건강	
	의사소통	
	사회관계	
	예술경험	
	자연탐구	
	종합발달상황	
만4세	신체운동·건강	
	의사소통	
	사회관계	
	예술경험	
	자연탐구	
	종합발달상황	
만5세	신체운동·건강	바깥놀이 활동에 적극적으로 참여하고, 규칙적인 운동이 건강에 중요하다는 것을 알고 실천하며, 옷을 항상 깨끗하게 입음
	의사소통	비슷한 발음의 다른 낱말을 듣고 차이를 구별하며 문장의 맥락에서 의미를 구별하고 자발적으로 언어놀이에 즐겁게 참여함
	사회관계	친구와 서로 다른 점을 인정하며 함께 참여하는 즐거움을 느끼고, 갈등이 생겼을 경우 상대방의 관점에서 생각해보는 태도를 갖고 있음
	예술경험	여러 가지 전래동요를 듣고 리듬과 노래를 즉흥적으로 만들기도 하며, 몸을 이용하여 주변 움직임을 다양하고 창의적으로 표현을 함
	자연탐구	일상생활에서 사용하는 기계와 도구에 관심이 많으며 일상생활 속에서 사용하는 수의 의미를 잘 알고 있음
	종합발달상황	유치원 생활을 즐거워하고 집단활동에 적극적으로 참여하며 말과 행동이 예의바르고 언어능력이 뛰어나 자신의 감정을 잘 표현함

그림 10-5 생활기록부 작성 예시 2

출처: 교육부(2014). 유치원생활기록부 기재요령. p. 32.

3. 유치원의 공문서 작성 방법 및 실제

1) 유치원 공문서의 개념 및 필요성

유치원 공문서의 개념을 살펴보기 전에 공문서의 정의에 대해 살펴볼 필요성이 있다. 행정업무의 효율적 운영에 관한 규정 제3조 제1호에 의하면, 공문서란 행정기관의 내부 또는 외부적으로 공무상 필요한 문서의 작성 또는 시행되는 문서(도면, 사진, 디스크, 테이프, 전자문서 등의 특수매체 포함) 및 행정기관이 접수한 모든 문서를 말한다. 즉 유치원의 공문서란 유치원 운영에 필요한 구성원(원장, 원감, 교사 등)들의 의사를 교환하고, 이를 통해 결정된 사항을 문서화하여 보관하고 관리하는 것이라 할 수 있다.

한편 유치원의 공문서는 행정업무를 수행하는 과정에 필수적인 요소로 다음과 같은 경우에 공문서의 작성이 필요하다(행정사 기본서, 2017).

- 업무에 대한 내용이 복잡하여 문서가 없이는 업무처리가 곤란할 때
- 업무처리에 대한 의사소통이 대화로는 불충분하여 문서가 필요할 때
- 행정기관의 의사표시 내용을 증거로 남겨야 할 때
- 업무처리의 형식상 또는 절차상 문서가 필요할 때
- 업무처리 결과를 보존할 필요가 있을 때

2) 유치원 문서의 종류

유치원에서 사용되는 문서의 종류에 대한 이해를 위해서는 기본적으로 문서 작성주체, 문서유통대상 여부 등에 대해 살펴볼 필요가 있다.

(1) 작성주체에 의한 구분

① 공문서

행정기관에서 공무상 작성하거나 시행하는 문서(도면, 사진, 디스크, 테이프, 전자문서 등의 특수매체 포함) 및 행정기관이 접수한 모든 문서를 말한다.

② 사문서

개인이 사적(私的)인 목적을 위하여 작성한 문서를 말한다.

(2) 유통대상 여부에 의한 구분

① 대내문서

대내문서란 유치원 내부적으로 결재를 요하는 문서를 말하며, 외부기관에는 발신하지 않는 문서이다. 대내문서의 대표적인 예로 연간계획수립, 물품구입, 행사 계획 및 결과보고, 출장신청 및 결과보고 등이 있다.

② 대외문서

유치원 이외에 다른 행정기관이나 개인, 단체 등에 발송하거나, 수신하는 문서를 말한다. 대외문서의 대표적인 예로 지역교육지원청에 발송하는 신입원아 인원보고, 신규교원 임용관련 서류, 예결산 관련 서류 등이 있다.

3) 문서처리의 원칙

(1) 즉일처리의 원칙

문서의 내용 또는 성질에 따라 처리기간이나 방법이 다를 수 있으나, 효율적인 업무수행을 위하여 그날로 처리하는 것이 바람직하다.

(2) 책임처리의 원칙

문서는 정해진 사무분장에 따라 각자가 직무의 범위 내에서 책임을 가지고 관계규정에 따라 신속하게 처리하여야 한다.

(3) 적법처리의 원칙

문서는 법령의 규정에 따라 일정한 형식 및 요건을 갖추어야 함은 물론 권한 있는 자에 의하여 작성·처리되어야 한다.

(4) 전자처리의 원칙

문서의 생산·유통·보존 등 문서의 모든 처리절차는 전자문서시스템에서 전자적으로 처리되도록 하여야 한다.

4) 유치원 공문서의 작성(생산)

유치원에서 공문서를 작성하는 것을 문서의 생산이라고 한다. 문서작성을 위해서는 다음 사항을 참고하여 작성해야 한다.

(1) 문서 생산의 일반 사항

① 용지의 규격

용지의 규격은 문서의 작성·처리·보관·보존에 있어 매우 중요한 사항 중의 하나이다. 문서의 규격을 표준화함으로써 문서의 생산·유통·보존을 용이하게 하여 유치원 행정의 효율성을 제고할 수 있기 때문에 특별한 형식의 문서를 제외하고는 A4용지로 한다.

② **용지여백**

위 3cm, 왼쪽, 오른쪽 2cm, 아래 1.5cm

(2) 문서 생산에 필요한 주요 용어

① **글자**

「문화예술진흥법」 제7조의 규정에 의한 어문 규범에 맞게 한글로 작성하되, 쉽고 간명하게 표현하고, 뜻을 정확하게 전달하기 위하여 필요한 경우에는 괄호 안에 한자나 그 밖의 외국어를 넣어 쓸 수 있으며, 특별한 경우를 제외하고는 가로로 쓴다.

② **숫자**

아라비아 숫자로 쓴다.

③ **날짜 및 시간**

- 숫자로 표현하되 연, 월, 일의 글자는 생략하고 그 자리에 온점을 찍어 표시한다. 날짜 기재 방법의 예) 2019. 8. 15.(화)
- 24 시각제에 따라 숫자로 표시하되, 시·분의 글자는 생략하고 그 사이에 쌍점(:)을 찍어 구분한다. 시간 기재 방법의 예) 오후 3시 40분 → 15:40

④ **금액**

공문서에 금액을 표시할 할 때에는 아라비아 숫자와 한글을 함께 기재한다. 금액 기재 방법의 예) 금 11,110원(금일만일천일백일십원정)

⑤ **유치원 로고**

유치원 로고는 왼쪽 상단에 각각 2cm × 2cm 크기의 범위 내에서 표시하고, 홍보문구는 유치원명 바로 위에 표시한다.

5) 유치원 문서의 기안

유치원 문서의 기안이란 유치원 업무를 수행함에 있어 업무 담당자가 자신의 업무에 대한 내용을 구체적으로 작성하여 상부(원장, 원감 등)의 허락을 구하는 것을 말한다. 이때 상부의 허락을 구하기 위해 작성하는 문서를 기안문이라고 한다. 기안문을 작성하기 위해서는 기안의 준비, 작성의 원칙, 기안 양식 등의 내용을 구체적으로 살펴볼 필요성이 있다.

(1) 기안의 준비

① 기안내용과 관련된 문제를 파악하고 관계법령을 확인한다.
② 기안의 목적과 필요성을 파악하고, 필요한 자료를 수집·분석한다.
③ 초안을 작성한 후 논리의 일관성을 해치는 내용이나 누락사항을 검토해야 한다.
④ 업무에 대한 책임감을 갖고 소속 유치원과 수신자와의 관계 및 입장을 고려해야 한다.

(2) 기안문의 일반 원칙

① 기안문 작성은 육하원칙으로 작성하고, 애매한 표현이나 과장된 표현은 지양한다.
② 문장은 짧게 끊어서 개조식으로 작성하되 결론을 먼저 쓰고 그 다음에 이유 또는 설명을 쓴다.
③ 읽기 쉽고 알기 쉬운 용어를 사용한다.
④ 필요할 경우 문자를 부호화하여 기안의 효율성을 높인다.
⑤ 감정적·위압적인 용어를 쓰지 않고 적절한 경어를 사용한다.

(3) 기안문 작성의 실제

기안문의 종류는 앞서 밝힌 바와 같이 작성주체와 유통대상 여부로 구분된다. 유치원 기안문은 작성주체의 측면에서는 공문서이며, 유통대상의 측면에서는 대내문서와 대외문서가 된다. 유치원 기안문의 작성은 〈그림 10-6〉의 대내문서와 〈그림 10-7〉의 대외문서를 참조하여 설명하고자 한다.

① 대내문서

- 수신자: 유치원 내에서 유통되는 문서이므로 '내부결재'라고 기재한다.
- 경유: 유치원의 경우 소규모 조직으로 이루어져 있기 때문에 대내문서 작성에서는 거의 사용되지 않으며, 대외문서 작성 시에 주로 사용된다.
- 제목: 제목은 기안하고자 하는 내용을 한 번에 알아볼 수 있는 문구를 사용한다.
- 본문: 본문에서는 기안하고자 하는 내용에 대한 근거와 상세 내용을 기재한다.
- 첨부: 본문 내에 기안하는 내용을 모두 나타내지 못하거나, 본문에 제시된 내용에 대하여 증빙할 문서의 이름과 문서의 양을 기재한다.
- 결재란: 결재란은 발의, 검토, 결재로 나누어지는데, 발의란에는 기안문을 작성한 교사의 이름을 기재하고, 검토란에는 기안한 내용을 검토한 교사(일반적으로 원감)의 이름을 기재하고, 결재란에는 최종결재권자인 원장의 이름을 기재한다. 결재란의 이름 뒤에는 반드시 서명을 해야 한다.

꿈과 사랑이 넘치는

○ ○ 유 치 원

수신자 내부결재
(경 유)
제목 2018학년도 만 3세 유치원 생활기록부 작성결과 보고

본문

1. 관련: 유치원 생활기록부 작성 및 관리지침 교육부고시 제2014-50호(2014.9.29.)
2. 위 관련 호에 의거하여 2018학년도 만 3세 유치원 생활기록부 작성결과를 붙임과 같이 보고합니다.

가. 대 상: 2018학년도 만 3세 유아 28명
나. 작성자: 만 3세 담임교사 김○○
다. 유치원 생활기록부(만 3세) 원아현황

반명 (만연령)	학년초 재적			재적 증감						학년말 재적			수료	작성자
				입학·전입·재입학(증)			퇴원(감)							
	남	여	계	남	여	계	남	여	계	남	여	계		
☆☆☆반	13	15	28	1	1	2	2	0	2	12	16	28	28	김○○
계	13	15	28	1	1	2	2	0	2	12	16	28	28	

붙임: 2018학년도 ☆☆☆반(만 3세) 생활기록부(색인포함) 1부. 끝.

발의 검토 결재

전결 02/27

교사 김○○ 원감 박□□ 원장 이◇◇ 원장 ○○유치원장

협조자
시행 ○○유치원-185(2019.02.27) 접수
우 111-123 ○○광역시 ○○구 ○○대로 111길
전화 (00)123-1234 전송 (000)123-1235 /공개

그림 10-6 대내문서 작성 예시

② **대외문서**

- 수신자: 대외문서는 유치원에서 외부 기관은 유통되는 문서이기 때문에 문서를 보내고자 하는 기관의 기관장 또는 담당자를 기재한다.
- 경유: 수신 받는 기관 내에 결재를 거쳐야 할 담당자나 협조가 필요한 주무부처가 있다면 해당되는 담당자의 직위를 기재한다.
- 제목: 제목은 기안하고자 하는 내용을 한 번에 알아볼 수 있는 문구를 사용한다.
- 본문: 본문에서는 기안하고자 하는 내용에 대한 근거와 상세 내용을 기재한다.
- 첨부: 본문 내에 기안하는 내용을 모두 나타내지 못하거나, 본문에 제시된 내용에 대하여 증빙할 문서의 이름과 문서의 양을 기재한다.
- 발신기관장 날인: 외부로 보내는 문서의 경우에는 반드시 유치원장의 날인을 삽입하여 보내도록 한다.
- 결재란: 결재란은 발의, 검토, 결재로 나누어지는데 발의란에는 기안문을 작성한 교사의 이름을 기재하고, 검토란에는 기안한 내용을 검토한 교사(일반적으로 원감)의 이름을 기재하고, 결재란에는 최종결재권자인 원장의 이름을 기재한다. 결재란의 이름 뒤에는 반드시 서명을 해야 한다.

꿈과 사랑이 넘치는

○ ○ 유 치 원

수신자 ○○동물원 원장
(경유)
제목 ○○동물원 단체 관람 신청의 건

본문

1. 귀 기관의 무궁한 발전을 기원합니다.
2. 본 유치원에서는 귀 기관의 단체관람을 다음과 같이 신청합니다.

가. 관 람 일: 2019. 4. 19.(금)
나. 관람시간: 10:00 ~ 12:30
다. 관람인원: ○○유치원 만 3세 33명, 만 4세 50명, 만 5세 50명, 총 133명
라. 관 람 료: 7,000원×133명=931,000원 금931,000원(금구십삼만일천원정)
마. 관람료 지급방법: 계좌이체 ○○은행 110-111111-1111 ○○동물원

첨부: 단체 관람 인원 목록 1부. 끝.

○ ○ 유 치 원 장

발의 / 검토 / 결재

교사 김☆☆ 원감 박□□ 원장 이◇◇ 원장 전결 3/23 ○○유치원장
협조자
시행 ○○유치원-022(2019.03.23) 접수
우 111-123 ○○광역시 ○○구 ○○대로 111길
전화 (00)123-1234 전송 (000)123-1235 / 공개

그림 10-7 대외문서 작성 예시

참고문헌

경기도교육청 (2018). 놀이 2018 「놀이중심교육과정 실천자료」.

경기도교육청 · 충청남도교육청(2018). 2019 개정 누리과정 이해 · 실천자료 -유아들의 꿈은 놀이에서 자란다-

교육부(2014). 유치원 생활기록부 기재요령.

교육부(2015). 3-5세 연령별 누리과정. 교육부.

권정윤, 안혜준, 송승민, 권희경(2016). **유아생활지도**. 서울: 학지사.

권화숙, 김선, 남현주, 박현숙, 윤혜영, 임미혜(2018). **부모교육**. 경기: 수양재.

김미소(2016). 유아 신체활동 관련 연구 동향 분석: 학위논문을 중심으로. 중앙대학교 교육대학원 석사학위논문.

김민정(2007). 그림책을 활용한 작가적 전략과 주제 환상 극 놀이 교수방법이 유아의 이해도와 사회적 능력에 미치는 효과. 조선대학교 대학원 석사학위논문.

김애자, 김희연, 박경희, 민행란, 서미옥, 서화니, 성소영, 이선영, 이진희, 윤은주, 정선아(2012). 부모의 눈맞춤, 자녀의 웃음(0~2세 자녀교육서). 대구광역시 교육청.

김은심, 서동미, 엄은나, 이경미, 강정원, 김정미(2018). **유아교사를 위한 교직실무**. 서울: 학지사.

김은영(2006). 유치원 교사의 직무 분석. 이화여자대학교 대학원 박사학위논문.

김이영, 박경희, 이영미, 임미혜, 최윤희(2019). **유아교육개론**. 경기: 양성원.

김이영, 박남수, 송나리, 시옥진, 이찬숙, 최윤희(2019). **아동생활지도**. 경기: 수양재.

김이영, 배헌석, 이우언(2018). **인간이해를 위한 심리학**. 경기: 양성원.

김이영, 백경숙, 전재선, 최윤희, 한용기, 홍성훈(2016). **교육심리학**. 경기: 양성원.

김자현(2004). 요리활동에서 교사의 탐구-발견 중심의 질문이 유아의 과학적 과정기술과 문제해결력에 미치는 영향. 이화여자대학교 교육대학원 석사학위논문.

김정원, 김유정, 이효정(2009). **영유아를 위한 교수-학습방법**. 경기: 공동체.

김해영(2001). 어머니의 양육태도와 유아기의 기본생활습관과의 관계. 숙명여자대학교 교육대학원 석사학위논문.

김현주, 손은경, 신혜영(2014). **부모교육**. 경기: 공동체.

김현희, 박상희(2010). **유아문학**. 서울: 학지사.

김혜윤(2010). 유치원 교사의 인간관계 이야기. 현상해석학적 교육연구, 7(3), 51-70. 한국교육현상해석학회.

나은숙, 윤희경, 오완숙, 문복진, 안혜진(2018). **영유아교과교재 연구 및 지도법**. 경기: 양서원.

류윤석(2016). **유치원 현장이해를 위한 교직실무**. 경기: 공동체.

문금숙(2018). 생활그림책을 활용한 음악활동이 영아의 기본생활습관 및 사회 · 정서발달에 미치는 영향. 총신대학교 일반대학원 석사학위논문.

박경애(2014). 기본생활의 이론과 실제. 성남보육정보센터.

박승순 (2004). 유아교사의 수업평가 도구개발 연구: 대집단 이야기 나누기와 소집단 조형활동수업. 덕성여자대학교대학원 박사학위논문.

박은혜(2009). **유아교사론**. 경기: 창지사.

박은혜(2013). **유아교사론**. 경기: 창지사.

박은혜(2016). **유아교사론**. 경기: 창지사.

박은혜, 곽아정, 김난실, 김현주, 김희진, 유청욱, 이혜경(2014). **유치원 교사를 위한 교직실무**(개정판). 경기: 창지사.

송기창 외(2009). **중등교직실무**. 서울: 학지사.

송진숙, 권희경(2003). 유아교육기관에서의 유아의 적응과 유아의 사회적 능력 및 문제행동에 대한 연구. 열린유아교육연구, 8(3), 207-225.

신금주(2019). 창의성을 기르는 유아 미술활동. 충청남도교육연수원.

신혜은, 고태순, 장세희(2011). **영유아교수방법**. 경기: 양서원.

안경숙(2003). 유아과학활동과 통합된 과학능력 평가도구의 개발: 과학적 태도, 탐구능력, 과학적 개념에 대한 평가. 덕성여자대학교 대학원 박사학위논문.

안나영(2012). 유아의 기본생활습관과 신체적 발육발달에 관한 연구. 명지대학교 대학원 박사학위논문.

양은하(2019). 이야기 나누기 활동의 실제. 충청남도교육연수원.

염지숙, 이명순, 조형숙, 김현주(2014). **유아교사론**. 경기: 정민사.

오은영(2010). **엄마표 마음 처방전**. 서울: 중앙북스(주).

울산광역시교육청(2021). 2021학년도 유치원 교원능력평가 운영 계획.

유승연(1991). 유치원의 유아문학활동 현황에 관한 연구. 이화여자대학교 대학원 석사학위논문.

유정선(2004). 서울시 사립유치원의 실외놀이 실태와 교사의 인식. 이화여자대학교 교육대학원 석사학위논문.

유효순, 이원영(2007). **부모교육**. 한국방송통신대학교 출판부.

윤수인(2013). 순환운동에 기초한 유아 신체활동 프로그램 개발 및 효과. 전남대학교 대학원 석사학위논문.

윤애희, 김온기, 이혜영(2000). **사고과정을 중심으로 한 유아 수·과학교육**. 경기: 창지사.

이경우, 조부경, 김정준(1999). **구성주의 이론에 기초한 유아과학교육**. 경기: 양서원.

이경화, 김연진, 배지현(2015). **유아교직실무**. 경기: 공동체.

이대균, 김주영, 임자영, 박지선(2013). **유치원 교사를 위한 교직실무**. 경기: 양서원.

이대균, 김주영, 임자영, 박지선(2015). **유치원 교사를 위한 교직실무**. 경기: 양서원.

이대균, 송정원(2007). **최신 유아교육기관의 운영 관리**. 경기: 양서원.

이명덕(2009). 유아교육기관 유형에 다른 유아 실외놀이 운영실태 및 교사의 인식. 고신대학교 교육대학원 석사학위논문.

이상은(2007). 유아교육기관의 실외놀이 활성화를 위한 기초조사 및 프로그램 개발. 덕성여자대학교 대학원 석사학위논문.

이손연(2016). 동화에 기초한 실내 모래놀이 활동이 유아의 창의성과 정서지능에 미치는 영향. 한국육아지원학회 춘계학술대회지, 153-158.

이은주, 박정언, 조은미, 최윤정(2016). **보육학개론**. 경기: 공동체.

이장호(1994). **상담심리학**. 서울: 박영사.

이정주(2014). **스마트폰 중독 이기는 아날로그 교육**. 서울: 중앙위즈.

이현정(2018). **유치원 교사를 위한 교직실무**. 경기: 공동체.

임미선, 박성희(2019). **배움중심 수업설계**. 경기: 공동체.

임부연, 김성숙, 송진영(2014). **유아교사론**. 경기: 양서원.

임예지(2012). 만3세 유아를 위한 유치원 실외놀이의 효과적인 운영에 대한 실행연구. 이화여자대학교대학원 석사학위논문.

전인옥, 이영(2013). **유아동작교육**. 한국방송통신대학교출판문화원.

정지혜(2012). 유아과학교육 대학교재의 실제편 활동 분석. 중앙대학교 대학원 석사학위논문.

조부경, 백은주, 고영미(2018). **영유아교사론**. 경기: 양서원.

조영숙(2019). 표현력을 기르는 유아 음악활동. 충청남도교육연수원.

최선미, 최미숙(2013). 실내 모래놀이 활동이 유아의 창의성과 정서지능에 미치는 영향. 열린부모교육연구, 5(2), 17-34.

최지원(2009). 2007년 개정 유치원 교육과정에 따른 교사용 유치원 지도서의 유아 음악활동분석. 이화여자대학교 교육대학원 석사학위논문.

충청남도교육연수원(2019). 2018 유치원 1급 정교사 자격연수 2기. 충청남도교육연수원.

충청남도교육청(2019). 2019학년도 유치원 교원능력개발평가 시행 계획.

충청남도교육청(2019). 2019학년도 유치원 평가 계획.

충청남도교육청(2022). 2022학년도 유치원평가계획.

하정훈(2007). 삐뽀삐뽀 119 소아과. 경기: 도서출판 그린비.

허미애(2007). 유아교사의 이야기 나누기에 대한 실천적 지식 탐구. 중앙대학교 대학원 박사학위 논문.

황규옥(2019). 자유선택활동 및 놀이중심 교육과정의 운영. 충청남도교육연수원.

Beck, A. T., & Freeman, A.(1990). *Cognitive therapy of personality disorder*. New York: The Guilford Press.

Bollnow, O. F.(1960). *Padagogik in Anthropologischer. Sicht*. 3. Aufl. 오인탁, 정혜영 역(2005). 교육의 인간학. 서울: 문음사.

Edwards, C., Gandini, L., & Forman, G.(1998). *The hundred languages of children: The Reggio Emilia approach*. 김희진, 오문자 역(1998). 레지오 에밀리아의 유아교육. 서울: 정민사.

Ellis, A.(1973). *Humanistic Psychotherapy: The rational-emotive approach*. New York: McGraw Hill.

Frost, J. L.(1997). 놀이환경 : 놀이의 중요성과 창의적인 실외환경구성. 이은해 역. 어린이와 환경. 삼성복지재단 국제학술대회, pp. 37-55.

Furman, R. A.(Ed.).(1995). *Preschoolers: questions and answers: Psychoanalytic consultation with parents, teachers, and caregivers*. Madison, WI: International Press.

Hyson, M. C.(1994). *The emotional development of young children: Building an emotion-centered curriculum*. New York: Teachers College Press.

Kaiser, B., & Rasminsky, J. S.(2012). *Challenging behavior in young children: Understanding, preventing, and responding effectively*(3rd ed.). Boston, MA: Allyn & Bacon.

Katz, L. G., & McClellan, D. E.(2003). 어린이들의 사회적 능력 배양: 교사의 역할 [*Fostering children's social competence: The teacher's role*]. (홍용희 역). 양서원(원전은 1997년에 출판).

Mayer, J. D., & Salovey, P.(1997). *What is the emotional intelligence?* In P. Salovey & D. J. Sluyter (Eds.), *Emotonal development and emotonal intelligence: Educational implications* (pp. 3-31). New York: Basic Books.

Osman, F. L.(1971). Patterns for designing children's centers. N.Y.: Educational Facilities Laboratories, Inc.

Shaw, D. S., Gilliom, M., Ingoldsby, E. M., & Nagin, D. S.(2003). Trajectories leading to school-age conduct problems. *Developmental Psychology, 39*(2), 198-200.

기적의 놀이터 https://news.joins.com/article/22598059

중앙선데이 입력 2018.05.05 01:16 수정 2018.05.05 15:55 | 582호

탄성고무의 단점: 안전보다 유해물질에 가까운 놀이터

http://www.gimpojn.com/news/articleView.html?idxno=13281

http://designpark.or.kr/wp-content/uploads/2017/05/sdm-111.jpg

http://m.blog.daum.net/mrtopaz/17285265?tp_nil_a=1

http://sinsin21.co.kr/files/attach/images/166/374/001/30f03df4b0da4327aa0757c0c565777d.jpg

http://www.kidsin.co.kr/file/product/product_20160819092147.jpg

http://www.vplay.kr/bbs/data/product/1432291084_0.jpg

https://news.joins.com/article/22598059

찾아보기

저/자/소/개

■ 권성민

영남대학교 대학원 교육학박사

현, 수성대학교 유아교육과 교수

〈저서〉 교육학 개론, 효율적인 대인관계, 효율적인 의사소통, 유아사회교육 외 다수

■ 김미진

상명대학교 대학원 교육학박사

현, 강동대학교 유아교육과 교수

〈저서〉 아동생활지도, 학교폭력 예방 및 학생의 이해 외 다수

■ 김이영

계명대학교 대학원 심리학박사(임상 및 상담심리 전공)

현, 수성대학교 유아교육과 교수

〈저서〉 영유아발달, 정신건강론, 교육심리학 외 다수

■ 이은주

성균관대학교 아동학과(유아교육전공) 박사

현, 신성대학교 유아교육과 교수

〈저서〉 보육학개론, 아동건강교육, 영유아발달 외 다수

■ 이인원

한국교원대학교 대학원 교육학박사(유아교육 전공)

현, 계명문화대학교 유아교육과 교수

〈저서〉 유아사회교육, 교육방법 및 교육공학 외 다수

■ 최윤정

성균관대학교 아동학과(유아교육전공) 박사

현, 신성대학교 유아교육과 교수

〈저서〉 유아사회교육, 아동발달, 보육학개론 외 다수

[개정판]
유치원 교사를 위한
교 직 실 무

1판 1쇄 발행 — 2019년 8월 30일
2판 1쇄 발행 — 2022년 7월 29일

저　　자 - 권성민 김미진 김이영 이은주 이인원 최윤정
발 행 인 - 강철원
발 행 처 - 양성원
주　　소 - 경기도 파주시 검산로 173번길 29-20
전　　화 - 031-946-3861(代)
팩　　스 - 031-946-3864
이 메 일 - tnwpub@naver.com
홈페이지 - tnwpub.co.kr
출판등록 - 2015년 8월 31일 제 2015-000211 호

ISBN 979-11-6126-469-1

정가 22,000원